U0925019
S. MICHELE
Canale delle Fondamenta Nuove
Sal. Specchieri
Fond. Mendicanti
Fond. Nuove
Campo SS. Giovanni e Paolo
Campo Confraternita
Sal. S. Giustina
Campo S. Lorenzo
Fond. di S. Lorenzo
CASTELLO
Campo S. Zaccaria
Campo Bandiera e Moro
Molo
Riva degli Schiavoni
Riva Ca' di Dio
Fond. dell'Arsenale
Via Garibaldi
Riva dei Sette Martiri
Viale Garibaldi
Fond. S. Giuseppe
Canale di S. Marco
Campo S. Giorgio
Fond. S. Giovanni
Giardini Pubblici
Viale dei Giardini Pubblici
Viale Trento
Viale 24 Maggio
Campo Sportivo
Parco della Rimembranza
Viale Piave
Viale 4 Novembre
Viale Vittorio Veneto

威尼斯

RINASCIMENTO

艺术与建筑

威尼斯

马里恩·卡明斯基 编
方智 译

中国铁道出版社
CHINA RAILWAY PUBLISHING HOUSE

扉页图片

里奥托桥（Rialto）一瞥

本书阅读提示：

艺术作品在博物馆和教堂中的摆放位置及其对公众的开放时间均有可能发生变化。

图书在版编目（CIP）数据

威尼斯 / (德) 卡明斯基编；方智译. --
北京：中国铁道出版社, 2011.10
(艺术与建筑)
书名原文：Art & Architecture:Venice
ISBN 978-7-113-13404-4
Ⅰ. ①威… Ⅱ. ①卡… ②方… Ⅲ. ①艺术史－威尼斯②建筑史－威尼斯 Ⅳ. ①J154.609②TU-095.46

中国版本图书馆CIP数据核字(2011)第166021号

北京市版权局著作权合同登记号：图字01-2010-7394

书　　名：艺术与建筑：威尼斯
著　　者：(德) 马里恩·卡明斯基（Marion Kaminski）
译　　者：方智
责任编辑：石建英　王菁　　电话：010-51873150
责任印制：郭向伟
出版发行：中国铁道出版社
（北京市西城区右安门西街8号）
印　　刷：北京盛通印刷股份有限公司
版　　次：2011年10月第1版　2011年10月第1次印刷
开　　本：700mm × 630mm 1/16
印　　张：36.125
字　　数：400千
印　　数：1～5000册
书　　号：ISBN 978-7-113-13404-4
定　　价：150.00元

Art & Architecture: Venice
© for the Chinese edition: China Railway Publishing House, 2011
© for the English edition: Tandem Verlag GmbH, 2006
h.f.ullmann is an imprint of Tandem Verlag GmbH

Art Direction: Peter Feierabend
Project Management: Ute Edda Hammer
Assistant: Jeanette Fentroß
Lectorship: Barbro Garenfeld
Layout: Anne-Claire Martin, Philine Rath
Graphics: Rolli Arts, Essen
Cartography: Astrid Fischer-Leitl, München
Picture Research: Monika Bergmann

英文版由德国Tandem出版社于2006年出版。简体中文版经德国Tandem出版社授权，由中国铁道出版社出版、发行。

目　录

大运河一瞥

圣马可大教堂马赛克镶嵌门楼细节

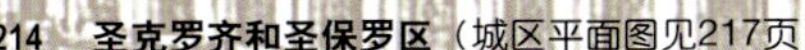

弗拉里教堂钟楼上看到的景色

大运河两岸的大厦

救世主教堂远眺

从花园圣母院远眺加斯帕雷（Gaspare）·孔塔里尼基金会的门楼

圣乔治·马焦雷岛

利多一瞥

圣米盖勒教堂中殿一瞥

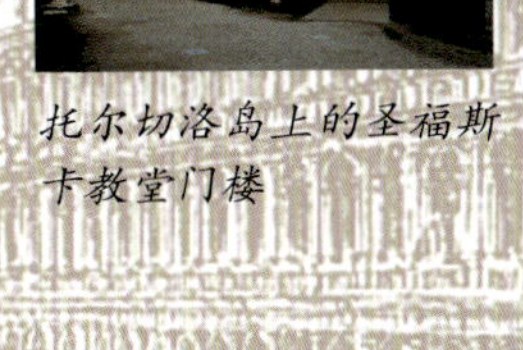

托尔切洛岛上的圣福斯卡教堂门楼

从弗拉里教堂钟楼上看到的风景

1300年：简史
——从源起到共和国的结束

1786年9月28日，歌德第一次来到威尼斯，巨大的海狸洞穴给他留下了深刻的印象。威尼斯城满是错综复杂的水路、小道、窄巷、桥梁和死胡同，除非对它的历史由来有了深入了解，否则外人很难理解这样的城市结构。

早期历史

自古罗马时代起，亚得里亚海西北角的潟湖就被称为威尼斯，历史上，它的面积比现在要大得多。从阿尔卑斯山脉奔流而下的众多河流在流向地中海的过程中，在这里缓慢形成淤塞。这是一个开放式的咸水潟湖，湖面上分布着小型的泥岛和稍大一点的沙洲，也被称为“利多（lidi）”。渔民和盐商长期居住在泥岛和沙洲上，到了夏天，富裕的古罗马公民也会把这里当成消夏胜地。

到了公元4世纪，潟湖居民宁静而与世隔绝的生活逐渐被打破，为了逃避战乱，越来越多意大利的北部居民来到这里定居。古代匈奴大汗阿提拉（Attila）在公元452年至453年入侵罗马的时候，移居至此的难民潮达到了顶峰。这一时期，涌现出了诸如基奥贾（Chioggia）、耶索罗（Jesolo）、托尔切洛（Torcello）这样的新城市，而在现今威尼斯的地理位置上，第一批较大规模的居民定居在奥利瓦罗地区（现在的卡斯泰洛）、里沃阿尔托（Rivo Alto）周边（现在的里奥托）和潟湖里其他一些露出水面的高地上。

自公元6世纪起，威尼斯置身于以拉文纳（Ravenna）为统治中心的东哥特人的影响范围之内。公元526年，拉文纳国王狄奥多里克（Theodoric）驾崩，东哥特人的影响力因此而式微，罗马大帝查士丁尼（Justinian）（482/483年-565年）开始统治威尼斯。568年，伦巴第（Lombards）人的入侵瓦解了罗马帝国，难民潮再一次涌入潟湖地区。托尔切洛（Torcello）和马拉莫科（Malamocco）逐渐发展成为贸易和文化中心，与此同时，各个岛屿上的居民数量开始稳步增长。

直到此时，潟湖上的岛屿还是相互独立，各自为政。公元680年，罗马帝国退守到君士坦丁堡，将整个意大利北部地区拱手让给伦巴第人，而罗马和其他少数地区则仍在罗马大帝的统治之下，这其中就包括拉文纳的埃克撒克特（exarchate）（东正教主教辖区），威尼托潟湖属于该区域的一部分。岛屿逐步发展，除了农业和捕鱼业，这里的贸

维托雷·卡尔帕乔（Vittore Carpaccio）：《圣马可之狮》；1516；帆布油画；130厘米×368厘米；威尼斯总督府藏。828年，圣马可的遗迹搬迁至威尼斯之后，作为他的象征的雄狮便成为了威尼斯的标志。画面上敞开的书本写着一位天使宣布这位圣人必在威尼斯得到最高的荣耀。

易发展也非常迅速，尤其是海盐贸易和鱼类贸易。由于面临伦巴第人不断的威胁，潟湖区域内的居民不断劝说君士坦丁堡的拜占庭帝王们，要求将负责守护这个地区的军事护民官职位由当地居民推举出来的本土军事长官担任，这样他就可以拥有更强大的决策权，于是，在公元 697 年，首位民主选举出来的本土护民官保卢奇奥·安纳法斯托（Paoluccio Anafesto）走马上任了。

但时事依然艰难。公元 774 年，查理曼大帝打败了伦巴第人，威尼斯成为拜占庭帝国和日耳曼帝国相互争夺的对象。查理曼大帝的儿子丕平（Pepin）曾经攻打过潟湖地区，但是没有成功，拜占庭帝国对这一区域的统治因此而得以巩固。在经历了一系列野蛮的攻击之后，威尼斯公爵——也就是威尼斯执政官——进一步退守到潟湖地区最易守难攻的区域——里沃阿尔托。军事指挥中心迁移到了将来的威尼斯城群岛之一，这标志着这些小岛开始联合起来，逐渐形成城邦共和国，并且成为了地中海的主要强国之一。

直到 13 世纪，由众多小岛形成的村庄和城市合众形成了一个新城市，最终被命名为威尼斯。对威尼斯而言，权力归于自身并不重要，最重要的是在 828 年，圣马可的遗骨从亚历山大搬迁到了这里。出于尊崇，威尼斯很快便修建了一座教堂。有关这位圣人的传说迅速流传开来：当这位传道者在潟湖传道的时候，一位天使出现在他的梦境之中，告诉他如今圣马可大教堂所在的位置便是他最后的归宿，并且他也会因此而受到顶礼膜拜。

弗朗西斯科·巴萨诺：《教皇亚历山大三世授剑给总督塞巴斯蒂亚诺·齐亚尼》；1577—1585；威尼斯总督府藏。

这幅16世纪的绘画展示了1177年教皇为表彰总督调停了国王弗雷德里克·巴巴罗萨和教皇之间的争端而举行的庆典。画面上描绘的广场并非是12世纪的原貌，而是以16世纪的广场为原型的。

威尼斯的兴起

这座新城市逐渐成形。9 世纪末，威尼斯的防御工事已经扩展到了斯基亚沃尼河畔，并经由圣乔治延伸到海关角，直至圣玛利亚·佐比尼果教堂（Santa Maria Zobenigo）。在这一区域内，错综复杂的水道和沼泽洼地上零散地架了一些木桥，而防御工事之外的居住区域则只能依靠船只才能到达。城市内的道路除了仅有的几条主干道之外，均没有实现岛屿之间的互通，而仅服务于岛上社区内的交通。真正将威尼斯居民联系在一起的是城市的保护神、抵御外侮的需要以及贸易利益。经由多方面的努力，威尼斯人最终成功地控制了整个亚得里亚海。

威尼斯强大的海军舰队屡屡受到拜占庭帝国的支配，用以抵御撒拉逊人的侵袭。作为交换条件，总督们获取了更多的贸易优惠条件和更大的自主权。在首都君士坦丁堡与位于意大利的边远地区的权力斗争中，威尼斯逐渐占得了上风，尽管拜占庭的各类文献中仍将威尼斯称为拜占庭的“长女”，但是，随着拜占庭王国的衰弱，威尼斯显然已经获得了几乎全部的独立权。11 世纪末，为了尊崇城市保护神圣马可而修建了宏伟的大教堂，这是威尼斯日益增长的权势与财富的清晰体现。到了 12 世纪，威尼斯在整个地中海东岸均建立了贸易商栈，成了比萨和热那亚等意大利其他海上贸易中心日益强大的竞争对手。它们此时共同的敌人是日耳曼帝国，因为后者认为自己是罗马帝国法定的继承者。

理论上看，威尼斯仍属于拜占庭帝国，因此得以避免卷入像其他意大利城市那样与日耳曼帝国争夺独立权的战争。即便如此，在几经犹豫之后，威尼斯仍然加入了伦巴第联盟，这是一个城市间组成的联盟，威尼斯在联盟内施展了极为聪明的外交手段，最后扮演了日耳曼帝国与支持城邦国家的教皇之间的调停者的角色。1177 年，国王弗雷德里克·巴巴罗萨、教皇保罗三世和城邦国家在威尼斯签署了和平协议，这让威尼斯这座潟湖城市在强权之中占据了一席之地。仅仅过了十余年之后，威尼斯便从拜占庭帝国名义上的统治之下彻底独立出来了。

总督恩里科·丹多洛（Enrico Dandolo）尽管年老眼瞎，却是威尼斯历史上最为杰出的统治者之一。正是由于他杰出的协商能力，成功地将第四次十字军东征的目标变成了君士坦丁堡，于是十字军战士们乘坐威尼斯战船从利多（Lido）出发了。他当时给的借口是君士坦丁堡剥夺了本应依法继承大统的继承人的王权，然而，事实上，这位十字军战士力挺的王权继承人早在1203年便战死于沙场了。1204年，在掠夺了君士坦丁堡的海量珍宝之后，十字军和威尼斯人私自瓜分了拜占庭帝国的疆域。威尼斯人带着数不胜数的艺术作品西归，甚至连教堂也不放过，藉此装点了圣马可大教堂。

这次东征的战果之一是威尼斯人获得了前拜占庭帝国3/8领土的统治权，因此，威尼斯控制了东地中海地区星罗密布的港口群。这一状况一直延续到另一个主要贸易强权热那亚开始出面阻止威尼斯的扩张为止。事实上，在1261年，热那亚人联合拜占庭和其他一些武装力量便推翻了十字军在拜占庭土壤上建立的王国，这一事件同样也牵涉到了威尼斯的命运。自此，威尼斯人失去了迄今一直享有的所有贸易特权，后来，得益于高超的外交斡旋，他们至少又重新享有了一些早前失去的贸易特许权。

但是，热那亚人仍不肯轻易放过威尼斯。两个城市间你来我往，为了争夺东地中海的至高权力而兵戎相见，在长达100多年的战争期间互有胜负。在1378-1379年，热那亚似乎最终赢得了战争的胜利，而威尼斯的舰队遭遇了一场惨重的失利，热那亚人成了地中海的霸主。于是，热那亚在谋得了奥地利人和统治帕多瓦的卡拉拉人的协助之后，试图摧毁威尼斯城。在威尼斯的史料记载上，热那亚人的进攻被称为"基奥贾（Chioggia）战争"。热那亚及其同盟均成功地占领了基奥贾城，并以此为跳板，准备入侵潟湖。

但是，威尼斯人没有自暴自弃。经过艰苦卓绝的努力，他们建立了一只新舰队，守卫着湖的入口，并封锁了进入外海唯一路径的利多港。另外，他们将1378-1379年热那亚人的手下败将维托雷·皮萨尼重新任命为最高指挥官，尽管他在战败之后一直身陷囹圄。1380年8月13日，热那亚人最终被迫撤回，威尼斯共和国成功化解了一次事关生死存亡的重大威胁。

然而，威尼斯同样也面临着严峻的内部政治纷争。1310年，巴贾蒙特·提埃坡罗企图推翻在任的总督并取而代之。1355年，总督马里诺·法列尔（Marino Falier）自己却成了威尼斯面临的最大威胁，他妄图效仿意大利其他城邦国家，使自己成为唯一的独裁统治者。但是，他的阴谋暴露，被他所仰仗的手工业者和兵工厂工人们推翻。4月17日，法列尔在通往总督府的台阶上被砍头，而他却曾在这里登上总督之位。

多梅尼科·丁特列托（Domenico Tintoretto）：《攻占君士坦丁堡》；1578—1585；威尼斯总督府藏。

黄金时期

一直到15世纪早期，威尼斯共和国的目光主要集中在海洋之上：航海和海洋贸易构成了威尼斯财富的基石。当意识到自身日益增长的国力之后，威尼斯人逐步开始征服周边陆地上的城池。包括衰老的公爵托马索·莫契尼格（Tomaso Mocenigo，1414-1423年执政）在内的一些人仍警告威尼斯人不要卷入大陆事务，热衷于重归他们传统的力量源泉——海洋。但是，其他的一些论调也甚嚣尘上。于是，在1423年，当弗朗西斯科·福斯卡里（Francesco Foscari）当选为总督之后，便开始制定有关扩张威尼斯陆地领地的可持续性政策。

因此，到了15世纪中叶，威尼斯共和国的疆域从波河延伸到了西边的阿尔卑斯山脉，东至伊斯特利亚和达尔马西亚。但是，扩张的代价高昂，征服需要巨大的资源支撑，整个欧洲带着猜疑的目光注视着威尼斯的膨胀。到了1453年，威尼斯的好运到头了，土耳其人占领了君士坦丁堡。在很短的时间里，支撑着威尼斯发动侵略战争的经济基础和她与东方繁荣的贸易便几乎完全崩溃了。尽管威尼斯人很快就与君士坦丁堡的新任统治者签订了协议，但是情况已经大不如前。土耳其人成了一股实实在在的威胁力量，威尼斯共和国的财政开始衰竭。总督和他的盲目扩张政策备受质疑，因此，在1457年，弗朗西斯科·福斯卡里被迫狼狈辞职。在新的继任者选出之后的两天，他便与世长辞了。在整个15世纪，威尼斯人在东地中海地区的岛屿和城市一个个地被土耳其人渐渐据为己有。

整个欧洲幸灾乐祸地旁观他们所憎恨的威尼斯共和国走向穷途，而她先前曾攫取了

越来越多的意大利领土。1508年，教皇、西班牙、日耳曼帝国和法兰西聚集在康布雷（Cambrai），组成了反威尼斯同盟，后来，曼图亚、费拉拉和萨伏伊（Savoy）公爵也纷纷加入。一年之后，威尼斯军队遭受到一次致命的打击，威尼斯因此显得岌岌可危。1509年，威尼斯城瘟疫横行，并且教皇开除了她的教籍。威尼斯人进行了艰苦卓绝的斗争，最终

雅各布·德·巴尔巴里（Jacopo de Barbari）：《威尼斯地图》；1500；木刻画；威尼斯科雷尔（Correr）博物馆藏。

1500年，威尼斯人雅各布·德·巴尔巴里委托纽伦堡的安东·科贝格（Anton Koberger）印刷他的木刻地图，地图上精确地绘制了他的故乡的每一座楼房。

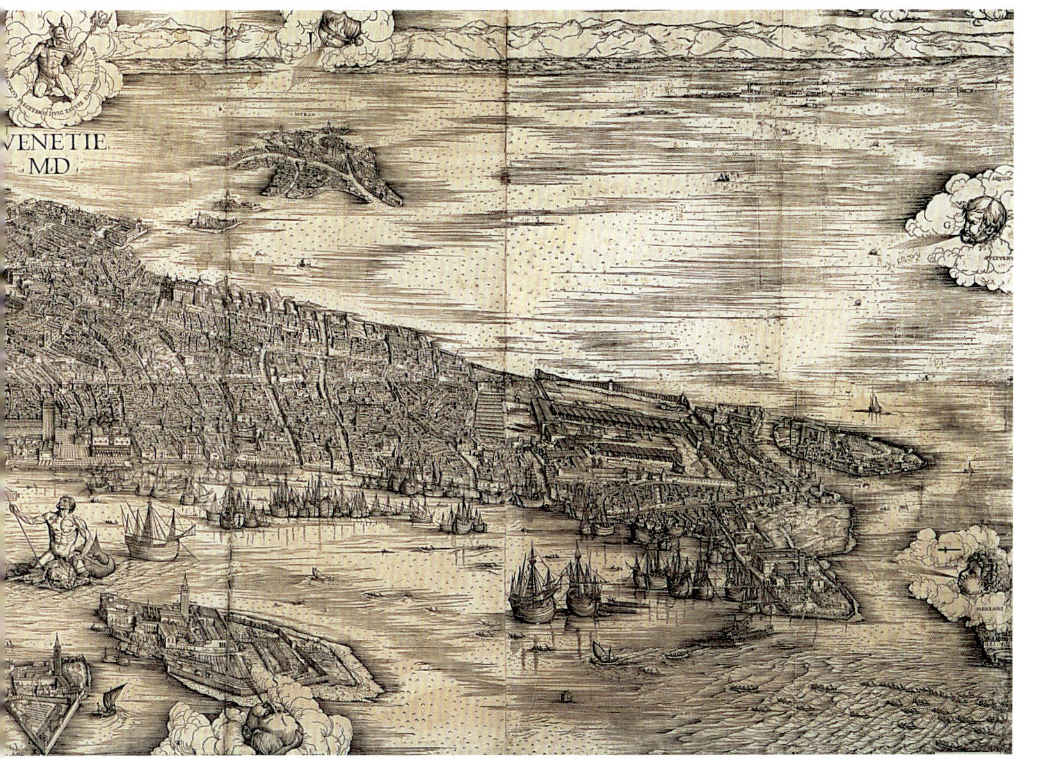

洛伦佐·巴斯蒂亚尼（Lorenzo Bastiani）：《总督弗朗西斯科·福斯卡里》；15世纪下半叶；威尼斯科雷尔博物馆藏。

真泰尔·贝利尼（Gentile Bellini）：《君士坦丁堡征服者——苏丹穆罕默德二世》；1480；帆布画；70厘米×52厘米；伦敦国家美术馆藏。

取得了一场外交胜利。他们在诸多对手之间散播不和的种子，分化他们的联盟。

威尼斯共和国已经危在旦夕，但是在与康布雷联盟的战争之中却没有失去土地。威尼斯最后一次达到其力量的顶峰，但是城邦国家在欧洲事务中占据主导地位的时代彻底走向终结。其原因并不主要在于很多人认为的那样：克里斯托弗·哥伦布在1492年发现新大陆之后，海上贸易路径被西班牙和葡萄牙所掌控。事实上，16世纪威尼斯贸易量的减少非常缓慢。真正的原因在于威尼斯的贵族们更热衷于投资陆上，而不愿意冒海外贸易的风险。

威尼斯共和国的缓慢消亡

欧洲政治逐渐成为各大强权角逐的竞技场，而意大利的各个小型城邦国家，包括富裕的威尼斯在内，逐渐失去了对欧洲政治的影响力。威尼斯舰队在 1571 年的勒班陀（Lepanto）海战中对土耳其人的重大胜利毋宁说是西班牙国王的胜利，因为后者被指派为整个基督教世界的保护者。不管怎样，威尼斯人还是保有了自身的独立性，他们的政治体系确保其自身不会完全落入强权势力的掌控之中。而佛罗伦萨则不然，他们的统治家族不断与欧洲主要王朝通婚，于是便逐渐被同化吸收了。

威尼斯人实行严格的政教分离，因此，就连教皇也不能从根基上动摇共和国政体。1607 年，教皇保罗五世试图通过强迫威尼斯服从禁令，比如禁止进行宗教礼拜，以赋予当地天主教会更大的权力。但是，威尼斯人迅速阻止了教皇禁令的颁布，而教皇居然不

路易吉·奎雷纳（Luigi Querena）：《拿破仑军队抵达威尼斯》；威尼斯。

得不屈服了事。

长期来看，威尼斯人摆脱不了的另一个威胁来自土耳其，他们不断地丧失对地中海地区的控制权。在经历了数不清的战役以及财富的频繁易主之后，威尼斯人不得不放弃了东地中海地区的一切控制权。1669 年，在历经殊死战斗之后，克里特岛也被土耳其人占领了。尽管威尼斯人在勇猛的总督弗朗西斯科 • 莫罗西尼的领导下尝试着在大约 14 年后重新夺回伯罗奔尼撒半岛，但这场胜利并不持久。通过以下事实便可看出威尼斯的地位变得何其卑微：在 1717 年签署《帕萨罗维茨和平协定》时，土耳其和奥地利决定了威尼斯的命运，而威尼斯共和国自身居然毫无发言权。

到了 18 世纪，威尼斯经济的衰退显得格外明显。1797 年，拿破仑迫使大议会通过结束威尼斯超过 1000 年独立历史的议案，而这一历史性的终结似乎来得要比预期的晚一些。一些人认为哈布斯堡王朝早就应该令威尼斯臣服，因为日耳曼人早就对威尼斯城垂涎三尺。但是，直到拿破仑击败了威尼斯及意大利北部地区的军队之后，这些地区才被并入奥地利帝国。

此后不久，意大利人开始为自身的独立而斗争。尽管威尼斯人在其中扮演了英勇而悲惨的角色，但是他们仍然无法主宰自己的命运。意大利王国协助普鲁士战胜了奥地利之后，威尼斯被迫于 1866 年举行了一次公民投票，来自威尼斯和威尼托的 674426 位选民赞成威尼斯加入意大利王国，只有 69 名选民投了反对票。独立时代就此终结，1000 年的威尼斯共和国历史走向灭亡。

匿名作：《14世纪威尼斯地图的雕版》；威尼斯科雷尔博物馆藏；
这份地图东方朝上（如今地图通行是北方朝上）。地图的中心偏右位置可以清晰地看到总督府，其四周被一堵墙环绕。

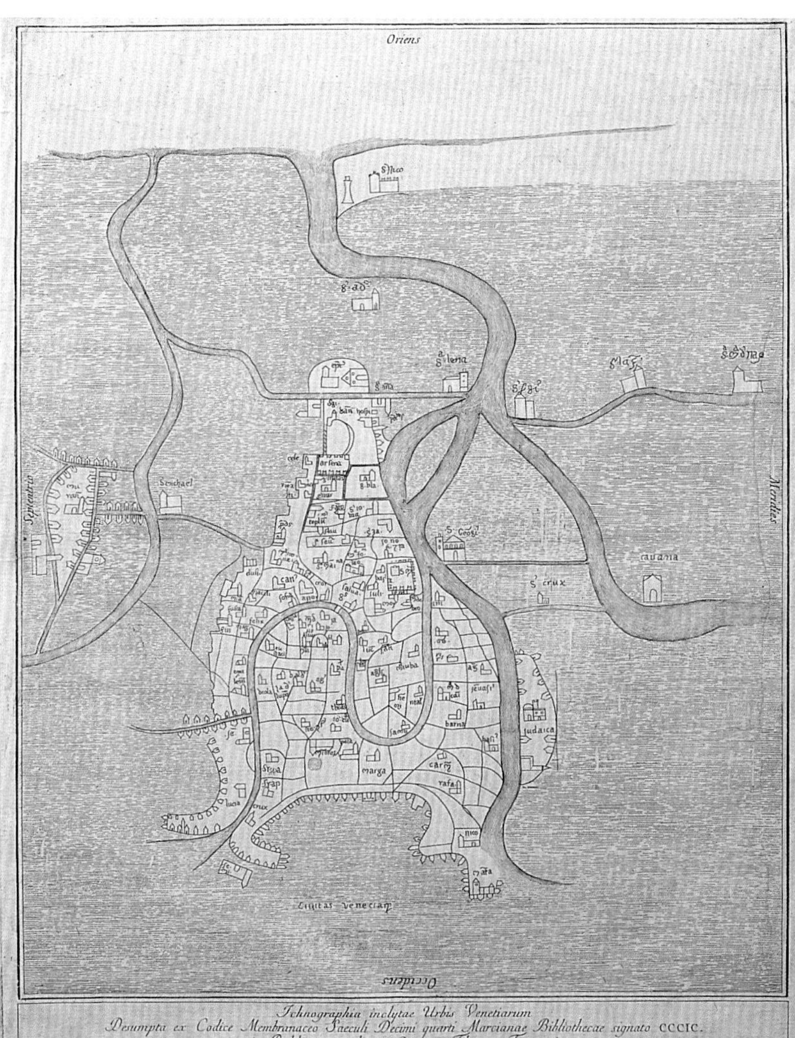

Ichnographia inclytae Urbis Venetiarum
Desumpta ex Codice Membranaceo Saeculi Decimi quarti Marcianae Bibliothecae signato CCCIC.
et in Publicum producta Curante Thoma Temantia
A. R. S. CIↃIↃCCLXXX.

威尼斯的街道

时至今日，人们仍认为威尼斯没有一幅可靠的街道地图。尽管这并不是事实，因为威尼斯的官方地图详细地标注了每一条街道、运河和小巷，但是，这对徒步环城旅行却毫无裨益。不管怎样，通往主要建筑物和博物馆的重要路线均有清晰的路牌，事实上，任何人都可以很方便地前往圣马可广场、里亚托桥、学院美术馆或是火车站。顺着路牌的指引，人们可以顺利地穿越由街道和运河构成的迷宫，与此同时，还可以一路饱览威尼

匿名作：《威尼斯透视图》；帆布油画；威尼斯科雷尔博物馆藏。

斯大部分最主要的区域。就算你是一位匆匆过客，仍然值得开个小差，扎入主干道旁的不知名而容易迷失方向的小巷。

徜徉在威尼斯狭窄的街道上，你可以面对面地领略到这座城市的魅力所在，尽管你会时不时感受到一丝丝迷路带来的不安。明亮的阳光斜斜地射入狭小的巷道，或是投射到暗黑而凝固的运河之上，身旁的窗户飘出阵阵烹饪美食的香味，阴暗狭窄的街道突然展现出了一处小型的不知名广场，而广场旁还矗立着一座壮丽的宫殿——所有种种景象在威尼斯比比皆是，与你在圣马可广场、总督府或大运河两岸宫殿看到的景色并无二致。这也让威尼斯成为世界上最容易让人迷失的城市，而威尼斯本身却小到可以让人在两到三个小时之内逛完。如果你略感疲乏，或者需要补充能量，你总能就近找到一个水上巴士停靠点，可以坐船回到任一个更广为人知的地标性位置，而这一地标往往不会超出15分钟的步行时间。

通过对威尼斯街道名称的解读，可以让你更为方便地找到想要的路线。一些道路标有意大利词语“calle”，但是，更为常见的是标有“salizzada”（道路的另一意大利语名称，指的是旧时修筑的主干道）、“fondamenta”（沿着运河旁的道路）或“ruga”（两侧商铺林立的街道）的道路。“Ramo”被用来表示连接两条主干道之间的小路。由于这些主干道之一很可能是一条运河，因此一条“ramo”的尽头很可能是个死胡同，无路可走。一条“sottoportego”是指从建筑物底下穿越的小路，而“rioterra”则是指一条由以前的运河填埋而成的小径。

威尼斯划有六区，均被称为“sestiere”（源自意大利语“sesto”，意为1/6）：中心的圣马可区，西北部的圣克罗齐（Santa Croce）和圣保罗区，北部的坎纳雷乔区（Cannaregio），西部的多尔索杜罗区（Dorsoduro），南部的朱代卡区（Giudecca）和东部的卡斯泰洛区（Castello）。每个区均设施完备，它们能延续到今天得益于威尼斯包含的数不胜数的小岛。每个区内建设的步道和桥梁被用来方便区内居民的出行，而更长距离的路程则只能通过船只完成。

大运河

西眺福斯卡里大厦的河湾

大运河蜿蜒流淌过整座城市，是威尼斯的生命线和城市主干道，它汇百流聚百道于一身。在古代，贸易船只溯流而上，到里奥托桥卸下货物，其中包括香料、丝绸、珠宝和毛皮。富裕的威尼斯家庭在大运河的两岸修建宅邸，在威尼斯，这些宅邸大多被冠以“ca′”（这是“casa”一词典型的威尼斯式缩写）之名。威尼斯人遵循一条不成文的规定，自家的建筑与大运河的距离不能比邻居家的更短，也不能比邻居家的外立面更花哨。这一坚持了多个世纪的传统赋予了威尼斯统一的格调，并被恪守至今。沿着运河旅行，游客们均会对最近500年间威尼斯建筑的发展历程产生出一种独特的见解。

斯卡尔齐圣母教堂（S. Maria degli Scalzi）；见34页

土耳其仓库（Fondaco dei Turchi）；见40页

斯卡尔齐教堂

弗朗基尼大厦

火车站

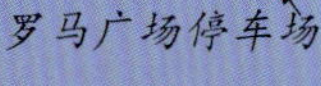

圣西缅小教堂

罗马大厦

新河

福斯卡里大厦（Ca' Foscari）；见67页

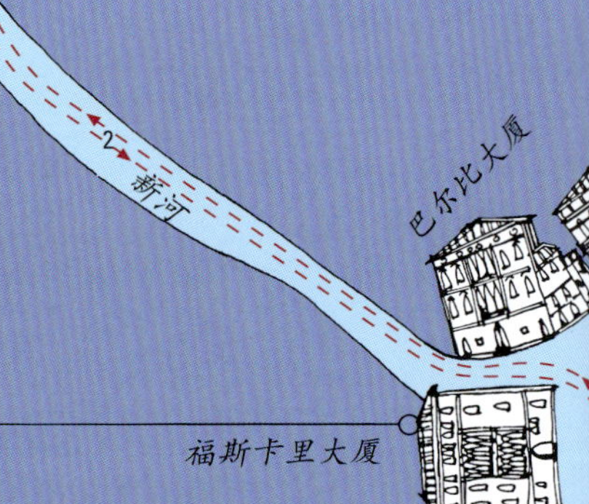

里奥托桥；见52—53页

格拉西宫（Palazzo Grassi）；见66页

福斯卡里大厦（大学）

雷佐尼科大厦（Ca' Rezzonico）；见68页

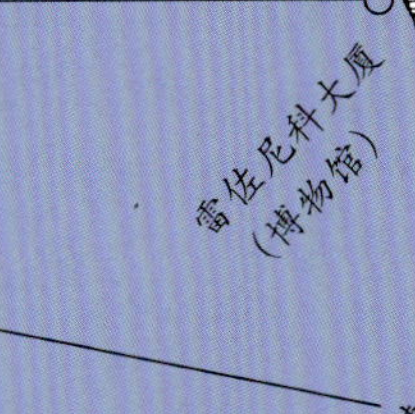

学院美术馆；见71页

达里奥大厦(Ca' Dario)；见75页

斯特里尼·科孚的孔塔里尼大厦

黄金宫（Ca' d' Oro）；见46页

鱼市；见47页

托大厦

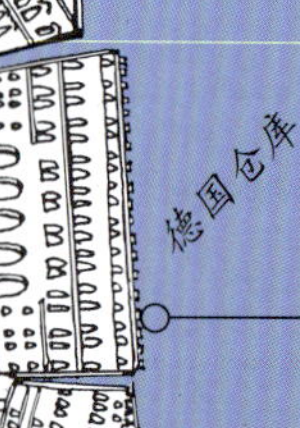

德国仓库（Fondaco dei Tedeschi）；见51页

曼宁宫

帕帕多波利宫（Papadopoli）；见55页

格里马尼宫（Grimani）；见54页

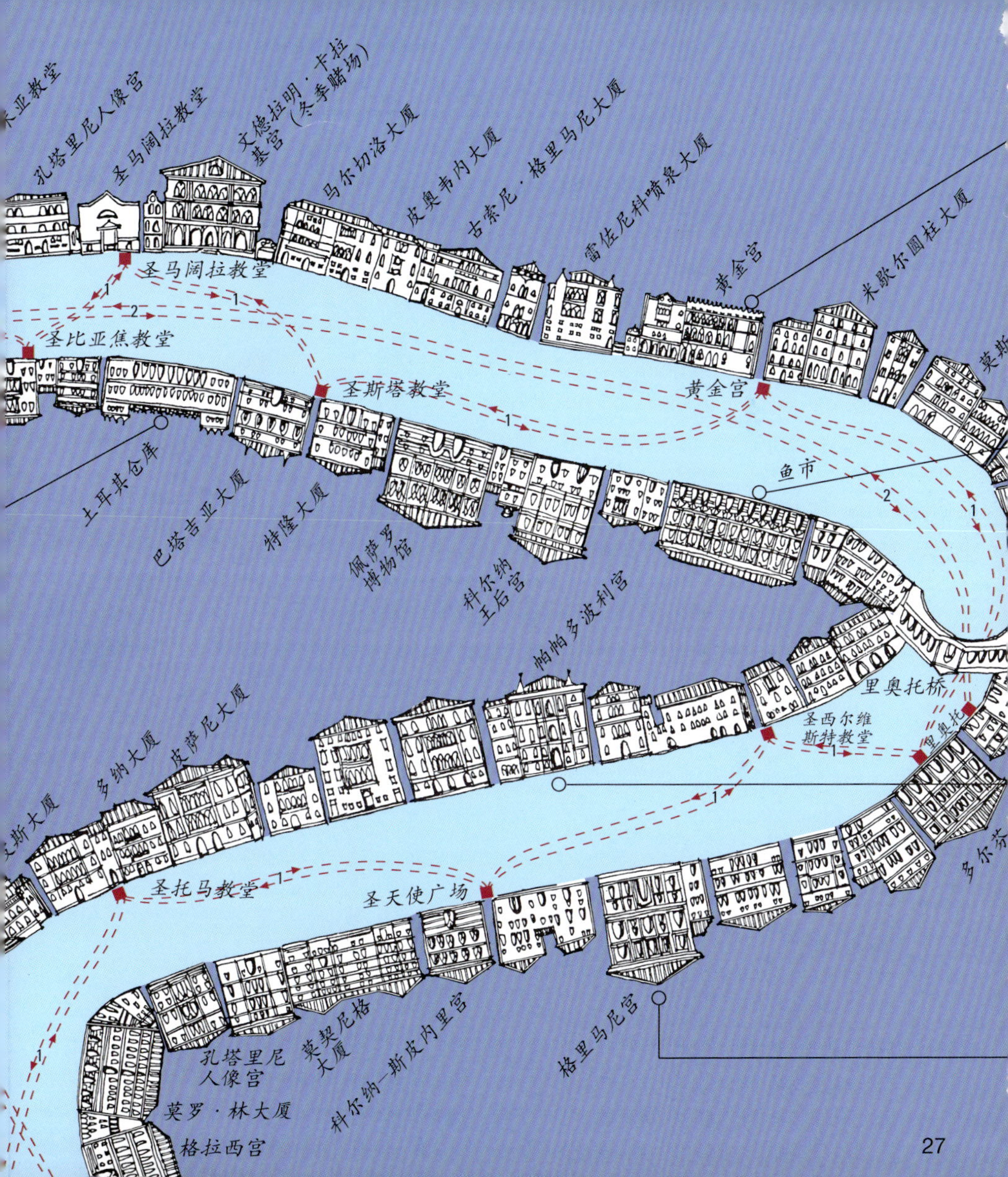

孔塔里尼人像宫
圣马阔拉教堂
文德拉明·卡拉基宫（冬季赌场）
马尔切洛大厦
皮奥韦内大厦
古索尼·格里马尼大厦
雷佐尼科喷泉大厦
黄金宫
米歇尔圆柱大厦
圣马阔拉教堂
圣比亚焦教堂
圣斯塔教堂
黄金宫
鱼市
土耳其仓库
巴塔吉亚大厦
特隆大厦
佩萨罗博物馆
科尔纳王后宫
帕帕多波利宫
里奥托桥
圣西尔维斯特教堂
多纳大厦
皮萨尼大厦
圣托马教堂
圣天使广场
孔塔里尼人像宫
莫契尼格大厦
莫罗·林大厦
格拉西宫
科尔纳—斯皮内里宫
格里马尼宫

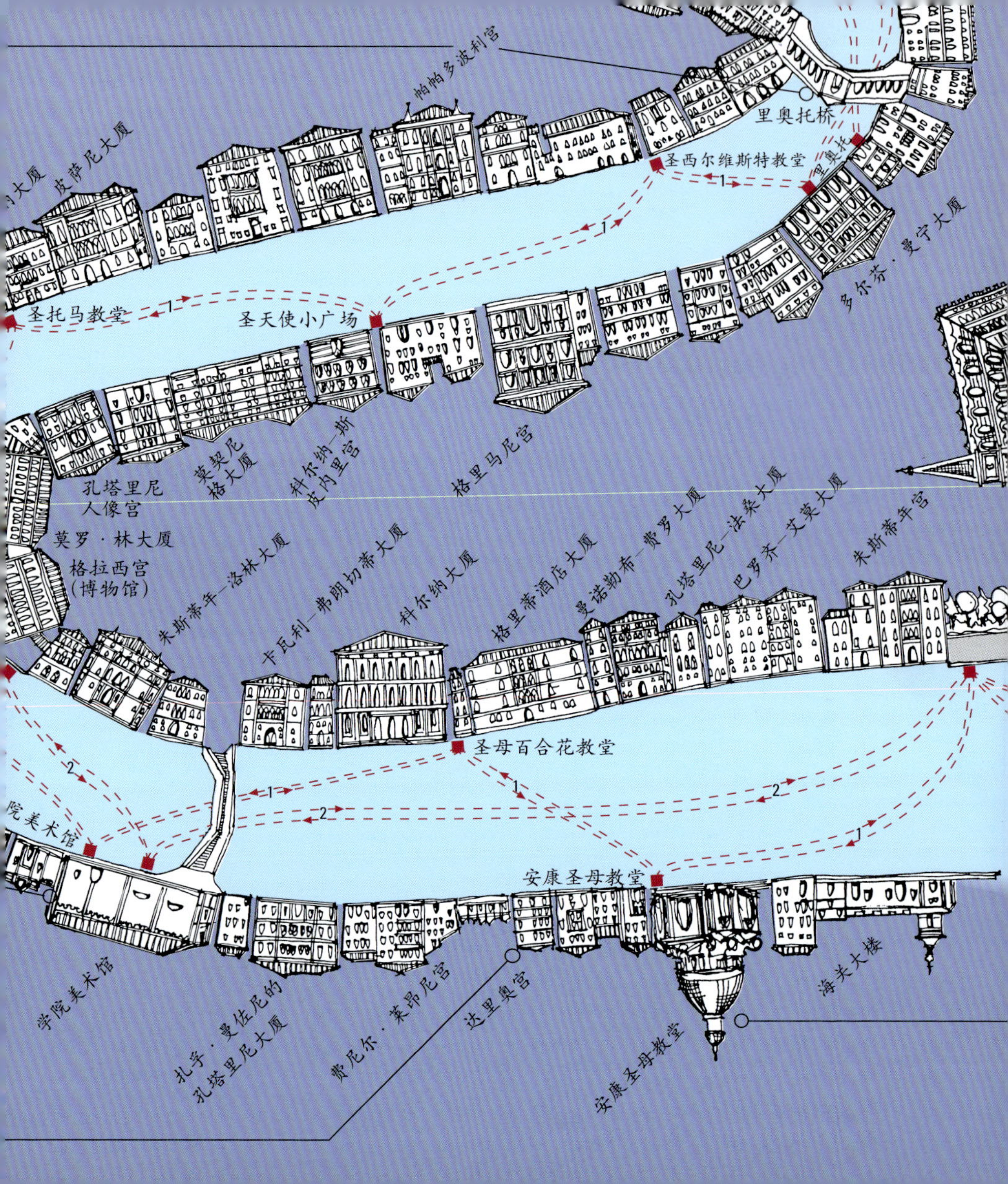

帕帕多波利宫
里奥托桥
皮萨尼大厦
圣西尔维斯特教堂
里奥托
多尔芬·曼宁大厦
圣托马教堂
圣天使小广场
孔塔里尼人像宫
莫契尼格大厦
科尔纳—斯皮内里宫
格里马尼宫
莫罗·林大厦
格拉西宫（博物馆）
朱斯蒂年—洛林大厦
卡瓦利—弗朗切蒂大厦
科尔纳大厦
格里蒂酒店大厦
曼诺勒布—费罗大厦
孔塔里尼—法桑大厦
巴罗齐—艾莫大厦
朱斯蒂年宫
圣母百合花教堂
安康圣母教堂
学院美术馆
扎孚·曼佐尼的孔塔里尼大厦
费尼尔·莱昂尼宫
达里奥宫
安康圣母教堂
海关大楼

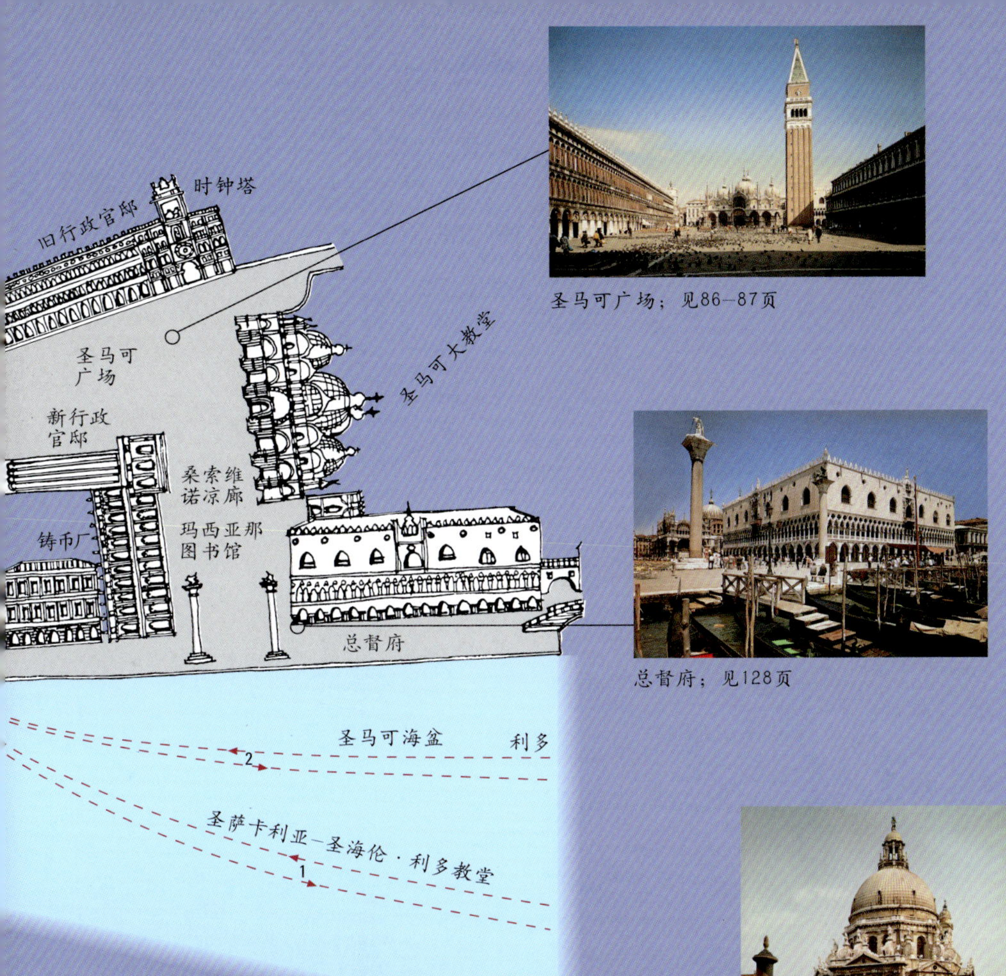

圣马可广场；见86–87页

总督府；见128页

安康圣母教堂（Santa Maria della Salute）；见76页

东眺福斯卡里大厦河湾

无论你是乘坐贡多拉，或是私人游艇，还是一种大型的水上巴士——公交汽艇，顺着大运河这条威尼斯的主干道游览这座城市都是一次最为难忘的历程。这也是感受城市里的水面、天空和建筑一起营造出来的独一无二氛围的最好方式。

直到19世纪，大运河上只有一座桥梁横跨在里奥托的河面上。如今，在学院美术馆旁边架起了一座木桥，并在火车站周围架起了第二座石桥。对于威尼斯人而言，桥梁数量不多从没有成为一个问题。在旧时，交通运输的主体是贡多拉或是类似的小型船只。因此，运河比街道更显重要，毕竟街道的作用只在于小范围内的交通，且大多围绕在教堂周围。另外，还有一种桥梁的完美替代工具至今还在发挥重要的效力，那就是“traghetti（摆渡口）”，也被称为贡多拉摆渡口，只需要一点点船费，就可以让你站立着渡过运河。摆渡口让游客有绝好的机会贴近感受威尼斯人真实的日常生活。

尔默罗修士们采纳了巴尔达萨雷·隆盖纳（Baldassare Longhena）的设计方案，并在1656-1672年间修建了这座教堂。

朱塞佩·萨尔迪（Giuseppe Sardi）在1680年完成了教堂华丽的大理石门楼的建设，上面的雕塑出自贝纳尔多·法尔科内之手。为这些行乞的修士们修建教堂的费用是由杰罗拉莫·卡瓦扎伯爵提供的。

圣西缅小教堂(San Simeone Piccolo)(圣西缅·古伊达教堂)

尽管这座教堂的名字是"小"教堂，但是它却决不比位于北边的圣西缅大教堂小。之所以称其为"小"，是因为它崇拜的是传道者西缅，而圣西缅大教堂崇拜的是先知西缅。圣西缅小教堂始建于9世纪，如今我们看到的这座后巴洛克风格的圆形建筑具有绿色的穹顶和高大的古典主义门楼，均为18世纪的建筑。这是乔瓦尼·斯加尔法洛托在1718-1738年间仿照罗马的万神殿修建而成的。

斯卡尔齐圣母教堂(Santa Maria degli Scalzi)(圣母玛利亚·拿撒勒教堂)

这座赤脚修士会教堂是威尼斯最好的巴洛克风格教堂之一。威尼斯人称它为"斯卡尔齐（赤脚之意）"，而它原来的名字——圣玛利亚·拿撒勒却早已不用了。1654年，加

圣杰雷米亚教堂、拉比亚宫(San Geremia, Palazzo Labia)

这座崇拜先知耶利米的教堂自 11 世纪便已矗立在现今的位置上了。它的钟楼是威尼斯现存最古老的钟楼之一，很可能是 12 世纪修建的。如今我们看到的教堂建于 18 世纪，由卡洛·科尔贝利尼设计，始建于 1753 年。它的门楼在 1848 年奥地利军队的轰炸中被大火焚毁，后于 1871 年重新设计建造。位于圣杰雷米亚教堂钟楼旁边的是拉比亚宫的侧门楼，这是阿里桑德罗·特雷米格隆在 1750 年修建的。

拉比亚家族极为富有，他们靠花钱挤进了威尼斯贵族的行列，是少数几个能在 18 世纪建设如此奢华新宅邸的家族之一，因为那时候的威尼斯经济正在走下坡路。这座豪宅里拥有一些乔瓦尼·巴蒂斯塔·提埃坡罗创作的宏伟壁画，并主要悬挂在大舞厅里。

圣马阔拉教堂(San Marcuola)(圣厄马戈拉·福尔图纳托教堂)

这座教堂的名字显然是威尼斯人将两个姓氏综合在一起，他们是阿奎莱亚（Aquilea）的两位殉道者：赫马格拉斯（Hermagoras）和福图内特斯（Fortunatus），而这座教堂正为纪念他们而建。与威尼斯其他一些教堂的情况相仿，这座由乔治·马萨里（Giorgio Massari）在1728-1736年修建的教堂门楼并未完工。这座单殿教堂的内部简朴，但仍比其令人生畏的外表面显得更为优雅。这座教堂除了拥有乔瓦尼·玛利亚·莫雷特创作的雕塑和巴洛克风格的祭坛之外，特别值得一提的还有丁特列托创作的一幅《最后的晚餐》（1547），因此值得游客们对其进行短暂游览。

文德拉明·卡拉基宫 (Palazzo Vendramin—Calergi)

莫罗·科杜齐是第一位将文艺复兴建筑理念以最纯粹的方式引入威尼斯的建筑师，他在1500年前后建设了这座漂亮的宫殿。他在1504年去世之后，伦巴第接手完成了这座极具艺术气息的建筑物的修建。这座建筑的门楼展示出了典型的威尼斯风格，它将窗户分成若干组，中间三组连在一起，两边各另有一组。

哥特式尖拱是一直流行到15世纪的窗户形制，但是科杜齐却将两扇窗户合成为一个半圆拱，并在两个半圆拱与大圆拱之间设计了一个圆形的洞窗。虽然窗户上的华丽装饰并未复制以往的形式，但却仍能让人回想到早期宫殿上的哥特式尖拱窗户。色彩斑斓的斑岩和大理石板，以及科杜齐在窗户两侧的石柱和上层过梁上饰以的浮雕，同样让人联想到过去的宫殿形式。

分隔上下两层并置于窗户顶部的卧式长横梁与垂直的石柱组合给予了建筑物一种和谐完整的面貌。二楼的大厅之外，突出于建筑外立面的部分构成了一个阳台。理查德·瓦格纳于 1883 年 2 月 13 日在这座宅邸内与世长辞。如今，这座建筑变成了城市赌场，但是仅在冬季开放，而夏季开放的赌场位于利多。

梅吉奥仓库(Deposito del Megio)

这座 15 世纪的谷仓是一座简朴的砖瓦建筑，建筑物外立面上的圣马可之狮表明它隶属于市政。威尼斯共和国保有数个这种类型的谷仓，以确保平民百姓能以合理的价格购买最低限度的粮食需求。

土耳其仓库(Fondaco dei Turchi)

17 世纪，这座宅邸逐渐变成威尼斯城内土耳其商人的总部所在地。它是达·佩萨罗（Da Pesaro）家族在 13 世纪按照威尼斯式罗马风格为自己建造的住宅。在 14 世纪，它是威尼斯城内最壮观的建筑物之一，当时的元老院常把它用作招待来访显贵的住所。1621 年，它被土耳其商人租用。部分残存的原始建筑结构是威尼斯城内发现的最古老的石质住宅建筑遗迹之一。

在威尼斯共和国统治晚期，土耳其仓库逐渐年久失修。在 1859 年至 1869 年间，它被彻底修复，但是，如今的人们已很难想象当年的土耳其仓库何其壮观。现在，它被改造成了市立自然历史博物馆，陈列了潟湖地区出产的动植物。

圣斯塔教堂(San Stae)(圣欧斯塔基奥教堂)

威尼斯人通常将这座崇拜圣欧斯塔基奥的教堂简称为“斯塔”。1709 年，为修建教堂门楼召开了一次招标会，尽管门楼一直没有彻底完工，但是在 12 名候选人之中，多梅尼科·罗西（Domenico Rossi）被选中为主建筑师。

19世纪，这座门楼被批为“头重脚轻”。这是因为它看上去像是一座庙宇，石柱撑起了一块大型的三角墙，这些石柱的高度是楼高的四分之三，石柱底部是高高的底座，使得主入口上方的开口三角墙显得笨拙不堪。由于这座建筑具有良好的音响效果，因此现在它被用于举办音乐会。教堂内部的绘画由提埃坡罗和皮亚泽塔（Piazzetta）共同创作。

乔瓦尼·巴蒂斯塔·皮亚泽塔：
《长者圣雅各殉难》；1722；
帆布油画；165厘米×138厘米

皮亚泽塔是“紫金黑暗画派”的成员之一，其绘画作品中的人物大多用暗黑和暗褐色调渲染。他是这一流派最杰出的大师之一。值得注意的是画面上圣人的上衣，尽管掺杂着许多暗黑的色调，却仍然散发出纯白色的光芒，显出了画家高超的技巧。人物的超高亮度使人物形象显得四分五裂，黑暗与光亮的强烈对比突出了这一恐怖场景的戏剧性。

乔瓦尼·巴蒂斯塔·提埃坡罗：
《圣巴多罗买殉难》；1722–1723；
帆布油画；167厘米×139厘米

1722年，12位画家应邀为圣斯塔教堂创作装饰画，每位画家绘制一名传道者的殉难图。因此，这座教堂便成了18世纪早期威尼斯最具声望的画家们的美术馆。

有趣的是，当时年仅26岁的提埃坡罗是所有被选中的画家中唯一的年轻人。提埃坡罗擅于运用明快的色彩，但他加入了不和谐的色调，比如，行刑者的裤子色彩是断续的红色，而士兵的大腿和圣人的肩膀之间则是一件深蓝色的衣服。裤子上的红色调强化了蓝色衣服散发出的光芒。

如果我们对照圣巴多罗买身穿的明亮的缠腰布和皮亚泽塔笔下圣雅各的白色衬衣，我们可以看出提埃坡罗使用了彩色的阴影（这幅画利用了浅蓝色和淡紫色阴影）。这幅画作另一个最打动人心的细节是手部的可塑性。圣人的右手似乎正伸向画面外的观众，而双手的处理均是透视法的杰作，提埃坡罗仅仅使用色彩便渲染出了如此逼真的效果。

佩萨罗大厦
(Ca’ Pesaro)

在 1558 年至 1628 年间，佩萨罗家族买下了三座紧邻的宅邸，在 1628 年将其拆除，并于同年指派巴尔达萨雷·隆盖纳（Baldassare Longhena）在原址建造一座大型的独栋住宅楼。在 1682 年这位建筑师去世的时候，建筑仅盖完了第一层，后来，安东尼·加斯帕里（Antonio Gaspari）接手工程，并于 1710 年完工。早在修建期间，这座建筑就被人们认为太过粗俗浮夸，并不适合作为一个威尼斯贵族家庭的居所。很显然，这一观点并非源于嫉妒，的确出于事实。当我们将它与其他运河两岸的宅邸相互比较之后，便会清晰地看出这一点。1902 年之后，这座建筑变成了现代艺术博物馆。在 20 世纪初，足智多谋的博物馆管理者为这座建筑增添颇具趣味的特色。

那些得以在威尼斯双年展上展出的艺术家作品均由一个相当保守的评审团选出，而佩萨罗博物馆展出的则是截然不同的现代艺术作品。如今，这里展示了包括维多瓦（Vedova）、基里科（de Chirico）、米罗（Miro）、格罗西（Grosz）、克利（Klee）、克里姆特（Klimt）、阿尔普（Arp）和考尔德（Calder）等艺术家的作品。这座宅邸同时还包含一个东方艺术博物馆，收藏了丰富的17至19世纪日本艺术作品。

科尔纳王后宫 (Palazzo Corner della Regina)

卡泰丽娜·科尔纳罗（Caterina Cornaro，1454-1510）并未委托建造这座巴洛克风格的宫殿，因为这座宫殿是在她死后200多年才建成的，但是她的确诞生于之前建在同一位置的宅邸之中。这位后来的塞浦路斯王后出自科尔纳罗（亦即科尔纳）家族的一个分支，该分支名称便取自于她。事实上，威尼斯城内有许多座科尔纳罗宫。

威尼斯贵族为了区分家族内部的不同支系及其分隔开的居所，通常用家族成员的名字来命名宅邸，以示尊崇。这座壮丽的建筑是多梅尼科·罗西于1724年开工新建。罗西是18世纪威尼斯最具天赋的建筑师，建筑的门楼展示出了罗西极具表现力但注重结构严整和对称的建筑理念。如今，王后宫成了威尼斯双年展的档案馆，并包含了一个收藏丰富的当代艺术图书馆。

黄金宫(Ca' d' Oro)

黄金宫的外立面镀金，并有红色和蓝色的彩绘，除此之外，它是威尼斯极富想象力的后哥特风格建筑中最出色的代表之一。当时，佛罗伦萨的建筑风格已经采纳了文艺复兴早期严格的建筑形式，但是威尼斯仍流行后哥特式风格。

黄金宫是马里诺·孔塔里尼（Marino Contarini）于1421年建成的，精美的石头雕饰是马泰奥·瑞瓦尔第（Matteo Raverti）和其他工匠一起创作完成的。瑞瓦尔第很可能负责修建了二层拱廊，与总督府的建筑形式异曲同工。

1840年，一位俄罗斯王子将黄金宫赠送给著名的舞蹈家玛利亚·塔格里奥妮（Maria Taglioni），但是她并不了解这件浪漫而贵重的礼物所具有的艺术重要性。乔治·弗朗切蒂（Giorgio Franchetti）伯爵在1894年买下了这座建筑，拆除了塔格里奥妮添加的不合时宜的部分，并在1905年将这座宫殿式建筑以及其中价值连城的艺术收藏一起捐献给了意大利国家政府。

鱼市

威尼斯的鱼市场自14世纪开始便矗立在这个位置上了。新哥特式的市场大厅建于1907年，它并不是由建筑师设计的，而是由画家切萨雷·劳伦蒂（Cesare Laurenti）设计。

新工厂(Fabbriche Nuove)

这座超长型的建筑物最初是威尼斯商务主管部门的办公场所，由雅各布·桑索维诺（Jacopo Sansovino）在1552-1555年建造，他采用最基础的手段为城市最重要的职能部门建造了一座简朴而经济实用的办公楼。

新工厂曾被作为负责管理里奥托地区贸易往来的行政官的办公场所。如今，威尼斯的大型市场依旧矗立在面对里奥托的运河边，但是，却不再是桑索维诺时代发放贷款许可和奢侈品交易的场所，现在的威尼斯人在这里购买日用品。

新工厂是文艺复兴全盛期修建的一处实用建筑，它的实用性至今仍发挥着作用，这一点从如下事实便可看出：包括诸多立法机构在内的威尼斯主要政府机构至今仍在新工厂里办公。虽然新工厂就矗立在风景如画的里奥托市场对面的运河边，其地理位置令人艳羡，然而，有一个不能忘记的事实是，以前在这里办公的人们最常抱怨的却是市场里的老鼠，它们一直在砖块结构的建筑物里打洞。

财政宫(Palazzo dei Camerlenghi)

这座宫殿就位于里奥托桥旁边，曾经是威尼斯财政部和其他部门的三位首长的办公场所。位于大楼底层的监狱专用于关押逃税者。为了与这一犯罪行为作斗争，威尼斯城内设置了众多用于匿名检举的信箱。财政宫是总督安德鲁·格里蒂（Andrea Gritti）于1525-1528年修建的，为了顺应大运河的流向，建筑的外立面带有轻微的弯角。财政宫的建筑师可能是古列尔莫·贝加马斯卡，他并没有碰到运河正对面的德国仓库所遇到的那些严格的限制条件。建筑物上华丽的装饰表明这是一座重要的办公楼，毕竟几乎威尼斯所有的收入均来自对商人们征收的关税和交易税。

德国仓库

这座仓库门楼的简约式设计与其他 16 世纪早期大运河两侧的建筑物截然不同。1505 年，德国仓库经历了一次毁灭性的火灾，威尼斯元老院负责集资重建，并禁止在这座德国商人总部的外立面上使用大理石装饰。因此，这座文艺复兴风格建筑的外墙被吉奥乔尼和年轻的提香创作的壁画所覆盖，而这丝毫不比任何建筑装饰逊色。

由于吉奥乔尼早已成名，因此提香的工作是为更易损耗的建筑物近地墙面绘制壁画，这也标志了提香空前成功的职业生涯的开端。由于受到海洋气候的侵蚀，壁画的绝大部分均已消逝，仅存的部分现可在黄金宫欣赏到。

“仓库”一词源自阿拉伯语“funduk”，既可指客栈，也可指商店。德国商人早在 1228 年便已在威尼斯拥有这样一间既可住宿亦可储藏的机构。这意味着他们可以很方便地与海关打交道，并可以在此完成所有的海关手续。当时仅有少数威尼斯最重要的贸易伙伴才能得到这种特权。现在，这座建筑被用作中央邮局，因此，游客可以方便地入内一观。

里奥托桥

里奥托桥如今已成为威尼斯的象征之一，而在很长一段时间的历史上，它仅仅是大运河上的一座简陋的木桥。在 15 世纪时，它曾是一座吊桥，可以抬升，以方便船只进入运河。1524 年，第一次将其设计成石桥，但是却在 60 年后才最终建成。最初的设计思路是要把它建成一座独一无二的标志性建筑，而建筑师面临的最大困难是桥基建设工程。因此，建筑计划一拖再拖，贯穿了整个 16 世纪。当时，几乎所有著名的建筑师均参与了这座桥梁的设计，其中包括桑索维诺（Sansovino）、斯卡莫齐（Scamozzi）、帕拉迪奥（Palladio），甚至连伟大的米开朗琪罗也曾参与其中。

1588 年，安东尼·达·庞特（Antonio da Ponte）设计的高拱带商铺桥梁最终被选中。庞特在当时并非是特别杰出的建筑师，更像是一名服务于行政官萨尔的营造商或建筑工程队长，萨尔负责威尼斯众多公共建筑的建设工程。庞特是以水利工程师的身份为萨尔工作的，可能正是他在水利方面的经验决定了他最终能够赢得这项工程。他的设计在短短的三年内便成为了现实，桥面的浮雕上刻画着城市的两位保护神：西奥多（Theodore）和马可。

VICTOR
HUGO
PITTORE

格里马尼宫(Palazzo Grimani)

这座宏伟华美的宫殿(建于1541-1575年)具有强健的构造，与周边那些源自威尼斯哥特式风格的优雅建筑相比，看上去显得格格不入。这是来自维罗纳的建筑师米歇尔·桑米切利的作品。他尝试将自己的设计尽可能地远离威尼斯宅邸的常见风格。

建筑的中心部分与其他部分融合在一起，中间三扇窗户之间使用的是单根石柱分隔，表明这些窗户相互连接在一起，而两侧的窗户依旧用两根石柱与中心部分隔开。在合适的光线照射下，建筑的门脸看上去包含了两个层次：前一个层次是由突出的异形柱和壁柱共同构成，而后一个层次则是藏在柱体后面的墙面区域。

建筑上的窗户比威尼斯人的标准要大一些，为此还引发了种种传说。这座住宅据说是一位被抛弃的男子修建的，他不算太富有，无法满足恋人或她的家族的要求，因此，他决定要将自己新家的窗户造的比前恋人家的门面还要宽大。尽管这只是一种传说，但是也反映出了这座建筑的不同寻常之处，就连普通的游客也不免想要探究其中的缘由。

1559年桑米切利去世的时候，这座大楼仅仅建好了底层，主厅部分才刚开始施工，因此，很可能只有底层部分与他的设计相吻合。而詹贾科莫·德·格里吉修建的顶层则显得更为扁平而紧凑。这座建筑直到1575年在安东尼·鲁斯科尼的监造下才得以完工。

帕帕多波利宫(Palazzo Papadopoli)

这座文艺复兴全盛期风格的宫殿是詹贾科莫·德·格里吉在16世纪中叶修建的，他是更为出名的贝加莫人古列莫·德·格里吉的儿子兼合伙人。他的主顾是同样来自贝加莫的柯奇那(Coccina)家族。这项朴素的建筑设计令格里吉与过去伦巴第的建筑师们全然不同，后者常以华丽的建筑技巧而备受赞誉。这座建筑只有中心部分的主轴用大型拱窗和石柱加以突出，另外值得一提的还有楼顶上矗立的两座方尖碑。

保罗·维罗内塞(Paulo Veronese)：
《柯奇那居所里的圣母像》；1571；
帆布油画；164厘米×416厘米；
德累斯顿古代大师美术馆藏

维罗内塞的绘画《柯奇那（或库奇那）居所里的圣母像》中刻画的是帕帕多波利一家的肖像。这个家族建设了这座宅邸，并在建筑工期内邀请画家创作了这幅作品。

如今，这幅画藏于德累斯顿。画面上，整个家族成员跪倒在圣母面前。另外，还有《三博士来朝》、《迦拿的婚礼》和《耶稣背负十字架》三幅作品与其尺寸相同，当年均为装饰帕帕多波利宫大厅的绘画作品。

一名天使、施洗者圣约翰和圣杰罗姆（St. Jerome）围绕在圣母周围，这个家族的成员由代表着信念、希望和贞洁的美慧三女神陪伴。信念女神身披白色衣料，一家之主祖安东尼（Zuanantonio）正触摸着她的手，希望女神和贞洁女神则站在她的身后。画面稍左侧是祖安东尼的兄弟艾维瑟（Alvise）（站立者）和安东尼（跪立者），和他的妻子祖安娜（Zuana）、女儿玛丽埃塔（Marietta）以及其他几个孩子。新近修建的家族府邸出现在画面的背景之中，而在画面的最右侧，一名年轻的育婴女佣则将最近出生的家庭新成员——祖安巴蒂斯塔（Zuanbattista）带进画面。

宅邸和其他住宅

一座典型的威尼斯大楼的木刻画（出自塞巴斯蒂亚诺·塞利奥著《建筑总规划》；威尼斯；1537；第156页）；

威尼斯只有一座真正的广场：圣马可广场；只有一座真正的宫殿：总督府。所有其他的大厦在威尼斯方言里均被称为“Ca'”，这是“casa（房屋）”的缩略形式。

建筑师塞巴斯蒂亚诺·塞利奥（约1475-1554）在描述威尼斯楼房统一的建筑格式的时候，对威尼斯贵族们的谦逊表达出了强烈的敬佩。事实上，与包括罗马、米兰和佛罗伦萨等其他主要城市相比，威尼斯同样拥有大量虽算不上极为宽敞但仍然精雕细琢的房屋，它们具有相同的建筑风格，而这一风格早在13世纪便已成形。

宅邸的门楼很大程度上揭示出了内部空间的分布格局。房屋的主会客室通常位于二楼，也就是所谓的主楼层，是接待宾客举行聚会的

莫斯托大厦（Ca' da Mosto）是大运河沿岸最古老的宅邸之一（顶部楼层为17世纪加盖）。

地方。从外立面看，宅邸里最大的房间——会客室或进门大厅——被一排宽大的窗户划分开，一些建筑物的第三层也会设置大客厅，同样被一组紧挨着的窗户凸显出来。这些会客室的两侧通常是狭小的起居室，人们可以通过其窗户的布置方式轻易地区分开。而这正是威尼斯门楼的韵律所在。有时，在底层与二楼之间，或是屋顶下面还能看到数排稍

莫斯托大厦（局部）；其底部两层建于12世纪末期及13世纪初期。

大运河上的本博宫（Palazzo Bembo）具有典型的15世纪门楼，而其中某些部分的建筑年代更为久远。

小一些的窗户，这就是所谓的夹层，是比普通楼层低矮一些的中间层。它们通常被用作储藏间或杂用房，另外，由于小房间容易采暖，因此，也常在寒冬腊月作为卧室和办公室。

建筑的外立面同样也能反映出建筑的年代。最早的门楼通常会在外表面均匀地抹上灰泥，或是其砖砌表面直接裸露在外，并常配有高大的上心圆拱，外加装饰性框架。有时候，这些非常古老的门楼还会饰以一种源自拜占庭的小型浮雕圆形花饰。在 14 世纪的哥特时期，尖拱成了最显著的建筑要素，在威尼斯，它演变成了特定的洋葱形拱，让人不禁联想到船只的龙骨或是驴子的背部。一些专家认为这一样式源自东方的影响。包括露天的花饰窗台在内的装饰主题与洋葱形拱一道构成了一座完整的哥特式门楼。到了 15 世纪晚期，门楼上开始镶嵌华丽的石材，其风格样式似乎又回到了 13 世纪。16 世纪，由石柱和天然石材构建的门楼风格开始盛行，尽管有时候人们并不使用真正的石料，而只是用颜料描画成石料的样子。描画上色的门楼曾在威尼斯的建筑史上占据了极为重要的位置，但是如今这些颜料几乎早已荡然无存。

具有典型的宽大格局的宫殿式建筑设计特征同样也出现在更为简朴的房屋设计上。就连一些非常小的两层房屋也常在其中间部分配有宽大的窗户区，而大客厅也同样位于房屋的二楼。这种类型的建筑结构几乎全都采用桩脚支撑，桩基深入水下的淤泥，直抵坚实的地面。这也意味着建筑所用的材料必须非常轻便。不单是宅邸或私人居所需要采用轻质材料，那些富人或学校和机构建造的许多大型公寓楼也同样如此。大部分的公寓免费提供给有需要的人居住，还有一部分则

福斯卡里大厦的哥特式花饰窗格（局部）；建于15世纪中叶；仿照总督府而建。

大运河上的达里奥宫（Palazzo Dario）；15世纪下半叶。

为了获利而出租。这些建筑通常共享一个内部庭院，院子里有一口水井，建筑内圈设置步道。这就构成了一处居住区，晚间可以上锁以保护区内的居民安全。为安全起见，每一间公寓均有独立的入口，就算是那些位于三楼或四楼的公寓也会尽量避免设置公用的走廊。许多这样的公寓居住区历经数个世纪保存至今，其空间划分巧夺天工，而这些早期居住工程仍能给威尼斯居民带来相对高质量的生活品质，就连现在的人们也不禁感到叹服。

大运河上的多尔芬—曼宁宫（Palazzo Dolfin—Manin）；建于1536—1574；源自雅各布·桑索维诺的设计。

马瑞纳雷扎（Marinarezza）公寓：卡斯泰洛（Castello）兵工厂的工人宿舍；15世纪（17世纪扩建）

LORENZ RUBELL
TESSUTI PER ARREDAMENTO - DECORATING FABRICS
LORENZO RUBELL
ELLI

科尔纳–斯皮内里宫(Palazzo Corner–Spinelli)

这座宅邸是威尼斯文艺复兴早期（1490-1510）最有趣的建筑结构之一。建筑师莫罗·科杜齐将文艺复兴时期清晰的形式与哥特式门楼的生动活泼结合在一起，将仿古模式演变成了更为文雅的建筑形式。建筑的一楼是带有小窗户的储藏室，颇具平易的乡村气息，看上去更像是楼上那些雕梁画栋的房间的基座。二楼以上，每两扇窗户的顶部（双孔）共同撑起一个单拱。科杜齐模仿哥特式风格，在拱肩处设计了圆形的孔洞。在哥特式风格里，这些孔洞通常被用作装饰箔等装饰细节的外框，但是科杜齐却把它们当成单独的装饰结构。墙面上的彩色石料是早在13世纪便镶嵌上的大理石薄板。二楼主厅外边窗下的鸢尾花式阳台是科杜齐另一个更为不同寻常的灵感，它显得既漂亮又格外醒目，给门楼带来了勃勃生机。这也是科杜齐唯一一次使用这种样式。

孔塔里尼人像宫(Palazzo Contarini delle Figure)

这是一座建于16世纪前半叶的文艺复兴风格的宅邸，起先可能是乔治·斯帕文托（Giorgio Spavento）负责建造的，后来由安东尼·阿邦迪奥（Antonio Abbondio）（亦被称为斯贾帕格尼诺）负责收尾至完工。宅邸名字中的“人像”二字得名于支撑位于主入口之上的阳台的两根人像柱（虽然不容易看到，并且艺术价值也不高）。这个世界知名的大家族另外还拥有21座宅邸，因此，要想区分这些孔塔里尼家的建筑，必须在名称上附加一些描述性质的文字。

福斯卡里大厦 (Ca' Foscari)

弗朗西斯科·福斯卡里是15世纪最杰出的总督，1452年，他授权动工建造这座富丽堂皇的宫殿。他曾监督建造了总督府，而福斯卡里大厦三层主会客大厅外的窗户结构与总督府的完全一样。或许这就表明了福斯卡里的总督地位，另外还说明是他下令扩建总督府的。不过，这一类型的装饰形式也可以在当时其他一些宅邸建筑上看到。这一点暗示我们，当时的威尼斯贵族通过这种方式建立起了与威尼斯政权之间的联系，毕竟总督府不单住着总督一个人，同时还是大议会聚会的场所，大议会由所有的政府官员构成，而政府官员则只有贵族才能担任。简而言之，在相当长的时间里，尖拱始终最受欢迎，因为威尼斯人尤其喜欢这种极简的风格。福斯卡里大厦三楼的檐壁上还有两名小天使手持着福斯卡里家族盾徽的浮雕图案。

格拉西宫(Palazzo Grassi)

来自博洛尼亚的格拉西家族在1749年开始兴建这座宅邸，他们的财富早在1718年便让他们跻身于威尼斯的贵族圈。不久之后，格拉西家族决定将其建成宏伟的巴洛克式建筑。尽管建筑的门楼看上去相当单调，但却是典型的威尼斯式建筑，因为建筑中央的窗户划分成一组，仅用一根壁柱分隔，而两旁的窗户却用两根壁柱分隔。现在，这座建筑属于菲亚特公司的资产，用于举办展览。

Assessorato alla Cultura
Comune di Venezia
Musei Civici Veneziani
d'Arte e di Storia
CA' REZZONICO
Museo del Settecento Veneziano

雷佐尼科大厦 (Ca' Rezzonico)

这座精美的巴洛克风格大厦是巴尔达萨雷·隆盖纳于17世纪中叶为邦（Bon）家族修建的，当时，隆盖纳是威尼斯的顶级建筑师。

在遭遇到不可遏制的财务危机以及家族继承人的突然死亡之后，这座建筑在修筑到二层之后便停工了。一个世纪以后，雷佐尼科家族买下了这座宅邸，并于1750年开始注入资金，邀请乔治·马赛继续未完的工程建设。

建筑的墙面完全被半露柱、突出在外的雕刻柱头、窗户上的花饰和支撑窗拱的小型双柱所掩盖，共同呈现出光影变幻莫测的视觉盛宴，光影模糊了建筑的外表面，突显它是一座巴洛克风格的杰作。

现在，雷佐尼科大厦变成了18世纪威尼斯博物馆（见273页）。这是一间面向公众开放的博物馆，游客们因此有机会一睹雷佐尼科家族对大厦内部的奢华装修。

朱斯蒂年宫(Palazzo Giustinian)

实际上，朱斯蒂年宫包括两栋建筑，均建于15世纪中叶，与旁边的福斯卡里大厦相似的是，这两座建筑均为柔和而重装饰的威尼斯哥特式风格的绝妙案例。建筑的外立面与众不同，中心部位是一个主窗轴，主水闸门两侧是完全相同的两部分建筑，表明这是两座单独的建筑合并而成。在1858-1859年的冬季，理查德·瓦格纳在朱斯蒂年宫创作了《特里斯坦和伊索尔德》的第二幕。

公爵大厦(Ca’ del Duca)

现在，在科尔纳家族委托巴托罗缪·布恩于15世纪中叶修建一座大厦的位置上有两座大楼。1461年，科尔纳家族将刚具雏形的建筑卖给了想在威尼斯拥有一座宏伟宅邸的米兰公爵弗朗西斯科·斯福尔扎。然而，他的住宅并未完工，且很早就被拆除。

在公爵大厦的右侧边缘，人们还可以看到一些原始建筑遗留下来的轻质石块，而建筑的其他部分则被抹上了灰泥。这表明在15世纪中叶的设计方案中，这座大厦采用的是典型的文艺复兴风格的建筑形式，如果它能够建好，将把威尼斯住宅建筑带入一个完全不同的风格。

学院美术馆(Gallerie dell’Accademia)

学院美术馆的前身是一所学校，隶属于圣母玛利亚慈善教堂以及同名女修道院的大慈善学校。其名称中的“学院”表明了美术馆收藏的重要绘画作品源自1750年成立的艺术学院。

现在，美术馆的入口位于学院建筑的门楼处，是贝纳尔多·马卡鲁齐在1760年前后采纳乔治·马萨里的设计方案修建的。拿破仑将这座私有学院转变成了一座官方艺术学院，并纳入了相邻的建筑。在拿破仑时代，从教堂和修道院搬迁得来的艺术作品和许多来自私人的捐赠极大地丰富了美术馆的收藏，到了1807年，它开始对公众开放。

学院美术馆是意大利最重要的艺术宝库之一，为游客展现了自13世纪至18世纪末期威尼斯绘画的精华（另见310页）。

玫瑰赌场(卡塞塔·罗萨)

这座小型的红色房屋与周围区域宏伟的住宅建筑完全不同，它离河岸有一定距离，曾是18世纪至19世纪初威尼斯最杰出的雕塑家安东尼·卡诺瓦（1757-1822）的工作室。在他活着的时候，他的作品便已广受赞誉。

在第一次世界大战期间，这间赌场曾是古怪而备受争议的诗人兼政治家加布里埃尔·德·安农奇奥（1863-1938）的住所。

费尼尔·莱昂尼宫
(佩吉·古根海姆收藏馆)

费尼尔·莱昂尼宫的名字源于建筑物正面基座上雕刻的狮子头像（译注：莱昂尼的原意为狮子）。建筑师洛伦佐·博斯凯蒂雕刻的一座木制模型现藏于科雷尔博物馆，它表明，费尼尔家族曾想在1749年将其建成一座奢华的宅邸，但却一直没能完工。通常情况下，在面临财务困难时，建筑会停工，但是，与其他建筑不同的是，这座建筑始终没能再次续建。

本世纪，这座奇怪而未完工的居所被一位古怪的美国人佩吉·古根海姆（1889-1979）买下，当成一个简朴的住处。这位富裕的艺术收藏家兼当代艺术资助人在威尼斯度过了生命的最后30年。她主要的现代艺术收藏品目前均陈列在博物馆中对公众开放，这座博物馆由所罗门·R·古根海姆基金会运作，而该基金会正是由佩吉·古根海姆的舅舅的遗赠成立的（见334页）。

大房子(Ca' Grande)

1533 年，这座建筑的原型被一场大火烧毁，塞浦路斯王后的一位侄子雅各布·科尔纳罗委托雅各布·桑索维诺重建这座建筑。因其体量巨大，威尼斯人称之为“大房子”。它的一楼显得质朴，而二楼和三楼却带有爱奥尼亚式和科林斯风格的石柱，桑索维诺在此借用了托斯卡纳和罗马的文艺复兴全盛期的建筑形式。然而，拥有许多窗户的上两层建筑虽然看上去像是拱廊，但这仍然属于威尼斯的传统式样。窗户的作用更多是在分隔墙面，而并非为突出建筑的庞大体积。在 17 世纪和 18 世纪，包括皮萨诺宫和雷佐尼科大厦在内的一些宅邸均效仿这种建筑模式。

达里奥大厦(Ca' Dario)

亨利·詹姆斯将这座建筑比做纸牌做的房子，一触即倒。事实上，尽管它的外立面略有倾斜，但是镶嵌在墙面上的大理石薄板让它成为威尼斯最漂亮的楼房之一。这座扭曲的宅邸是在 1487 年前后乔瓦尼·达里奥出资修建的（他的名字被镌刻在一楼），主建筑师为彼得罗·伦巴第。大理石外立面曾在之前的 13 世纪风靡一时，当伦巴第家族从伦巴第搬迁到威尼斯之后，又开始在威尼斯重新流行起来。这种外立面结构非常昂贵，因此能凸显出主人的富有。

安康圣母教堂(Santa Maria della Salute)

巴尔达萨雷·隆盖纳(Baldassare Longhena)在33岁的时候便被委任修建这座教堂，用以作为感激圣母玛利亚结束横行于1629-1630年间大瘟疫的标志性建筑。这座建筑在1687年被祝圣。

这是一座带有穹顶的高大建筑，很远就能看到。它是总督府和圣马可广场对面最重要的建筑地标。当游客从东边乘船靠近圣马可广场的时候，还能同时看到总督府以及矗立着圣乔治教堂和安康圣母教堂的两座小岛，这一场面绝对震撼人心！

带有雕像的巨大螺旋蜗壳竖立在高大的底层建筑上，支撑着高耸的穹顶，为教堂带来了独特的面貌。教堂的内部构造比外部更为紧凑，穹顶之下的中心区域向外扩张，四周分布着祈祷室，从外面看，这些祈祷室形成了两层高的门廊。

提香：《圣灵降临》；1545；
帆布油画；570厘米×260厘米

这幅作品描绘了传道者们领受圣灵的场景，另外，提香还有五幅杰作也被这座教堂收藏，它们均来自伊索拉岛的圣灵修道院，后者在17世纪被解散。

提香：《圣马可与圣科斯马斯、圣达米安、圣洛赫及圣塞巴斯蒂安》；约1510；
帆布油画；218厘米 × 149厘米

这幅绘画与安康圣母教堂一样，也是为纪念大瘟疫结束，画家受到伊索拉岛圣奥古斯丁圣灵修道院的委托而创作的。这是提香已知最早的作品之一，其创作年代可以追溯到大瘟疫结束时的1510年。画面上身着明亮衣物的大型人物形象让人回想起他的老师乔瓦尼·贝利尼笔下的人物。圣塞巴斯蒂安赤裸上身，形态优雅，身上的白衣展现了这位年轻画家的天赋和高超的绘画技巧。圣马可为大瘟疫结束而做的祷告具有很强的感染力。画面左侧的两位神职医生科斯马斯和达米安交代了画面的背景，两人均指着画面右侧圣洛赫展示出来的瘟疫疤痕，而站在前面的科斯马斯则目光恳切地注视着威尼斯的保护神。圣塞巴斯蒂安被利箭刺伤，他与圣洛赫均为最常被人们祈求脱离瘟疫的圣人。

提香：《亚伯拉罕的牺牲》；1542–1544；
帆布油画；328厘米 × 282厘米

这幅牺牲场景的绘画原本是伊索拉岛圣灵修道院里华美的天花板装饰的一部分。雅各布·桑索维诺设计的天花板并未流传下来，只有提香的帆布油画在 1656 年搬迁到了安康圣母教堂的圣器收藏室。

除了《亚伯拉罕的牺牲》之外，天花板装饰还包括《该隐和亚伯》、《大卫和歌利亚》，以及八幅稍小一些的圆形绘画，分别描绘了四位福音传道者和四位神父。

就连提香同时代的画家也对这幅画处理上升视角的技巧赞叹不已。提香为表现人物的运动，加大了创作难度，展示出他已完美地掌握了超短透视技法。

自中世纪以来，亚伯拉罕的牺牲就被认为是一种预兆，正如《旧约全书》预言的那样，预示着耶稣的自我牺牲。提香很好地捕捉到了这一场景的戏剧效果。年轻的以撒已经跪在了祭坛上，他的父亲亚伯拉罕用一只大手重重地压在他的头上，另一只手则握着一把刀。小男孩毫无惧色，他信任父亲犹如父亲信任上帝。正在这个时候，一位穿着飘逸的天使从天而降，他高声阻止并抓住了大刀，避免了以撒的死亡。

海关大楼
(Dogana da Mar)

当人们从圣马可广场进入大运河的入口，会看到扼守在入口左侧的长条形海关大楼，它是航海时代的海关办公场所。朱塞佩·贝诺尼在1677-1682年间修建了这座平整低矮的建筑。圣马可海盆包括总督府前的水域，其两侧分别是圣马可广场以及对面的圣乔治·马焦雷岛和朱代卡岛，这里曾是欧洲最繁忙的港口之一。帆船载满从全世界搜罗的物资停靠在这里，报关并等待卸货。这座拥有巨大储藏室的大型海关大楼见证了以往的荣耀，尽管如今的人们已经很难猜想到当年海关大楼中的忙碌景象。

以前，海关大楼楼顶有一座瞭望塔，以防御外族入侵，但从未发挥过作用。现在，瞭望塔变成了一个金球，两位大力士背负着金球，一个化身为女神福尔图娜（译者注：命运女神）的风向标站立在金球上，手里拿着一片风向舵。她不仅指示风向，还清楚地向来往的船只表明命运的不可预知。这尊雕塑的作者是贝纳尔多·法尔科内。

EN VERVS FORTIS QVI FREGIT VINCVLA MORTIS·

圣马可区

圣马可区

威尼斯的政治中心坐落在圣马可区的圣马可广场周边区域内，长方形廊柱大厅和总督府也位于同一区域。中世纪时期，这里是威尼斯真正的心脏区域，四周环绕着木质加固城墙。这一区域足以让那些对威尼斯历史感兴趣的游客逗留上数天时间，考察历史悠久而颇具艺术魅力的建筑物。这里是威尼斯的行政区，还容纳了官邸和办公室、铸币厂、图书馆、粮仓以及监狱。数不胜数的商人在圣马可广场和小广场上摆摊设点，直到16世纪，面包师、屠夫和其他商人仍在这里叫卖他们的货物。后来，政府将他们迁移出去，以吸引售卖奢侈品和珠宝的商铺，并更多地保持政府行政区的专有特征。现在，这一特征几乎没有任何改变。圣马可区拥有最好的酒店和世界知名或威尼斯本地的奢侈品商店，并热忱邀请游客去发掘他们所处区域的小巷里弄。

福尔图尼博物馆（Museo Fortuny）（内部）；见207页

圣斯特凡诺教堂（Santo Stefano）（内部）；见203页

圣莫伊兹教堂（San Moise）；见200页

其他景点：

1 总督府 **2** 小广场 **3** 圣马可广场 **4** 图书馆/玛西亚那图书馆(Biblioteca Marciana) **5** 圣马可前廊钟楼(Campanile di San Marco and Loggetta) **6** 弗洛里安咖啡厅(Café Florian) **7** 科雷尔博物馆(Museo Civico Correr) **8** 新行政长官官邸(New Procurator's Offices) **9** 拿破仑翼楼(Napoleonic Wing) **10** 老行政长官官邸 **11** 凤凰歌剧院(Teatro La Fenice) **12** 圣萨尔瓦多教堂(San Salvatore)

威尼斯学会(Ateneo Veneto)(圣吉罗拉摩学会(Scuola di San Girolamo)/圣凡丁学会(Scuola di San Vantin))；见205页

波沃洛旋转楼梯(Scala del Bovolo)；见209页

时钟塔（Torre dell' Orologio），钟楼；见183页

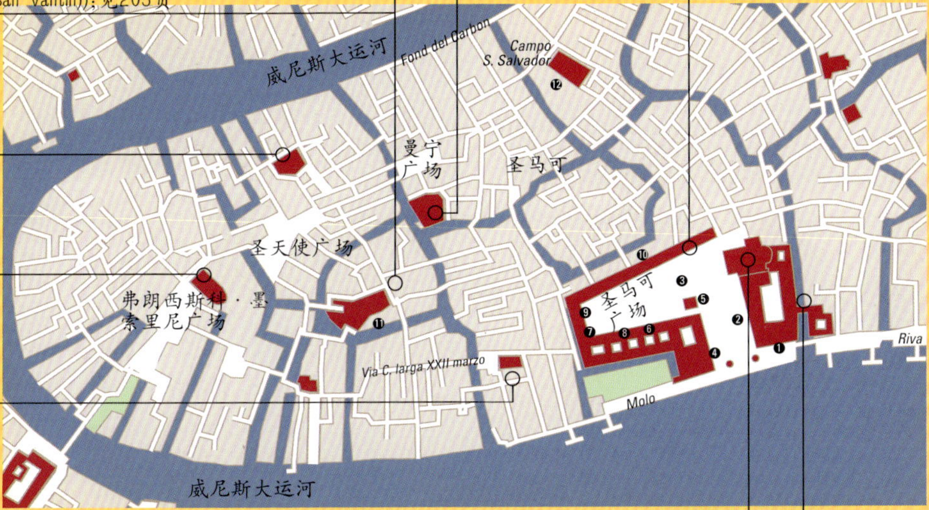

威尼斯大运河
Fond del Carbon
Campo S. Salvador
曼宁广场
圣马可
圣天使广场
弗朗西斯科·墨索里尼广场
圣马可广场
Via C. larga XXII marzo
Molo
Riva
威尼斯大运河

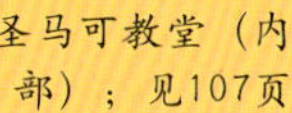

圣马可教堂（内部）；见107页

叹息桥（Ponte dei Sospiri）；见179页

圣马可广场

威尼斯只有一座广场，那就是圣马可广场，它通向潟湖边总督府前的小广场。城市里所有其他的广场均被称为“坎皮（campi）”，这种泾渭分明的称谓很可能源于总督府与圣马可教堂前空地的铺设方式与别的地方不一样。后来，广场一词专用于举办公众节日联欢和庆典的区域。

圣马可广场是威尼斯的焦点所在，不论贫富，人们在这里列队游行为自己的城市和国家欢呼，并在这里为外国贵宾举办接待仪式。但是，这并不妨碍精明的威尼斯人在平常的日子里把这里当成集市。拿破仑曾把圣马可广场称为“欧洲最好的沙龙”，在威尼斯共和国时期，这并非过誉之辞。现在，广场仍是威尼斯人的主要集会地点，游客川流不息。只有在拂晓时分或是在白天的游客离开后的夜晚，我们才能体会到圣马可广场令人惊叹的宽广。

圣马可教堂

圣马可方形廊柱教堂占据了圣马可广场的整个东侧区域，自 830 年始建以来，一直隶属于总督府，目前的建筑完工于 1060 年，是第三次重修后的结果。直到威尼斯共和国覆灭时的 1807 年，这座方形廊柱教堂才变成一座由主教掌控的教堂。总体而言，圣马可教堂折射出的并非教会的权力和财富，而是威尼斯城邦共和国灿烂的历史文化。圣马可教堂拥有圆形的屋顶和数座角塔，拥有色彩多样的大理石石柱，拥有闪耀着金光的马赛克镶嵌画，拥有尖顶花饰的拱门，拥有雕塑和色彩斑斓的大理石镶嵌细工，就像是一座珍贵的首饰盒。建筑的门楼高大锐利、精雕细琢，带有欧洲浪漫主义和哥特式风格，乍一看，与建筑本身毫无共同之处，而实际上是在 11 世纪至 13 世纪间与教堂同步建设的。圣马可教堂的外立面历经多次阶段性建造，每一阶段都在前一阶段建筑的基础上加以新的装饰，其灵感多来自西欧和拜占庭的建筑理念，最终组合成了一座独一无二的建筑结构。拜占庭的影响集中体现在内部装饰之上，但是，其装饰再一次体现出了独特的威尼斯人的感觉。

真泰尔·贝利尼(Gentile Bellini):《圣马可广场上的十字架遗迹游行》;1496;
帆布蛋彩画; 376厘米 × 745厘米;
学院美术馆藏

真泰尔·贝利尼的这幅作品展现出了圣马可广场在公众假日期间散发出的光彩照人的荣耀。窗户上垂下了五彩的三角旗，而金光闪耀的方形廊柱教堂前升起了华丽的旗帜。游行的队列成员手持旗帜和蜡烛，为游行队伍增光添彩。在诸如迎接重要贵宾的其他场

合下，广场上还会竖起特殊的舞台，使其更显宏伟壮观。贝利尼的这幅绘画是与维托雷·卡尔帕乔（Vittore Carpaccio）、洛伦佐·巴斯蒂亚尼（Lorenzo Bastiani）、乔瓦尼·曼苏埃蒂（Mansueti）、本内德托·狄安娜（Bennedetto Diana）和佩鲁吉诺（Perugino）一起为圣乔瓦尼福音学院创作的组画之一。这组绘画描绘的是学院于1393年得到的珍贵的十字架遗存所带来的神迹，而这幅作品刻画的是在1444年4月25日圣马可日举行的游行。当人们抬着的遗迹经过布雷西亚商人雅各布·萨里斯（在画面右侧前景处跪立者）面前时，他的儿子感应了他的祈祷，疾病瞬间便被治愈。

贝利尼的这幅画精确地刻画了1496年的圣马可广场。画面的左侧是1515年重建之前的中世纪老行政长官官邸，而在1496年之后修建的时钟塔的原址上则是其前身——钟楼。画面的右侧，我们能够看到圣巴索教堂的门楼，这座教堂后毁于1661年；而在圣马可教堂右侧的小广场上可以看到供奉着圣马可教堂典籍的卡诺尼奇大厦。在右侧钟楼的旁边是奥斯皮齐奥·奥赛罗教堂，后来为修建新的行政长官官邸而拆除。在圣马可教堂和总督府之间的是色彩斑斓的卡尔门。广场上铺设的是威尼斯老式风格的地砖，现在仅在少数几个地方尚有遗存，并主要集中在个别广场的内部庭院之中。

贝利尼在这幅绘画中刻画出来的精妙细节让人们普遍认为他是18世纪威尼斯伟大的透视画派的先驱。他的主顾们很可能更为在意自己是否出现在画作之中，因此，尽管他的绘画主题是50年前的一场盛事，但是他们的形象仍然出现在画面上。

门楼立柱

当威尼斯成为地中海东部地区的统治者之后，威尼斯人从不同的殖民地搜罗各色珍宝、大理石、圆柱、柱头、浮雕、贵重的容器和绘画作品，并将它们带往威尼斯，装点圣马可方形廊柱教堂。教堂外部色彩多样的石柱就清晰地反映出了这一点。它们在不同的时期来自不同的地方，被集中到圣马可教堂加强对门楼的支撑。一些石柱被安置上了全新的精美柱头，进一步提升了其价值。颜色不同的石柱不仅提升了自身的活力，还大大提升了原本平淡无奇的砖石结构门楼的整体活力。

圣马可广场的骏马

在第四次十字军东征时期的1204年，威尼斯人从君士坦丁堡带回了一组包括鎏金青铜骏马雕塑在内的四马二轮战车，其制成年代可追溯到4世纪。将这组精美的雕塑群竖立在这座圣马可庇护的城市是一次具有决定性的象征行为，它象征着威尼斯作为被保护国地位的终结。在13世纪中叶，这些骏马被安置在圣马可教堂正门前的敞廊里，在节庆场合，总督及其随从便会出现在这一位置中间。圣马可教堂的骏马以及教堂建筑本身成为威尼斯共和国权势的象征。尽管威尼斯的敌人们时刻惦记着这组雕塑，但是，拿破仑才是第一个能够夺走它们的人。1797年，他预备着终结威尼斯共和国，将骏马和其他战利品带到巴黎，直到1815年，它们才被归还，重新回到原来的位置。

现在，骏马们并没有受到外族入侵的威胁，但却抵挡不了日益严重的环境污染。为此，原件于1982年搬进了马尔恰诺博物馆，游客们可以经由教堂前廊的狭窄楼梯前往参观。

正门

教堂的正门原先仅使用蓝色和金色装饰，现在则包括一系列突出于楼上长廊的凹进式拱门。三层拱门均采用雕塑装饰，体现出了13世纪至14世纪威尼斯雕塑风格的发展历程。

最里层的拱门具有13世纪早期的浪漫主义早期威尼斯-拜占庭风格样式。拱门的内表面刻画了动物和葡萄叶片。拱柱的基座上刻有表示陆地和海洋或教会与异端的象征标记。拱门的外表面描绘了荒野和文明生活场景。

中间的拱门采用了自然主义形式的雕饰，表现出了从浪漫主义到哥特式风格的过渡。拱门的内表面展示的是表示月份的寓言图像，而外表面则描绘了基督教美德。

最外层拱门的内表面是威尼斯主要的同业公会的特写，其中一位拄拐的男子在咬着自己的手指，根据古老的传说，他是教堂的跛足建筑师，此时的他似乎已经意识到自己建造的宏伟教堂并非尽善尽美。拱门的外表面展示了先知、葡萄树和耶稣赐福的形象。在正门之上的马赛克图案是1836年后加的，表现了最后的审判场景。

中间的拱门上雕刻的月份寓言是以每个月份典型的人类活动和相应的黄道十二宫标示的形式表现出来的。下面的局部图描绘的是6月收割谷物的场景，并配有双子座和巨蟹座的黄道标示。

《圣马可的遗骨转移到圣马可教堂》；
约1265；
圣阿利皮奥大门上的马赛克镶嵌画

教堂门楼上的马赛克镶嵌画主要是在17世纪至19世纪创作的，它取代了之前13世纪的作品，尽管其主题相同，但是创作手法却采用了当时的风格形式。一块原始的13世纪马赛克画仍保存至今，其位于主门楼的北入口上方，这个大门被称为圣阿利皮奥大门。这幅马赛克镶嵌画表现的是圣马可的遗骨转移到圣马可教堂的场景。

在828年至829年间，两名威尼斯商人将圣马可的遗骨从亚历山大城带到威尼斯。据传说，最初的决定是将遗骨暂时放置在总督府，以确保其安全，等到选好了为崇拜这位传道者而建的教堂的地址之后再移葬。就在遗骨快要被运进总督府的时候，两位商人突然感觉背负的重量增加，以至于无法继续前行。所有人都认为这是圣马可的神示，这就是圣人中意的展示其荣耀的地方。

这幅马赛克镶嵌画表现的并非教堂最原始的面貌，而是其13世纪时的样子。它记录了圣马可教堂在经历14世纪至15世纪的多次翻新前的面貌，是一份重要的档案。它清晰地表现出了更为平缓的穹顶，以及最初门楼设计中并没有哥特式拱门花饰和雕塑。

VENETOS SEMPER SERVET AB HOSTE SUOS
IC XC

南门楼

当游客乘船前往圣马可小广场，首先看到的就是这座面向总督府的圣马可教堂南门楼。因此，这座门楼建设的富丽堂皇，而教堂的北门楼则多少有些被忽视了。最初，南门楼有两个入口。

圣马可教堂的穹顶

歌德把圣马可教堂描述成"像螃蟹一样"，如果我们用空中视角俯瞰，就很好理解了。宽大的主楼与四周的穹顶看上去的确像一只螃蟹。穹顶均包括两层外壳：其中内壳平缓，而外壳上还有一圈用铅铸成的更高的外壳。

南门楼立柱

南门楼前矗立着两座罕见的叙利亚立柱，据说，它们最初是竖立在阿克雷（Acre）的热那亚堡门楼之前。据说，威尼斯人在1256年打赢了战争之后，商人们可以畅通无阻地进出东方进行贸易，他们偷窃了这两座石柱。根据1977年最新的研究发现，它们其实来自毁于1204年君士坦丁堡战火的一座教堂。如果确实，这就意味着这些石柱和其他一些装饰教堂的物品一样，是在第四次十字军东征之后才来到威尼斯的。

四位分封王雕像
(Tetrarchs)

这件放置在珍宝馆转角处的红色斑岩雕塑组是威尼斯人从地中海东部沿岸带回的另一件惹人注目的战利品之一。珍宝馆是一座宽敞而无窗的建筑，储藏着圣马可教堂的珍宝以及各种圣迹和礼拜用品。

这座雕塑成型于4世纪，很可能刻画的是所谓的“四位分封王”，即罗马帝国的四位联合统治者。这四位程式化的肖像人物分别是国王戴克里先（Diocletian，284-305）和他的女婿兼摄政王马克西米利安（Maximilian）、君士坦提乌斯（Constantius）和瓦列里乌斯（Valerius），他们四个人每人统治帝国的四分之一疆域。然而，威尼斯人还有一个传说，宣称他们是四个摩尔人，妄图从圣马可教堂偷窃珍宝，但是在圣马可显现神迹之后变成了石头，它们被放置在偷窃地点的墙上，以此警示以后的窃贼。

圣马可教堂

圣马可教堂的第三次重建始于1063年，它仿照君士坦丁堡的圣使徒教堂，其主体建筑正面朝东，呈现希腊式十字架的结构，并带有五座三角穹窿：一座中心穹顶和位于十字架四个角上的四座穹顶。建筑主体的东边有一间半圆形的壁龛，在内殿周围还有半圆形的祈祷室，它建在地下密室之上，其主要功能是一座圣殿。另一个事实是，东西轴线方向的两座穹顶比十字结构上南北方向的两侧穹顶要大，更突出了建筑的圣殿性质。从平面图上可以看出建筑物的横断面要狭窄一些，以前，教堂前厅从三面包围着西侧穹顶，使整个建筑向西伸长，加强了十字架式构造的效果。建筑的北翼和西翼保存完好，南翼被用作浸礼堂和禅堂。

圣马可教堂主要的马赛克画

三座主要穹顶上的12世纪马赛克镶嵌画描绘了基督教的中心主题：先知预言基督教的诞生、基督升天以及相关的赐福与审判，还有圣灵降临和圣言传播等。前厅的马赛克镶嵌画描绘的则是全能之主耶稣（世界的统治者）凌驾在威尼斯的保护神圣尼古拉斯、圣彼得、圣马可和圣赫马格拉斯之上。

圣马可教堂主要的马赛克画

1. 前厅：《全能之主耶稣赐福》。他身下分别是：圣尼古拉斯、圣彼得、圣马可和圣赫马格拉斯；完成于13世纪早期和16世纪（包含少量11世纪晚期装饰原作的残留）
2. 唱诗班：《福音传道者马可一生的场景》；部分完成于13世纪，但绝大部分被重度修复
3. 唱诗班穹顶：《教会和先知的预言》；完成于12世纪及13世纪
4. 圣伊西多罗小教堂(San Isidoro)；完成于14世纪
5. 马斯科利小教堂（Mascoli）；完成于15世纪
6. 圣乔瓦尼小教堂：《福音传道者约翰一生的场景》；完成于13世纪早期
7. 《耶稣升天穹顶画》；完成于13世纪
8. 圣列奥纳德穹顶：《圣尼古拉斯、圣布莱斯、圣克莱芒和圣列奥纳德》；完成于13世纪
9. 《进入耶路撒冷、耶稣的诱惑、最后的晚餐、沐浴》；完成于12世纪晚期至13世纪早期
10. 《耶稣和先知的生平场景》；完成于13世纪
11. 《圣灵降临穹顶》
12. 《圣母与先知》；约完成于1250年
13. 浸礼堂。祭坛之上的屋顶：《耶稣和九位天国合唱团员》；洗礼盘之上的屋顶：《使徒为异教徒洗礼、希律王的盛宴和萨乐美之舞》；完成于14世纪
14. 禅堂；完成于13–15世纪
15. 创世纪穹顶；约完成于1230年
16. 《大洪水》；完成于13世纪中叶
17. 诺亚之死和巴别塔；完成于13世纪中叶
18. 亚伯拉罕穹顶；完成于1240–1250年
19. 约瑟夫穹顶；约完成于1270年，后重度重修
20. 摩西穹顶；完成于13世纪，19世纪经历重度重修

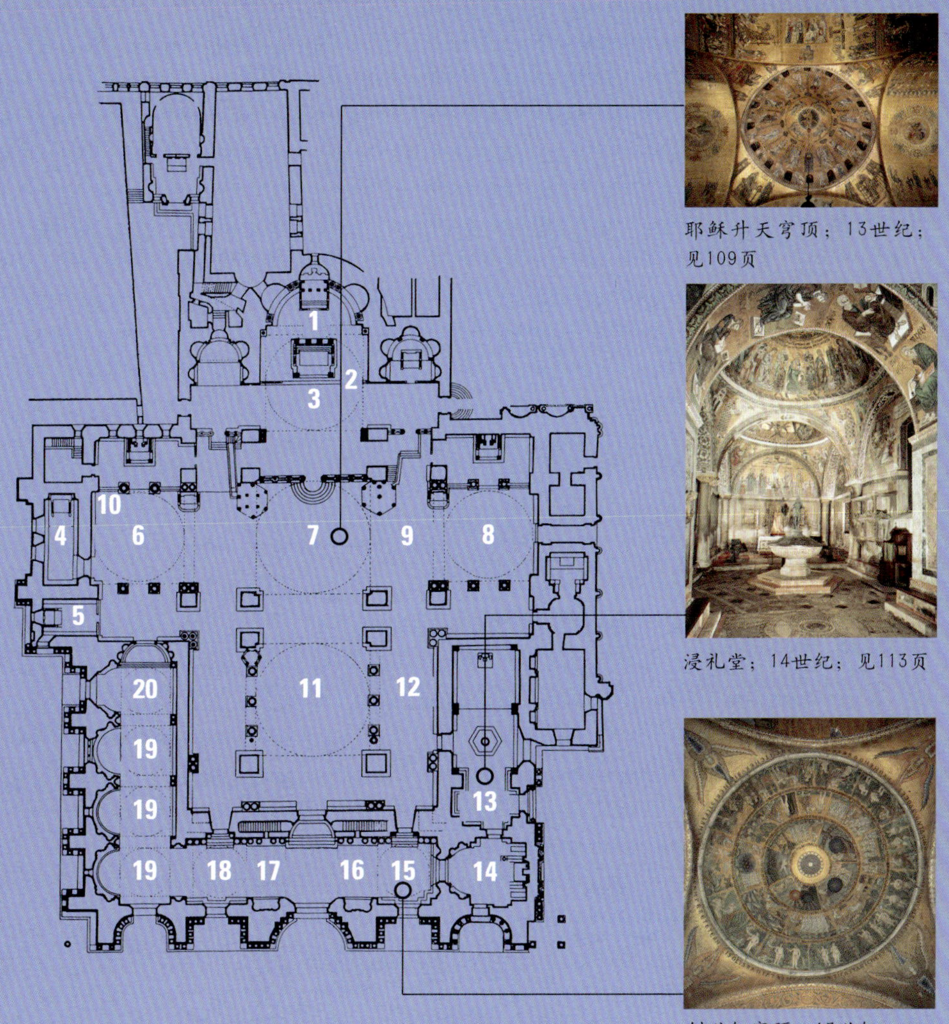

耶稣升天穹顶；13世纪；见109页

浸礼堂；14世纪；见113页

创世纪穹顶；13世纪；见104页

前厅的创世纪穹顶；13世纪早期

圣马可教堂主体建筑上的马赛克镶嵌画无论是从技术上还是象征意义上看均是西欧同样题材作品中最为重要的杰作。南穹顶上的《创世纪》取材于6世纪之后流行的启蒙教材，从广场看，它位于教堂的右侧。创世纪的场景在穹顶上分成三个层次进行刻画。

故事的叙事顺序是以穹顶中央为中心向外围逆时针方向进行的。最内圈依次讲述的是创造天与地，神的灵运行在水面之上，光与黑暗的分隔，创造苍穹、月亮和星星，创造鱼、鸟和动物，直至创造男人。之后，故事开始在中间一圈讲述，依次是上帝赐给亚当以灵魂——被刻画成一双轻巧的翅膀——将他带到伊甸园，并为鸟兽命名。我们在最外圈可以依次看到创造夏娃，第一对人类夫妻的组合，经受诱惑，他们意识到自身赤裸，上帝对罪恶的审判，最终被驱逐出伊甸园。穹顶之下，大门之上的弦月窗展示了该隐和亚伯的故事场景。

《建造方舟》；13世纪；教堂前厅南侧拱门

画面上采用了极为不同寻常的柔和色彩来刻画大洪水，并由此形成光与影的变化。威尼斯人曾经对建造船只非常熟悉，这幅画将建造方舟的过程分成了多个不同阶段。艺术家们敏锐地复制了整个过程的每一处细节，对氛围的有效表达帮助极大。我们可以从最底层的画面中看出这一点，当方舟开始接纳万物生灵之时，前景处一束束盛开的鲜花正在慢慢地沉入水底。

《大洪水》；13世纪；
教堂前厅的南侧拱门

前厅南侧拱门的反面表达的是大洪水的终结场景，与建造方舟的场景一样，它对细节的刻画同样细致入微。画面左上角部分格外有趣，展示了大洪水带来的后果：艺术家们并未像后来形成的惯例那样刻画出人类与洪水之间的惨烈搏斗，而是让闭着眼睛早已死亡的人类和动物漂浮在水面之上。倾盆大雨从天而降，一种死寂的沉默呼之欲出。这让画面上一位死去的母亲将自己的儿女揽入臂弯的形象愈发显得令人心碎。天堂、大雨和水面全都采用同样的灰色、白色、蓝色、黑色和金色渲染，仅靠条纹结构的不同加以区分。

内部装饰

最初的时候，教堂的内部和外部仅仅是简朴的砖石表面。在经历了多个世纪的不断装饰之后，添加上了散发出神秘的金色光芒的马赛克叶片，镶嵌上了具有精美纹理的大理石薄板，看上去就像是半珍贵的宝石；就连地面也变成了大理石艺术品。由于各类建筑元素体量巨大，尤其是大幅的马赛克图案，使教堂的十字架平面结构无法清楚地看出来。它们光芒四射，亦真亦幻，完全模糊了建筑形式。最初的内部装修工作是由拜占庭的马赛克工艺师们完成的，但是，很快就出现了一个威尼斯流派，尤其是在13世纪，他们独立创作了许多宏伟的威尼斯风格的马赛克作品。自15世纪以后，著名的画家开始设计马赛克图案，但是后期基于绘画的马赛克作品再未能达到早期马赛克作品曾经达到过的特殊审美效果。

BENEDITUSQUIUENITINNOMINEDOMINI

《圣灵降临穹顶》；12世纪上半叶

西穹顶的马赛克画创作于12世纪上半叶，因此它们是圣马可教堂内现存最古老的装饰品。圣灵降临穹顶表现的是十二门徒传播福音。穹顶的中央是象征圣灵的鸽子，它的身下是铺着昂贵布料的王座，圣灵伸出火红的舌头触及每位传道者。在穹顶下的窗户层，人们两两并排在一起，代表着他们上面的传道者宣示过神谕的国家。其中的四位福音书作者：圣马太、圣马可、圣路加和圣约翰被刻画在三角穹窿之上，他们亦是十二门徒中的人物。这四个人与其他传道者的不同之处除了坐垫上绣有更多的金色花纹、他们的衣物颜色一致（浅蓝色花纹的紫色长袍）之外，还在于他们是正面刻画，而其他人则是侧面刻画。

这座穹顶曾被多次重修，并被多次重绘

(例如，克里特人穿的尖头鞋是在15世纪才流行于威尼斯的)，但并未掩盖画面上清晰的分层结构。银色的射线将穹顶分隔成面积相等的区域，而传道者们的衣物颜色相互映衬。无论如何，经历了多个世纪的整修，这件马赛克镶嵌画几乎相当于被完全重新创作了一次。

《耶稣升天穹顶》；13世纪上半叶

中心穹顶表现的是基督升天赐福的场景，他在天使的支撑下升入金星闪烁的蓝色天国。在穹顶的第二层，耶稣与圣母在一起，两位大天使和十二门徒陪伴在左右。在穹顶基部的小窗之间展示的是代表着美德和祝福的女性人物形象。

《耶稣为十二门徒洗脚》：南侧廊

位于中心穹顶旁边的拱顶上刻画了基督生活场景，它的风格与其他 12 世纪末至 13 世纪初的马赛克镶嵌画截然不同。它们的特点是采用了金银丝镶嵌而成的人物外形，看上去就像是用铅笔勾勒出来的，人物形象像是游离于金色底板之上，这种表现形式非常节省空间，并让马赛克镶嵌画散发出了精雕细琢的魅力。画面场景描述的是主耶稣为门徒洗脚（也被称为“沐足”），刻画了全部十二位门徒的形象。其中的六位端坐在高背椅子上，其他六位则在他们身后露出了头部和肩膀。当基督开始为圣彼得洗脚的时候，其他端坐着的门徒纷纷脱鞋。后来，一场神学争论围绕着犹大是否真的在场展开了。在这幅作品上，犹大以侧面形象出现在右侧的背景之中，他的鹰钩鼻被刻意夸大并扭曲，易于辨识。

《圣马可遗骨的显现》：南侧廊

除了南穹顶刻画的圣人肖像以及圣母玛利亚生活场景（17世纪重修）之外，发现圣马可遗骨的场景也出现在教堂的南翼，位于拱顶之下的右侧通廊上。这件马赛克镶嵌画的风格与主门楼北侧入口处（亦被称为“圣阿利皮奥大门”）的《圣马可遗骨转移到圣马可教堂》一样，其创作年代同样可以追溯到13世纪后半叶。这幅马赛克画展示的是一根曾被认为已经遗失的立柱，它包含着圣马可的遗骨，并在教士们、总督和很多穿着体面的威尼斯人眼前被打开。画面上的妇女和姑娘们戴着格外精美的首饰。1094年6月25日是这位威尼斯保护神的遗骨重现的纪念日，现在，这座城市仍在纪念这一日子。

《圣马可遗骨重现地》：南侧廊

圣马可广场在 11 世纪修建期间，圣人遗骨的埋葬地点只有总督和高级教士才知道。在 1084 年多梅尼科·塞尔沃统治末期的混乱状态下，秘密埋葬地点的详细信息失传了。直到总督瓦伊塔尔·法列尔（Vitale Falier）经历了长时间的禁食和祷告，并且整个威尼斯城的百姓均参与其中，位于南翼的一根封存了遗骨的立柱终于奇迹般地自动开启了。现在，重新发现遗骨的地方已经用大理石饰板标示出来了。

浸礼堂

如今的浸礼堂是总督安德鲁·丹多洛在 14 世纪前半叶修建的。他斥巨资在马赛克镶嵌画上，着重表现了施洗者圣约翰的一生以及耶稣童年的场景。莎乐美在希律王面前的舞蹈场面，以及她要求希律王砍下圣约翰脑袋的场面，均表现出了马赛克镶嵌师们在叙事过程中运用到了丰富的色彩，有效地捕捉到了运动的节奏。丹多洛不仅把自己埋葬在了浸礼堂（他的坟墓就在入口处的对面），还将自己与大臣卡雷希尼（Caresini）一起画上了祭坛后墙上的《耶稣上十字架》马赛克画，他俩分别跪在十字架的两侧。六边形圣水盆是由雅各布·桑索维诺设计，并于 1545 年建造的，他的墓碑在 1929 年被放置在祭坛之后。施洗者圣约翰的青铜像由弗朗西斯科·塞加拉（Segala）于 1575 年浇铸，祭坛上的花岗岩石块据说来自提尔（并且，根据传说，这块石头来自耶稣在橄榄山顶布道时站立的岩石）。

IC
XC

高祭坛华盖

这座高大的祭坛是在 1834 年呈现出目前的面貌，它最引人注目的特征是四根支撑华盖的雪花石支柱。石柱饰以浮雕，刻画着耶稣和圣母的生活场景。一些专家认为这些石柱是 5 世纪或 6 世纪雕刻而成的，另一些专家则认为是 13 世纪出产的。

圣像间壁

在拜占庭式教堂中，一道圣像间壁（圣坛隔板）将信徒区与高祭坛区域分隔开。这件大理石隔板在石柱之间敞开，并在其横梁上支撑了一座大型的十字架和圣母玛利亚以及十二门徒的雕像。它是由雅各贝罗（Jacobello）和彼得罗·保罗·德拉·马赛内（Pietro Paolo dalle Masegne）共同创作的（1393-1395），是威尼斯后哥特式风格的关键作品。

黄金围屏（Pala d’Oro）；祭坛

这座黄金围屏是由大量创作于 10 世纪至 13 世纪的拜占庭风格珐琅绘画和珍贵的珠宝经过数个阶段制作而成。最早的黄金围屏是总督彼得罗·奥赛罗一世在 976 年授权制作的，后来，总督奥德拉佛·法列尔（1105 年）和彼得罗·齐亚尼（1209 年）分别再次重新制作，最后，总督安德鲁·丹多洛于 1342 年添加了更为富丽的装饰，最终形成了目前的面貌。黄金围屏的尺寸为 3.45 米 ×1.45 米，分成两大区域。在上部的 1/3 区域的中间位置，珐琅绘画表现的是大天使米迦勒，两侧的拱门内呈现了耶稣的六幅生活场景。所有这七幅珐琅饰板均为 13 世纪拜占庭风格的作品。黄金围屏的下部区域以点缀了无数珠宝的耶稣加冕方形图案为中心，下面有三幅饰板画，分别刻画了王后艾琳、圣母玛利亚和国王约翰·康奈诺斯（1118-1145）。后来，国王的肖像换成了总督奥德拉佛·法列尔的肖像。在中心区域的两侧，画面分成了三个水平的层次，分别刻画了先知、传道者和天使。整个下半部分的外围是一圈正方形的珐琅画，描绘了耶稣和福音传道者马可的生活场景。

雅各布·桑索维诺：《圣器室大门》；1546—1569

进入圣殿之后，圣体龛和圣器室的青铜大门值得留意，它们均为雅各布·桑索维诺在16世纪中叶制作的。其中圣器室青铜大门上刻画的是耶稣入葬和耶稣复活的场景。

在这件作品上，桑索维诺参考了洛伦佐·吉尔伯提（Ghiberti）为佛罗伦萨浸礼堂创作的大门。与吉尔伯提一样，桑索维诺也在大门的门沿上插入了小型的肖像。其中之一是桑索维诺本人：他留着长胡子，是其最与众不同的特征之一，另外还包括一些同时代人的肖像。据说，其中就有彼得罗·阿雷蒂诺（Aretino）、提香、保罗·维罗内塞和安德鲁·帕拉迪奥等艺术家的头像。

《胜利圣母像》；11世纪

威尼斯人在他们的城市教堂的北翼供奉着一件特殊的珍贵圣像，那就是《胜利圣母像》，每次拜占庭国王出征之时，它都被供奉在国王之前。拜占庭人坚信这件圣像与其他所有的圣母像一样，均是以真正的圣母肖像为蓝本复制创作的，而其原作据传是福音传道者路加亲笔所画。

圣马可教堂里的这幅绘画在数个世纪里均被认为是教堂最为珍贵的收藏品之一，它同时也是11世纪拜占庭风格绘画的重要代表作之一。它与其他众多拜占庭艺术作品一样，在第四次十字军东征时的1204年被当成战利品带回威尼斯，并很快与这座城市对圣母玛利亚的崇拜融为一体。依照中世纪的观点，如此珍贵而吉利的绘画落入到威尼斯人手里这一事实只能说明圣母本人已经将威尼斯共和国纳入到自己的特殊庇护之下。

马斯科利小教堂（马斯科利圣母小教堂）

自1618年后，这座小教堂得名自一对在此重逢的兄弟。教堂里的马赛克镶嵌画表现的是圣母玛利亚的生活场景，是15世纪马赛克镶嵌画非同寻常的代表作之一。这里的作品与当时的绘画息息相关，1430年，威尼斯画家米盖勒·詹博诺（Michele Giambono）开始创作马赛克装饰画，但是直到20年之后才最终完成。教堂里的祭坛是由一位不知名的佛罗伦萨雕塑家创作的，也是在1430年前后开始制作的。

《圣母之死》；15世纪

尽管人们认为这些表现圣母玛利亚生活场景的绘画是由威尼斯人米盖勒·詹博诺设计的，并让人回想起了早前风格时期的作品，但是这幅《圣母之死》却是威尼斯人安德鲁·德尔·卡斯塔尼奥创作的，他还负责创作了威尼斯圣扎查里亚（San Zaccharia）教堂的壁画。这幅作品极具雕塑感，人物形象透出石质效果，中心透视法运用娴熟，让人以为是后代艺术家的作品。很可能是安德鲁·曼坦那艺术圈子里的画家设计了这幅作品的原稿，甚至有可能是曼坦那本人。

早期学者认为这幅马赛克画的硬朗效果与卡斯塔尼奥的风格吻合，画面上的人物具有简洁的脸庞、大大的眼睛，很显然是从绘画照搬而来。不管这幅马赛克画的原创设计者是卡斯塔尼奥，还是本地艺术家曼坦那或雅各布·贝利尼（他同样被认为是一位潜在的设计者），《圣母之死》毫无疑问占据了威尼斯绘画重要的中心地位：它是本地画家从15世纪中叶开始，运用新式的高度雕塑化的形式进行绘画创作的起始点。

为共和国偷来的圣人

圣彼得始终与梵蒂冈联系在一起，之后过了很久，圣雅各成了西班牙的圣地亚哥·德·孔波斯特拉城和智利的圣地亚哥城的保护神，除此之外，就没有哪位圣人像圣马可一样获得了如此之高的政治声誉，829 年，他被宣布为威尼斯共和国的保护者。威尼斯在他的旗帜带领之下取得了一次次的胜利。他的象征是一头带翅的雄狮，因此也成为了威尼斯的象征，并随着威尼斯地域的扩张而出现在各地。带翅雄狮同样出现在威尼斯的钱币上，并于世界范围内流通。并且，除了统治者的宫殿之外，威尼斯人还为崇拜这位保护神而建造了最为壮观的基督教教堂。但是，圣马可究竟是怎么与威尼斯结缘的呢?

根据传说，圣马可是十二门徒之一，也是四位福音传道者之一。圣彼得委托他前往意大利东北部传道，于是他在阿奎莱亚（Aquilea）建立了大主教辖区，辖区范围包括威尼斯，或者说所辖区域后来均变成了威尼斯统治范围更为确切。在他的旅行途中，据说圣马可曾在潟湖地区迷路，当夜幕降临时，他躺在其中的一个岛屿上歇息。睡梦之中，出现了一位天使，对他说“马可，愿和平与你同在”。这位天使随后宣示了他的预言，告诉马可他所处的位置就是他的长眠之地，并会在此受人敬仰。

《圣马可》，圣马可教堂主入口上方的马赛克镶嵌画；基于16世纪提香的设计创作。

《圣马可前往亚历山大城》；马赛克镶嵌画；12—13世纪；威尼斯圣马可教堂

随后，圣马可继续前往埃及城市亚历山大城，并将这座城市转化成了基督教城市，建立了大主教辖区。同时，这位圣人是在亚历山大城殉教的。当异教徒重新掌握政权之后，将圣马可投入监狱并将其迫害致死。亚历山大城的基督教徒们将他埋葬在他建立的大教堂里。

整个9世纪，亚历山大城被穆斯林撒拉逊人统治，他们的哈里发命令新建一座宏伟的宫殿。由于建筑材料很难仓促运到，因此，石料便从本地的基督教堂上抽取。于是，圣马可的坟墓陷入岌岌可危的境地。幸运的是，当时有两名来自威尼斯的商人：鲁斯提库斯和伯努斯正好在亚历山大城，他们的船只载

《圣马可指引鲁斯提库斯和伯努斯的小船安全驶抵威尼斯》；马赛克镶嵌画；12—13世纪；威尼斯圣马可教堂。

满昂贵的货物刚刚抵达亚历山大港口不久。某一天，当他们俩前往圣马可大教堂瞻仰圣迹的时候，教堂里的希腊教士告诉他们自己对哈里发的建筑计划的担忧。威尼斯人立刻想到了一个保存圣马可遗骨的计划。首先，他们必须说服并不情愿的教士们，圣马可的遗骨迁移出去比留在本地落入撒拉逊人手中要安全得多。其次，他们必须对基督教徒和撒拉逊人的反应考虑周全，一旦他们得知圣人的遗骨要被移出亚历山大城，后果必须有所预料。本地的基督教徒显然不太会赞成自己的保护神远离这个城市。此时，鲁斯提库斯和伯努斯真诚地祈求圣马可的帮助。于是，当计划刚开始实施，他们试图将圣人遗骨移出教堂的时候，整个城市陷入到一场狂暴的雷雨之中，所有人都闭门不出，他们得以避人耳目，顺利将圣人遗骨移出教堂。接下来的问题是怎么绕过海关官员检查这一关。然而，这也难不倒狡猾的威尼斯人，他们又想出了一个诡计。他们将圣人遗骨放入一只盒子中，但是遗骨散发出了极为美妙的芬芳，于是，他们将一块猪肉覆盖在遗骨上。对于穆斯林海关官员而言，这相当令人反感，他们挥手示意威尼斯人过关。圣人保佑他们很快便奇迹般地穿越了地中海，并在 1 月 31 日这天抵达了威尼斯。圣人的遗骨受到了大主教、总督和闻讯而来的老百姓们的热情迎接。最初的计划是将珍贵的遗骨放置在总督府，但是，就在前往总督府的路上，遗骨突然变得沉重无比，人们无法搬动。这一地点正是后来教堂所在地。后来，总督立下誓言，将在这一位置上以圣人之名修建一座大教堂，人们才能将圣人遗骨重新抬起，搬迁到它临时的放置地点。

圣人遗骨被搬运到威尼斯的故事并未结

束。事实上，当时的威尼斯谋求取得独立的主教辖区资格，正卷入一场与阿奎莱亚主教辖区的激烈争执之中，但是随着门徒的到来，威尼斯幸运地占据了绝对的优势地位，连教皇都必须承认威尼斯的主教辖区地位，更别说阿奎莱亚顽固的主教了。由于这个原因，一些历史学家宣称，鲁斯提库斯和伯努斯根本就不是去亚历山大城经商的商人，而是为了一劳永逸地解决威尼斯主教辖区问题，奉命前往亚历山大城盗取圣人遗骨的。无论如何，考虑到圣人早在700多年前便已死去，人们如何能够确定带到潟湖的是圣人的遗骨呢？但是，这个问题仅是一个现代人热衷的问题，中世纪的基督教徒绝无此疑问。围绕在圣人遗骨之上的神迹解读已经充分解释了圣人格外中意威尼斯的原因。另外，圣人还通过一个更深层次的神迹表示他最终的长眠之地应该位于现世统治者的宫殿旁边，而不在别的大教堂之内，这一神迹表明威尼斯的世俗权力凌驾于教会之上。威尼斯人对圣马可的崇拜以及对圣人遗骨就在威尼斯的坚信不疑从来没有中断过，就算是好几次遗骨失踪的时候也没有动摇过，所幸每次遗骨均毫发无损地重现在世人面前。

任何参观过圣马可教堂并看到过位于祭坛之下的圣人坟墓的人，至少在当时绝不会怀疑自己是否真的站在埋着圣马可的教堂之中。

雅各布·丁特列托：《营救圣马可的遗骨》；1562；威尼斯学院美术馆藏。

总督府

从斯基亚沃尼河畔眺望总督府南门楼

当你从斯基亚沃尼河上眺望总督府的时候，会发现事实上它并不是一座单体建筑，尽管从圣马可小广场上看起来象是一个整体。建筑颜色的不同清楚地表明哥特式的砖式建筑与后面的白色石块文艺复兴风格的建筑截然不同。这一点不仅反映出了宫殿的建造历史，还划分出了不同的功用，总督府里包括市政大厅、法院大楼和总督的居室。宫殿现存最古老的部分朝向水面，始建于1340年，是大议会的礼堂。1419年7月30日，总督米盖勒·斯特诺（Steno）在刚建好的礼堂内召开了第一次大会。1424年，总督弗朗西斯科·福斯卡里重修了面向小广场的部分建筑。建筑师们被迫完全照搬大议会礼堂的建筑形式，而后者已有7座拱门直接通向小广场。这次重建让总督府呈现出了今天的统一外貌，看上去就像是一座建于同一时期的完整建筑。

西南门楼

这座建筑在形式上具有一楼敞开式的柱廊，二楼的阳台，是那一时期典型的威尼斯式风格的房屋。总督府还融合了尖拱和露天的哥特式风格的花饰窗格，这些元素很快便在贵族宅邸建筑上风行开来。白色的拱门和精雕细琢的柱头，花饰窗格上光影的变换以及浅色的上层建筑使得这座威尼斯人的权力中心显得活泼向上。建筑物下面两层的开放式拱门设计让人们感觉相对封闭的上面两层似乎轻柔地漂浮在下面两层之上。事实上，这座长 71 米，宽 75 米的宏伟建筑是依靠大量巨型落叶松木材的支撑。与其他 14 世纪欧洲统治者的宫殿不同，总督府完全不设防。过去，游客们认为这是各阶层人民和谐生活在这座建在潟湖之上的城市的铁证。

菲利波·卡伦达里奥（Filippo Calendario）：《诺亚醉酒》；约1344；南门楼

菲利波·卡伦达里奥是总督法列尔的谋反同党之一，在1355年被处决。他原本不单是总督府的主建筑师，还创作了拱门上的一系列极为优秀的雕塑作品。《诺亚醉酒》被放置在朝向水面的南门楼右侧转角上。雕塑的左侧是诺亚，一瓶酒正从他的手中滑落。雕塑的右侧是他的两个儿子，看着他喝醉，并且赤身裸体。其中一个儿子用一块布料为父亲遮挡上，而另一个儿子则显得漠不关心。对人物形象的细致观察以及对簇叶的精准刻画表明卡伦达里奥所具有的天赋和出众的技巧。

西门楼

菲利波·卡伦达里奥创作的露天威尼西亚圆形浮雕被放置在总督府面向圣马可小广场的七座最古老的拱门之一上面，威尼西亚手持的利剑表明她代表着正义。这是威尼斯城最早的寓言之一。象征着正义的威尼西亚成了共和国最受欢迎的象征之一。威尼斯人将正义视为城邦共和国最主要的美德之一。被威尼西亚的狮子王座踩在脚下的是她要镇压的两种罪恶：左侧的正撕裂它的衬衣，而右侧的则从头盔处长出了驴子的耳朵。

卡尔门：1438

总督弗朗西斯科·福斯卡里不仅扩展了面向圣马可小广场的西北翼，还在西北翼额外添加了一扇通向内部庭院的新入口，这就是卡尔门。在门楣上还刻画了一只跪立的狮子。

卡尔门（字面意思为“纸门”）的名字起源颇具争议。一些人认为它得名于早年建于原址的城市档案馆，而另一些人则认为它指的是在这里宣读的判决书和法令条例。然而，还有另一种解读认为，递交给政府的上诉材料必须以书面形式呈报。

在1438年福斯卡里执政时期，他委任布恩雕塑家族负责大门的雕刻。大门上满是哥特式的小雕塑，看上去像是由金匠完成的细活。早年，大门被涂上了蓝色和金色颜料，更显得金碧辉煌。

"Futuri Flegrei"
I Campi Flegrei
da Omero a Virgilio
Mostra itinerante sui Campi Flegrei
Palazzo Ducale - Salone del Piovego
1 aprile / 15 giugno 1996

《坚毅女神》；卡尔门；1438

巴托罗缪·布恩与父亲一道经营着一间家族式的石雕工坊，他被认为是当时威尼斯最好的雕塑家。但是，他并不是卡尔门上所有雕塑的原创者。他所经营的工坊让他得以迅速地制作雕塑，将许多人物形象交给其他技巧娴熟的合作者完成。壁龛上精美的美德女神形象包括智慧女神、仁慈女神、审慎女神和坚毅女神，它们很可能均不是布恩自己创作的。安东尼·布雷格诺（Bregno）是大门右侧最底部的第一层壁龛上的坚毅女神像的创作者，这件作品令人过目难忘。后来，他还为福斯卡里的墓碑雕刻了类似的人物形象（见 235 页）。

巨人阶梯；1484—1501

当你穿过卡尔门和福斯卡里拱门之后，就能看到一座位于敞廊并通向官邸的楼梯，它的名字格外醒目，叫做"巨人阶梯"，是古时的四座楼梯中唯一保存至今的楼梯。它是由安东尼·里佐（Rizzo）于 1484 年修建的，得名于楼梯两侧的两尊大型雕塑，它们是雅各布·桑索维诺在 1567 年雕刻的远大于真人大小的雕像，分别刻画的是罗马的贸易神墨丘利和海神尼普顿（Neptune），因此明显象征着威尼斯财富的源起。同样明显的还有位于敞廊入口处上方的圣马可之狮雕像，它代表了威尼斯的保护神，并代表着威尼斯共和国。巨人阶梯也是举行盛大的总督就职典礼的地方。

加布里埃尔·贝拉（Gabriel Bella）：
《巨人阶梯上举行的总督就职仪式》；
早于1792；
帆布油画；95厘米 × 147厘米

巨人阶梯之上的圣马可之狮浮雕出现在代表着贸易和海洋的两尊雕像之上。当游客们穿越卡尔门，登上宏伟的露天阶梯，准备进入总督府的时候，一看到眼前的场景，便会明白威尼斯人的贸易和远航是如何得益于圣人的特殊保护的。在1797年拿破仑的大军进攻威尼斯城的时候，这件展示力量和象征的浮雕被毁坏。现在我们看到的浮雕是原样仿制而成的。巨人阶梯宏大而设计精妙，在接待官方来客和举行总督加冕礼等仪式上发挥着重要的作用，许多盛大的庆典就是在露天的阶梯上进行的。

加布里埃尔·贝拉在此记录下了在巨人阶梯上举行的总督加冕礼，还表现出了威尼斯人生活的多个方面。新任总督的身边是元老院成员和全体议会成员，他在阶梯的最高处向威尼斯共和国及其法律宣誓就职。随后，最年轻的议会议员为他戴上一顶精致的、用白色布料制成的教皇帽，而最年长的议会议员则会在教皇帽之上再为其戴上总督帽。

Il Doge Viene Incoronatto
Sopra La Scala De Siganti

庭院

总督府的东翼在毁于一场大火之后，于1483年重修。当时没有被毁坏的部分很可能仍然构成了新建筑中的一部分。在很长一段时间里，精雕细琢的东门楼被认为是安东尼·里佐和他的继任者彼得罗·伦巴第的作品，其中前者是宫殿建筑的负责人。现在人们知道了，其实它是威尼斯最顶级的文艺复兴风格建筑师莫罗·科杜齐设计的。总督府的东翼是总督的套房，科杜齐采用了极为奢华的装饰风格，以后他再也没有在其他建筑上使用过这种风格。直到1600年前后，宫殿西翼和东翼的拱门才被打开，由此，宫殿内部庭院的风格样式才得以统一。之前，这里曾是圣萨卡利亚（San Zaccaria）修道院修女们的菜园，因此，这也是庭院的名称"布罗利奥"（花园）的由来。官员们、议员们和政府成员们可以在庭院里自由放松地交谈，由于议会成员的选票可以被收买，因此这里成了非法交易或是办公室暗箱操作的温床。据谣传，这是一些赤贫的贵族成员最重要的收入来源之一。正因为此，意大利语里用来描述不诚实交易的词汇就是源自这座庭院的"布罗利奥（Broglio）"。

总督与议会

尽管“威尼斯总督”的头衔既响亮又有权威，但其中仍包含一些特定的神秘因素。这位城市的最高代表做了什么？有多大的影响力？通过什么方式进行统治？这些问题往往被表面的浮华和庆典所掩盖。

在威尼斯城刚开始逐渐成形之时，总督拥有几乎不受限制的权力。总督这一头衔的名称源自拉丁语的“dux”（大王），它是自8世纪开始统治潟湖地区的拜占庭统治者的头衔。早期总督们的权力很快便具有相当大的自由度，以至于在8世纪至12世纪间，他们经常任命自己的儿子或其他近亲为继任者。

然而，到了12世纪，社会团体拥有了更大的影响力。总督的选举不再经由威尼斯全体市民大会的欢呼声来决定，而是在选举人的帮助下由市民大会投票决定。与此同时，在邻近12世纪末的时候，总督的权利受到选举出的议会掣肘。这个议会包括威尼斯六区的各一名代表，他们与大议会一样，均为总督的直接谏言人。两个议会的成员被称为“智者”，均是以财富或学识来衡量而选出的贵族，并且要求他们必须曾在某些特殊的场合下给总督上过谏言。后来，议会成为常设机构，六位来自各大区的议会谏言人和其他智者最初均为全体市民大会选举产生。理论上，任何威尼斯人都有均等的机会被选为总督。但是实际上，只有那些富裕并长期占据权力位置的家族成员才有机会被选为总督。事实上，在12世纪至14世纪之间，其他一些经过一段时间累积了足够财富和名望的家族试图挤入城市的统治阶层，却不被那些占据至高权力的老派传统家族接纳，由此引发了两派势力间连绵不绝的争吵。权力斗争直到大议会形成一项决议而告一段落，这一决议在1297年至1323年实施：只有那些先辈曾是议会成员的人才被允许加入议会，而到了1323年，议会席位变成了世袭制。因此，威尼斯的贵族并非来自王室或帝王家族，而是来自贵族阶层。具有进入议会资格的家族成员的姓名、

提香：《总督安德鲁·格里蒂的肖像》；约1545；华盛顿国家美术馆的克雷斯（Kress）收藏品。格里蒂死于1538年，这幅肖像是在他死后很久绘制的，充分展现出了总督的权威形象。

他们的婚姻状况和子女的出生情况均被记录在黄金册页上。在随后的几个世纪内，仅有少数几个家族因其特殊的贡献或惊人的财富被允许登记在册。

大议会的世袭性质决定了其成员在14世纪以后不断增加，反倒成了政府管理的掣肘因素。许多委员会和附属委员会便应运而生，专门处理某一种独立的问题。这些机构的成员大都是大议会的议员，被大议会所控制。

由于贵族阶层逐渐成为了自治阶层，并且这种状况一直持续到共和国的瓦解，因此，

总督帽；威尼斯科雷尔博物馆藏。

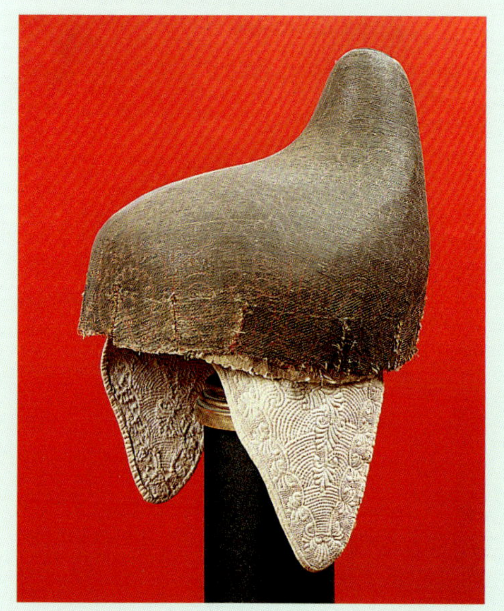

总督的权力逐渐式微。从13世纪到15世纪，总督竟变成了自身地位的囚徒。在1229年，由五人组成的纠正委员会成立，这些贵族负责监督总督是否在在职期间履行了义务，并规定了继任总督在就职之前必须完成的一些承诺条文。

对于所有威尼斯的组织机构而言，拒绝总督职务的行为是可被判刑的罪责。这一职务人选的产生源于一套复杂的筛选流程，包括了选举，甚至还用到了抽签。总督领取的薪金甚至不够其日常的开销，他不可以经营自己的产业，这也就决定了当总督的先决条件是足够富有。除此之外，他还必须与其他公民一样纳税，尽管他是所有议会的主席，但事实上他的权利不会超出普通议员的权利。只有在大议会里，他才有资格制止某一成员的发言。他有义务在离开总督府时始终身着盛装，未经执政团（1412年之后被称为“Collegio”）成员的批准或陪伴不得离开威尼斯。他必须在有执政团成员在场的情况下接见外国密使。议会有权拆阅从国外寄给总督的信件，而总督在阅读所有信件的时候必须有议会成员在场。总督的信件或法令文件在没有得到至少四名议员的签名之前不得离开总督府。总督的儿子或孙子只能在威尼斯任职，只能在得到议会许可的情况下迎娶外国王公的女儿。如果在如此严苛的限制之下

总督仍能发挥巨大的影响力，那就说明他自身具有超凡的人格魅力。

真正的政府权力掌握在执政团的手中。执政团包括六名成员，从 13 世纪之后，由大议会选举产生。除此之外还有包括三名主席的司法团，另外，在 14 世纪至 15 世纪之间，形成了由元老院选举产生的代表组成的十人委员会。执政团成员同样不允许拒绝被任命，与总督一样，他们不允许拥有自己的产业，不允许未经大议会许可离开威尼斯，并且不能与总督具有亲属关系。

威尼斯人的选举罐；威尼斯科雷尔博物馆藏。

在执政团成员一致同意的条件下可以撤换总督，如果执政团与总督之间意见相左，则大议会作最终仲裁。执政团后来发展成了贵族院，与总督一起主持各种会议。法律条文首先是在执政团内部进行讨论，随后被提交到元老院征求意见并最终定稿。

在 15 世纪，元老院拥有大约 300 名成员，其中包括所有总督的儿子、侄子和兄弟。元老院职位成为威尼斯贵族竞相争取的对象，因为元老院享有极高的特权，却少有限制。元老院成员可以经营自己的产业，并且可以在某些特殊情况下不用离开威尼斯，比如被任命为舰队的名誉指挥官或被任命为威尼斯统治下的某一城市的执政官。另外，元老院的辩论时间不受限制，这就意味着元老院成员有机会成为卓越的演说家。元老院成员同样身着鲜艳的紫色托加袍（Toga），其地位比身着猩红色托加袍的执政团成员稍低。

与之相对的是两个最高立法机构：司法团和十人委员会的成员则身穿黑色托加袍。十人委员会更像是一个具有司法权力的特务机关，建立的初衷是为了打击在14世纪时风起云涌的各种颠覆阴谋，它的存在令整个欧洲胆寒。但是这一实体的主要任务仍是为保

加布里埃尔·贝拉：《十人委员会的一次夜间会议》；早于1792；奎里尼·斯坦帕利亚美术馆藏。

护国家而打击内部敌人。十人委员会的行动大多绝密，并常在夜幕掩护之下进行。他们的审判不需要证人证言，往往屈打成招，然而，他们查案的时限却长达两个月。有时碰到棘手的案件，他们也会求助于外部力量。最后的裁决需经过五次投票通过，如果最终投票未能达成完全一致，那么犯人将被无罪释放。

最高权力机关下属无数小型的下级部门。威尼斯行政机构最令人惊讶的地方就在于，老的部门不会被关闭，而新的行政机关和权力委员会却陆续成立，这些实体之间往往责权划分不明。因此，这些机关的权力分配需要慎重平衡，任何一个决议出炉之前都需要经过反复斟酌衡量。

威尼斯人不仅时常建立新的委员会机构，还经常修改他们的法律，并因此形成了一条箴言“mutate rege mutata lex”（改变政策亦即改变法律）铭刻在多梅尼科·莫雷西尼铸造的钱币上，他是一位中世纪后期的船长兼历史学家，他铸造的钱币在威尼斯历史上一直流通。如果我们了解了一个事实，那就是除了总督之外，威尼斯政府的大多数成员任期只有一年、甚至半年，我们就不难理解这种状况为何会频繁发生了。

到了共和国覆灭的前夜，如此众多的机构委员会相互阻碍，早已作不出任何有效的政策决定。或许是因为威尼斯仅仅是一个城邦国家，相对比较好管理运作。掌握政权的家族、贵族和公民们相互熟悉，并曾以各种形式紧密联系在一起过：他们可能来自同一大区、可能曾经是贸易伙伴、曾共同战斗过或者曾经是同一所学校的学生。这就意味着仅凭私人关系便可以构造出政治决定的根基。事实上，这一人际关系网络可能就是威尼斯共和国得以存在上千年的秘密所在。

加布里埃尔·贝拉：《刑事法院》；
早于1792；
帆布油画； 95厘米 × 147厘米；
威尼斯奎里尼·斯坦帕利亚图书馆藏

所有威尼斯公民皆可自由出入总督府的庭院和下面两层建筑。这两层建筑也包含了书记员室和下层官员办公室，另外，一层还有关押囚犯的监狱。位于底层的律师办公室看上去更像是现代的政府职能之一。将律师办公室安置在这一层意味着在办案期间，律师可以随时接触到囚犯和刑讯室。1560 年新建的监狱通过著名的叹息桥与律师办公室相连。法庭和司法团各由 40 名律师组成，位于二层，民事与刑事案件均在这里审讯。

贝拉的绘画表明，在刑事法庭上，与庞大的律师方阵相比，被告或证人（画面左侧穿着不同颜色衣物的人们）的数量少得可怜。

一楼，一号井

一号井是位于总督府一楼监狱的名字，因其潮湿而得名。它们是用取自伊斯特利亚半岛的石头建造的，并采用厚木板分隔。囚犯的床铺也是用一块木板搭建成的平台。19世纪的恐怖小说多将威尼斯监狱描绘得比实际上还要可怕。这是因为这座监狱与声名狼藉的十人委员会联系在一起，而后者相当于是一个权势熏天的特务机关，因此，这座监狱便显得尤其阴森恐怖。但是，如果我们将它与欧洲其他地方的那些阴暗污秽的监狱相比，威尼斯的监狱还算不上太糟。因为在那些监狱里，囚犯一旦被关押进去，要面对的不仅是同命相怜的囚犯，还有大量的寄生虫。因此，威尼斯人认为自己已经足够仁慈了。

狮口(Bocca del Leone)

“狮口”信箱是人们用来邮寄匿名检举信的信箱，专门检举揭发身边犯有偷税、贿赂或贪污的公民。

总督府的一楼和敞廊

总督府包括政府机关、法庭、监狱、接待室、庆典大厅和舞厅，另外还包括总督套房。游客们参观总督府的目的各异，但是想要抵达各自的参观地点，必定要经过重重楼梯、走道、走廊和等候室。一路上，游客要经过刻画着表现威尼斯的富足的系列绘画和即将参观的官邸的说明文字。陈列数不清的官员肖像画是另一种典型的威尼斯装饰风格，这同样突出了威尼斯共和国的历史与传承，激发出游客们对威尼斯美德、历史和财富的景仰。

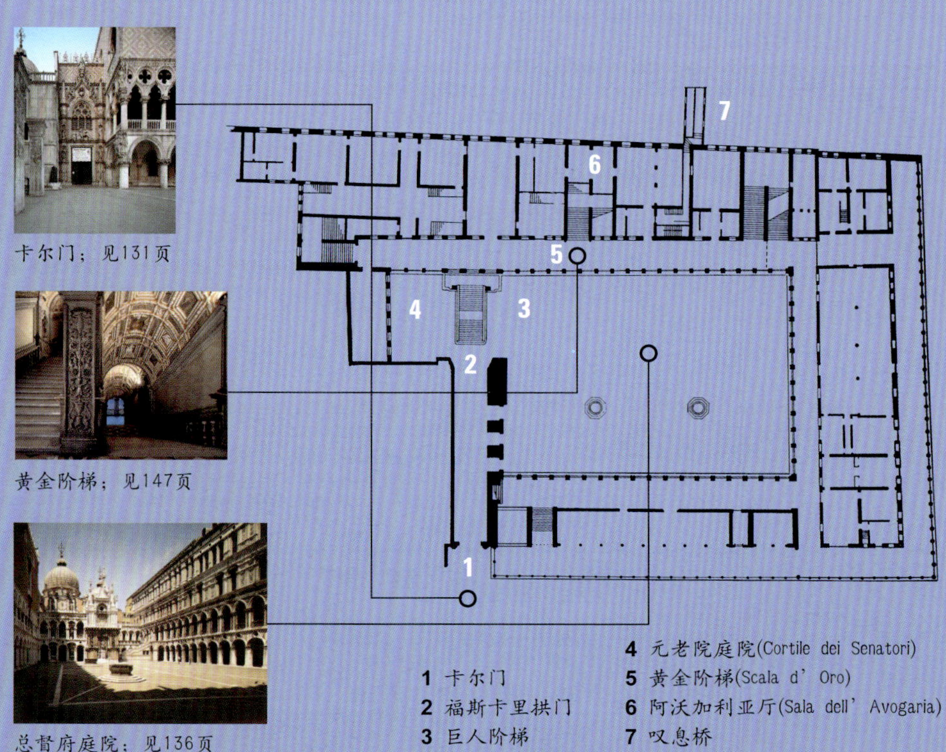

卡尔门；见131页

黄金阶梯；见147页

总督府庭院；见136页

1 卡尔门
2 福斯卡里拱门
3 巨人阶梯
4 元老院庭院(Cortile dei Senatori)
5 黄金阶梯(Scala d' Oro)
6 阿沃加利亚厅(Sala dell' Avogaria)
7 叹息桥

黄金阶梯

豪华厅房位于总督府的上层，1559年之后，高级访客从敞廊层前往豪华厅房需要经过一座单独的华丽楼梯间。楼梯间的天花板使用了鎏金灰泥粉刷，它是著名的建筑师雅各布·桑索维诺设计的，并于1530年开工建设，后来由安东尼·阿邦迪奥接手，于1559年完工。精美的天花板粉刷工程和绘画是由阿里桑德罗·维特多利亚和乔瓦尼·巴蒂斯塔·法兰克共同完成的。

总督府的二楼

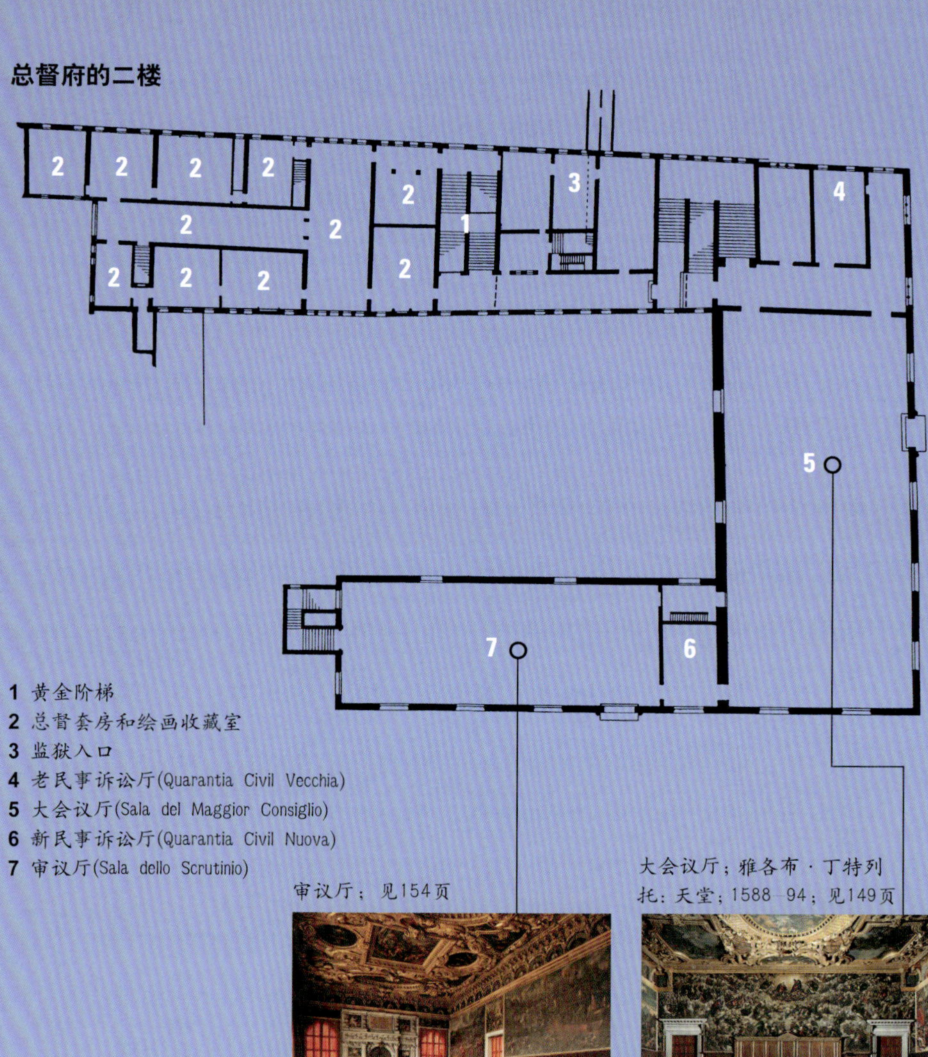

1 黄金阶梯
2 总督套房和绘画收藏室
3 监狱入口
4 老民事诉讼厅(Quarantia Civil Vecchia)
5 大会议厅(Sala del Maggior Consiglio)
6 新民事诉讼厅(Quarantia Civil Nuova)
7 审议厅(Sala dello Scrutinio)

审议厅；见154页

大会议厅；雅各布·丁特列托：天堂；1588—94；见149页

大会议厅

大议会礼堂位于总督府二楼南侧，是议会的会议厅。所有 25 岁以上、贵族出身的威尼斯人均被允许进入这间会议室，它就像是一间国会大厅，尽管其成员并非通过选举产生，而是天生拥有选举权的贵族，他们并不是普罗大众的代表。1577 年的一场大火烧毁了大厅，并吞噬了自 14 世纪以来积累的所有艺术作品和精美家具。在简短地征询了是否要重新设计一座反映新风格和品位的建筑这一问题之后，大议会决定重修这间会议厅。在 1578 年至 1594 年间，大厅恢复了原来的面貌，并配上了同时代的家具装饰。就在精雕细琢的天花板下，大厅的三面墙上悬挂着截至 1556 年统治过威尼斯的 76 位总督的画像，其他总督的画像则被悬挂在相邻的审议厅内。在每幅肖像顶部的天花板上均镌刻着总督的家族盾徽。其中有一幅肖像画被绘上了一层黑纱，那是马里诺·法列尔（Marino Falier），他曾在 1355 年妄图颠覆共和国。

加布里埃尔·贝拉：《总督因当选而答谢大议会》；早于1792；
帆布油画；94.5厘米 × 146.5厘米

雅各布·丁特列托：《各省臣服》；1578—1585；
帆布油画

贝拉的这幅作品展示了全体大议会议员。大议会的议员数有时甚至超过 2000 人，严重影响其正常运作。因此，贵族官员和议会成员被分别选出负责不同的职责。为了防止人为操控选举流程，很少采用直接投票的方式，而是先通过抽签或不记名投票等复杂的选举程序选出选举委员会，然后再由选举委员会再次进行选举。

大议会厅里壮美的雕花天花板是由克里斯托弗罗·索尔特设计的，他是一名工程师兼贸易地图绘制员，同时还是一位画家兼设计师。天花板上容纳了 35 幅颂扬威尼斯共和国的画板。绘画的官方规划方案以及绘画说明书留存至今，这件有关共和国议会大厅应该陈列什么作品的书面记录文件让我们对当时的威尼斯人在装饰天花板时如何看待自己有了一个清晰的了解。但是，文档展示出来的却是艺术家们大多忽略了对他们的创作指导要求。两侧的绘画本应展示威尼斯人的所作所为，而中间的绘画则应展示其结果。丁特列托的这幅中间位置的绘画表现的是威尼斯各省的臣服场面（画面并未明确指明各省名称）。他们带来了军队的徽章和金银珠宝，以示归顺。总督尼克罗·达·庞特（Nicolo da Ponte，1585-1595 年在位）站在阶梯的顶端，圣马可教堂的山墙在背景处若隐若现，画面左侧总督的身后是政府官员们。威尼西亚出现在所有人物形象上方的云端，圣马可之狮嘴里衔着胜利花环站在她的身边。尽管胜利花环本应进献给威尼西亚，但是看上去却像是要敬献给总督自己。

保罗·维罗内塞：《威尼斯封神》；1578—1585；
帆布油画；904厘米 × 580厘米

丁特列托的中心绘画并未获得同时代艺术家们的认可，因为他们认为丁特列托的作品其实大部分都是由他经营的工作室完成的。相反，他们普遍认为维罗内塞的这幅作品堪称佳作。它描绘了威尼斯政府为所有臣服的地方带来的和平。

雅各布·丁特列托：《天堂》；1588—1594；
帆布油画；700厘米 × 2200厘米

在发生大火之前，这个位置陈设的是一幅著名的绘画作品，是由14世纪帕多瓦的艺术家瓜里恩托（Guariento）创作的《圣母加冕》，它也曾被称为《天堂》。丁特列托的绘画与之相似，也是以圣母加冕为主题。圣母身边环绕着天使、圣人和教徒。这幅巨大的作品让观众有如身临其境，仿佛真的看到了圣母在天国里加冕的那一时刻。丁特列托成功地表现出了所有聚集在一起的圣人，而早期的类似作品往往仅表现其中的几名有代

表性的圣人形象，他将加冕礼变成了圣人们的最佳聚会场合。由于许多人物形象具有强烈的运动感，并打破了画面的中心布置方式，因此观众往往会迷失在如此众多的人物之中。通过对光影效果的娴熟应用，丁特列托展现出了画面纵深感，要不是他在人群当中为主要人物设置了足够的间隙，我们几乎无法分辨出画面上的主角。

FRANCISCO
MAVROCENO
PELOPONNESIACO
SENATVS
ANNO MDCVIC

审议厅

审议厅是二楼第二大的大厅，它的建成时间稍晚于大议会厅，但也是在15世纪弗朗西斯科·福斯卡里扩建宫殿时完工的。大议会厅投票的结果在这里进行清点，另外，大议会通过抽签等方式选出的各种选举委员会也是在这里召开会议，直到选出总督或其他高阶官员。审议厅同样也在1577年的大火中损失惨重，自1578年之后经历了若干年的彻底重新装修过程。

现在，参观者们通常经由大议会厅来到审议厅，但是在过去，绝大多数的游客和议会成员都是先经由审议厅再进入大议会厅。这一顺序对理解装修的先后次序非常重要。大议会厅的装饰颂扬了威尼斯的政府管理系统，而审议厅上的绘画则表现了威尼斯横扫地中海东部地区的军事场景。天花板上的绘画表现的是威尼斯与意大利其他谋求海上霸权的城邦国家之间的战斗，它们是比萨和热那亚，最终均被威尼斯征服。天花板下的横饰带上悬挂的是历任总督的真实肖像。

总督府三楼

委员会厅(Sala del Collegio)；见162页

元老院厅(Sala del Senato)；见163页

十人议会厅(Sala del Consiglio dei Dieci)；见164页

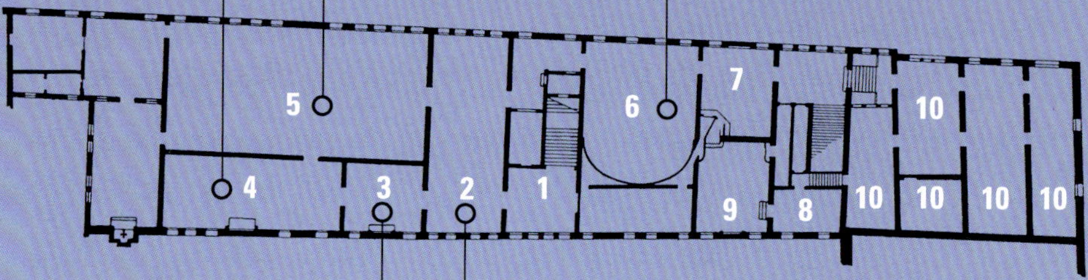

候客厅(Anticollegio)；见161页

1 黄金阶梯
2 四门厅
3 候客厅
4 委员会厅
5 元老院厅
6 十人议会厅
7 罗盘厅(Sala della Bussola)
8 调查官厅(Sala degli Inquisitori)
9 三首长厅(Sala dei Tre Capi)
10 军械库

四门厅(Sala delle Quattro Porte)；见158页

提香：《总督安东尼·格里马尼面对信仰女神》；约1555–晚于1576；
帆布油画；365厘米 × 500厘米

提香的这幅描绘了总督安东尼·格里马尼跪倒在信仰女神面前的作品曾在1555年前后两次重画，但却是在他死后才完工的。它是总督府里比比皆是的“总督跪立还愿”作品中的一幅。每位总督均有义务在其任职期间委托绘制这样一幅画作，许多总督还曾绘制过不止一幅，但是相较之下，也有些总督不情愿履行这个义务，但却不得不屈从。格里马尼的这幅画像的独特之处在于，它是在总督死了十年之后，由十人委员会委托画家创作的。这很可能是因为格里马尼在位时间太短（1521-1523年），还来不及抽空为自己画上一幅肖像。经历这种种曲折之后，这件作品一直拖了20多年才告完成。

四门厅

早先四门厅的装饰在1577年的大火中被焚毁。尽管历史记载并未明确表明大厅内部装修归功于帕拉迪奥，但他被后人多次提及，认为他是负责重新装修的建筑师。很可能他在装修过程中仅扮演了出谋划策的角色。

四门厅的名字表明了这座大厅的特点。大厅内有四扇大门分别通往最高级别政府官员的办公室、十人议会厅、元老院厅和候客厅。拱顶上的天花板绘画突出了威尼斯对海洋的统治和她的权势、自由与财富。画面上同样包括了一些被纳入威尼斯统治范围的地区——伊斯特利亚及其王冠、维罗纳和她的竞技场。1589年，阿里桑德罗·维特多利亚和吉罗拉莫·坎帕尼亚（Girolamo Campagna）创作的雕塑被添加到大门之上，用来代表大门后面的房间的功用。通向委员会厅的大门上放置的分别是警惕、雄辩和专注的象征形象；而通往十人议会厅的大门上则是代表着权威、宗教和正义的象征形象。

候客厅

经由四门厅，游客们来到了另一处虽然略小一些，但更显奢华的候客厅。这里是最高议会成员进入委员会厅前的等候区。大厅华丽的天花板装饰是由安德鲁·帕拉迪奥设计，并于1576-1577年建造的。天花板上的壁画最初是由保罗·维罗内塞和他的工作室创作完成的，其中大部分在17世纪重绘，表现的是威尼斯人的权力和财富。

威尼斯共和国在1713年获得了保罗·维罗内塞著名的《劫掠欧罗巴》之后，将整个大厅再次重新装修，这幅作品在其创作完成之后的150年之中一直享誉欧洲。四幅创作于1577-1578年的丁特列托的作品最初悬挂在主墙面上，此后被悬挂在大门的旁边。这些作品描绘了古典主义神话场景，折射出了威尼斯人的美德和力量，但是其关系相当微妙而复杂，需要附加详细说明才能搞清楚。由于大厅的位置特殊，只有高阶层访客才有机会在等待进入委员会厅的时候轻松地观赏这些作品，委员会成员可以就此谈论一些阳春白雪的话题，炫耀自己的博学多才。

雅各布·丁特列托：《巴克斯和阿里阿德涅的婚礼》；1577—1578；
帆布油画；146厘米×167厘米

忒修斯（Theseus）将阿里阿德涅抛弃在海边，巴克斯为她奉上了一枚结婚戒指。爱神维纳斯将一顶由闪烁的星星组成的新娘头饰戴在阿里阿德涅的头上。这个神话主题亦被认为象征着威尼斯是海洋的新娘。

委员会厅

委员会厅很可能是整个总督府内装饰最为奢华的大厅。它是威尼斯最高行政权力机构：执政团聚会的场所。这个实体包括总督和与他关系最密切的六位顾问，再加上17位来自不同部门的最高长官、十人议会团的主席和大法官。这里也是接见外国使节、从国外返回威尼斯递交述职报告的本国使节以及其他委员会召开会议的地方。墙面上悬挂着不同的总督跪立在圣人面前的画像。1574年之后，整个大厅再次重新装修。

在委员会厅演讲台后面除了悬挂着总督们的绘画之外，还有一幅描绘1571年对抗土耳其人的勒班陀海战的绘画。这并不让人意外，因为这是威尼斯共和国在那一时期最伟大的一次军事胜利，而且也可能是最后一次大胜利，这次海战让威尼斯确定了在地中海东部地区独一无二的统治地位。天花板上的绘画象征着威尼斯的力量，而这正是其信心之所在。尽管在候客厅里是以晦涩难懂的方式展示古典主义神灵颂扬威尼斯共和国的绘画作品，但是在这个最高权力中心却是以基督教题材绘画占据着统治地位。

元老院厅

元老院厅是元老院聚会的场所，紧邻委员会厅，可以经由委员会厅或者四门厅进入。元老院是第二权力实体，它负责批准执政团起草的法令。根据制度，元老院仅在执政团的邀请下举行会议，因此，元老们也被称为“被邀请者”（pregadi）。一些元老是由大议会选举产生，而另一些元老则是因其位高权重而自动当选。

与执政团成员一样，威尼斯元老院成员也被允许身穿紫色托加袍，但是与其被赋予的巨大荣耀相关联的是巨大的工作压力。他们往往会在一周之内召开两次会议，在会议期间，元老院厅被锁闭，直到元老院将议程上的所有事物全部商讨完毕。

每一位元老院成员均可以畅所欲言，这可能是元老院厅里悬挂着两面大钟的原因，钟面上显示着黄道十二宫和时间，它们可以提醒元老们注意到时间的流逝。尽管如此，争论往往会持续到深夜，甚至到第二天早晨。天花板上雅各布·丁特列托的巨幅绘画表现了威尼斯在制海权上的荣耀。

十人议会厅

从政府实权机构，比如元老院或执政团大厅到达十人议会厅，游客们需要穿过四门厅。十人议会是在 1310 年挫败了一起针对政府的颠覆行为之后建立的。其作用在于监视元老院、执政团和总督本人。这也是十人议会办公室与其他实体机构相互分隔的原因。十人议会必须检查政府收发的所有信件，同时还拥有解散政府的权利，甚至还可以在发现总督有渎职行为的时候免去他的职务。十人议会拥有一套运作良好的特务系统，随时通报威尼斯城内的动向。通过这种方式，他们掌控了整个威尼斯的生活秩序。他们所拥有的不经警告或问责随意开除、提审、甚至秘密暗杀的行为，是权力巨大的威尼斯行政机构中最凶残的一面。

保罗·维罗内塞：
《朱诺将恩惠洒向威尼斯》；1553；
帆布油画；365厘米 × 147厘米

如今我们已不清楚大厅内部绘画的总体设计方案，但其主旨明显在于去恶扬善。1553 年，当时才 25 岁的艺术家维罗内塞几乎不为人所知，他被委任绘制大厅的天花板，但是他所创作的作品却是真正的杰作。现存的核心绘画是一件复制品，原作在 1797 年被法国人带到了卢浮宫。旁边的绘画实际上表现的是拟人化的威尼斯接受朱诺的丰厚礼物，画面还暗示恩惠代表着仁慈。对于十人委员会而言，对受惩罚的人仁慈是特别重要的美德之一。

乔瓦尼·巴蒂斯塔·提埃坡罗：《尼普顿赐礼物于威尼斯》；1748–1750；
帆布油画；135厘米 × 275厘米

提埃坡罗的这幅画作直到 20 世纪才被悬挂在十人议会厅。它最初是为取代一幅被损坏的 16 世纪绘画而为四门厅创作的。同一大

厅内还悬挂着比这幅作品早150年创作的维罗内塞的天花板绘画，通过两者的直接比较，我们可以看出提埃坡罗在用色和构图上均承袭了维罗内塞的风格。然而，提埃坡罗的作品上仍然出现了前辈画家作品上没有出现过的碧绿色、红色和橘红色元素。

为什么总督的肖像会被抹黑？

到总督府参观的游客不太可能花费很长的时间仔细浏览大会议厅墙面上陈列着的海量绘画，尤其是在其中只有后期总督像是真实肖像的情况下。然而，这种情况会导致人们错过这间肖像画廊里的一幅重要而且奇怪的绘画，这幅画上描绘的一位 14 世纪总督被涂黑了。这位总督到底犯下了什么不可饶恕的罪行导致形象永远被抹黑了呢？画面上留下的一段 1570 年的题字仅仅告诉我们被抹黑的原因是他犯下了罪愆。这段题字其实覆盖了早前的一段说明，后者提到了原因是叛国。那么，为什么这位威尼斯最受尊重的总督法列尔会犯下这样的罪行呢？

1354 年 9 月 11 日，已经年逾古稀的法列尔当选为总督，而在这之前很长的时间里，他的名字便在各种谈话中被屡屡提及，认为他迟早会成为总督。他出生在一个古老的贵族世家，并先后成为一名成功的舰队司令、将军和外交官。1310 年，他成了十人委员会的一员，甚至还被指派负责调查跟踪并铲除阴谋家巴贾芒特·提埃坡罗（后者被吊死在圣马可小广场的两根立柱之间）。时至今日，仍有一些迷信的威尼斯人不敢在立柱中间穿行，而是选择绕行。根据有关法列尔的传说，

丁特列托：《涂抹过的马里诺·法列尔肖像》；威尼斯总督府大会议厅藏。

大会议厅里的墙面绘画

当他还是身在阿维尼翁的教皇的使节的时候，听到自己被选为总督之后，在浓雾之中乘坐大礼仪船“布辛托罗”回到威尼斯，并在立柱之间登岸。这让人们暗自惊心，诗人彼特拉克（Petrarch）甚至在一封信件中写道：他从踏上陆地的那一刻起便种下了悲剧。

事实上，法列尔为了实施他的颠覆性权谋，曾设法争取两位重要的非贵族威尼斯人：船长兼商人贝尔图乔·伊萨利洛和总督府主营造商菲利波·卡伦达里奥的支持。交给两人的任务是争取更多的人参与其阴谋。当时，威尼斯人与热那亚人常年交战，在前任总督任内，威尼斯人在波多兰格（Portolongo）战役中遭受了重大的失败，而法列尔借口热那亚人再次入侵潟湖，企图在1355年4月15日召集一次政府会议。他的计划是由颠覆分子逮捕所有政府成员，并宣布法列尔为唯一的统治者。

法列尔为什么会密谋这样的颠覆计划仍存诸多疑点。可以确信的一点是，当时的威尼斯人在经历了波多兰格惨败之后士气异常低落，他们相信是由于贵族阶层的懦弱导致了惨败。根据编年史记载，贵族阶层经常羞辱平民出身的官员（颠覆者伊萨利洛便是受害者之一），却得不到足够的事后补偿。另外，民众热切希望与热那亚握手言和，甚至总督本人也可能持相同观点，但是统治机构却将其否决。法列尔也很可能受到了意大利北部各城邦国家的启发，那里的贵族阶层统治均逐渐被一人独裁统治所取代。

从贸易和战争的角度看，这些采用独裁系统的国家似乎比威尼斯更为成功，而热那亚则是个中翘楚。由于总督已年届70，并无男性继承人，因此他的动机出于为国家利益考虑大过为自身或其家族的利益，就算颠覆成功，他的个人所得极为有限。

然而，威尼斯人却有着不同的解读。他们宣称后任总督米盖勒·斯特诺曾在总督宝座上写过一首诗，诗里宣称法列尔的妻子不忠。尽管斯特诺被指控诋毁法列尔，但是其他贵族仅轻判他入狱一个月。这就是法列尔决心剿除贵族党羽的原因。从当时的文献记录中，我们可以看到斯特诺的确曾以诋毁法列尔的罪名遭到判刑，但是我们并不知道法列尔的妻子是否卷入其中。不管阴谋产生的缘由如何，最终这一颠覆计划还是被人背叛，并大白于天下。其原因似乎是许多颠覆者们试图拉拢的普通人并未投身其中，反而事先透露给了贵族阶层。贵族们则报告法列尔，声称一场混乱正在酝酿。而法列尔却并未采取措施终止对这一事件的彻底调查。起初，他的合谋者们被调查出来了，最终，总督自己也被供出，他们全被判处死刑。法列尔的十一名地位低下的颠覆同党于次日吊死在总督府的窗台下，为了防止他们大声呼号或使用暗号煽动政变，他们全被封住了嘴。4月17日，法列尔自己在被剥夺了所有勋章之后，在总督府的台阶上被砍头，而这正是几个月之前他宣誓就职的地点。悬挂在圣马可钟楼上的大钟被敲响，昭告了他的死亡，此后，钟舌和绳索均被取下，大钟再也没有被敲响过了。十一年之后，他的肖像被抹黑。

圣马可小广场上的立柱，巴贾芒特·提埃坡罗被吊死的地方。

玛西亚那图书馆

16 世纪，圣马可教堂的庶务员们在总督府的对面建造了一座建筑，充当其新的办公楼。雅各布 · 桑索维诺在罗马皇帝的军队洗劫了圣城之后，在 1527 年从罗马搬到了威尼斯，并在 1537 年被委托设计这座建筑。他引入了威尼斯尚未见识过的新式浪漫主义风格。安德鲁 · 帕拉迪奥是 16 世纪后期最伟大的建筑师，他认为这座图书馆是亘古以来最富足最华美的建筑。建筑最先从钟楼的拐角处开始动工，并进展顺利，但是在 1545 年 12 月 15 日，尚未完工的主体建筑大面积坍塌。桑索维诺因此被羁押，后来在一些颇具影响力的朋友们的斡旋下才得以释放。

1547 年，他从自己的口袋掏钱筹集了重建工程的资金，因此重新被任命为首席建筑师。1554 年，这座建筑终于完工，其最南端与钟楼之间建起了 16 座拱廊。这种状况持续到了 1582 年，文森索·斯卡莫齐开始扩建工程，建筑的南端修到了运河边。现在，这座建筑容纳了玛西亚那图书馆，它是意大利最好的图书馆之一。拱廊之下还有通向考古博物馆的入口，后者就在图书馆的隔壁。

VATICANE E MARCIANE

图书馆大厅

希腊红衣主教贝萨里翁于1468年遗赠给威尼斯共和国一批希腊和拉丁文的珍贵手稿，它们被放置在这座新近落成的建筑物中。这个想法是在庶务员们将这座建筑用作自己的新办公总部之后产生的。红衣主教的这些收藏构成了这座意大利最宝贵的图书馆馆藏的基础。对于威尼斯共和国而言，这座建筑归根结底是一个地位的象征。为了体现文艺复兴时期教育被赋予的高价值，同时为了表现出对贝萨里翁捐赠的无价手稿的感激，图书馆大厅的上半部分采用了极为奢华的装饰。

竞相参与竞赛，他们被指派创作代表美德和艺术的古典主义神灵的绘画。最终，保罗·维罗内塞创作的《音乐、歌曲和荣耀女神》获得了一根昂贵的金链子的奖赏。

提香的《智慧女神》在大约7年后才完工，现在被悬挂在候客厅里。它就像是对大厅里陈列的那些年轻艺术家们的绘画的点评之作。提香采用了年轻一代擅用的明亮色彩，表明他仍然能够创作出足以与年轻人在色彩、协调和复杂人体的刻画上相匹敌的绘画作品。

这间陈列着提香的《智慧女神》的候客厅原先被用作演讲厅，学者们可以在这里向威尼斯贵族传授知识。

提香：《智慧女神》；
约1564；
帆布油画；179厘米×189厘米

1556-1557年间，为了召集21位画家创作图书馆的鎏金天花板绘画，当局举行了一次竞赛。评审团的主席是桑索维诺和他最密切的朋友提香，后者也是威尼斯最杰出的艺术家。

雄心勃勃的年轻画家们

从圣马可海盆眺望圣马可小广场

图书馆与总督府之间的广场被称为圣马可小广场，或简称为小广场，这个名称来源自与圣马可广场的比较。在 16 世纪，广场上布满了小商店，其中面包店和屠宰店的数量最多。直到雅各布·桑索维诺来到威尼斯之后，才开始采取手段清除广场上众多的售货亭和小棚屋。桑索维诺创造出了一个与城市面貌相符的辉煌区域。广场靠近海岸的位置矗立着两根早在 12 世纪便已建成的花岗岩石柱，其顶端分别放置着代表威尼斯城市保护神的圣马可之狮和古希腊圣人圣西奥多，尽管后者是威尼斯的第一位保护神，但却已被大众遗忘。

铸币厂

铸币厂位于图书馆的西南侧，威尼斯最早的铸币厂曾坐落在里奥托桥旁边，后来在1277年搬迁到了现在的位置。它紧邻水面的位置极为重要，因为熔化金属时产生的火花极易导致重大的火灾。1536年，桑索维诺开始建造铸币厂，这是属于圣马可小广场整体翻新工程的一部分。他只设计了铸币厂的底下两层，尽管第三层是在1558-1566年他还活着的时候添加上去的，但是普遍认为这并非出于他的设计。

立柱之间堆砌着呈现天然状态的粗犷石块，使得整座建筑看上去非常严整，像是一座堡垒。桑索维诺通过这种外立面设计方式暗示建筑内部进行的是熔炼金属的重体力劳动。建筑师采用了粗面光边石工和简朴的立柱柱头设计，与低级劳动或军事建筑的要求相吻合。而建筑物的堡垒式外表也突出了建筑本身需要得到保护的性质，因为里面储藏了贵重金属和成型的硬币。现在，铸币厂变成了玛西亚那图书馆的一部分。

监狱（新监狱）

新监狱位于总督府的东侧，是在两个建筑阶段建成的。监狱的前半部分和门楼始建于1589年，建筑师安东尼·达·庞特和建造铸币厂的建筑师桑索维诺一样，采用了极具表现力的建筑风格。监狱表面与铸币厂类似的粗犷石工表明这是一座防御严密的建筑，外人不得入内，而更为重要的是确保关押在里面的人不得外出。

叹息桥

叹息桥可能是继里奥托桥之后最有名的桥梁。它将总督府内的预审法官办公室与新监狱连接起来。这个充满浪漫气息的名字源自那些被判定死罪的囚犯们的悲伤叹息，他们在经过这座桥的时候，很可能是最后一眼看到日光、海洋和自由。

钟楼前廊(Loggetta)

这里曾是贵族们在钟楼下聚会的地点，当时，这里的四周全是小商店和货摊。贵族们很可能是在15世纪将聚会地点搬迁到了这里，可以确定的是这一时间绝不晚于16世纪。

1537年，雅各布·桑索维诺设计了我们现在看到的这座建在钟楼脚下的小型前廊，并在1547年建成。然而，这里被当成贵族聚会地点的时间并不长。到了1569年，军械库的保安们为了在大议会会期内保卫议员，并防备不时之需，搬迁到了这里。到了1663年，前廊添加上了阳台，大门被重新安置在拱廊之下。

雅各布·桑索维诺：
《墨丘利》；
青铜

前廊的四个壁龛里均放置着青铜雕塑，分别是罗马的战神与智慧之神密涅瓦、神使与语言之神阿波罗、商人和小偷的保护神与演说之神墨丘利以及象征和平的神灵。墨丘利身穿的长袍轻薄而带有精细的皱褶，显出一种特殊的亲切感，他年轻的脸庞也流露出一丝温柔，但是强壮的手臂和大腿却与之相对，表现了力量和权势。

索维诺力图将年轻与力量有机地结合在一起。墨丘利似乎正扭头看着大门另一侧的阿波罗，这一瞬间的动作让人们感觉到他似乎完全不满足于被禁锢在壁龛之中，而正在与其他雕塑进行交谈。

桑索维诺不仅是一名优秀的建筑师，还是一位杰出的雕塑家。正如前廊里的这尊雕塑，有时候他的两种才华可以同时完美地体现出来。建筑上的众多浮雕、立柱和带有雕塑的壁龛，再加上运用不同色彩的不同材质，整座建筑就是一座雕塑和建筑相结合的杰作。

圣马可广场

钟塔

圣马可教堂的钟塔是圣马可广场和小广场的分界点，俯视着分别位于教堂前面和侧面的两个广场。钟塔历经数代的增高修建，在 16 世纪早期形成了目前我们看到的面貌。1489 年，闪电再一次劈中了钟塔，因此，在 1511-1514 年，它被再次重建。这次重建在钟塔的顶部还加上了一尊大天使加布里埃尔的雕像。

1902 年 7 月 14 日的早晨，钟塔坍塌了。当时的政府迅速决定恢复它本来的面貌，重修后高度达到 95 米（310 英尺）。人们在钟塔上可以俯瞰到壮美的威尼斯和潟湖风光。在特别晴朗的日子里，人们甚至还可以远眺到阿尔卑斯山。

钟楼

1496 年，莫罗·科杜齐有幸受命为默瑟利亚大街的入口建造一座钟楼，这条大街是通往里奥托桥的主干道。钟楼的两翼是在 1499 年后加的。它是运用彩色石料修筑的建筑杰作，呈现出了蓝色和金色的外表，与代表着机械奇迹的大钟一样充满着神奇。钟楼的一楼让人联想起了罗马的凯旋门。拱门之上的大钟除了显示时间和日期之外，还能通过黄道十二宫显示出月相和太阳的运动。大钟的上层矗立着一尊圣母玛利亚的青铜像，而两边的窗户则显示出以每五分钟递增的时间。在每年的 1 月 6 日以及耶稣升天祈祷周，三位国王的形象会出现在侧门。再往上，圣马可之狮站立在乔治·马萨里于 1755 年建造的一块蓝底布满星辰的天空浮雕之前。到了 1797 年，总督阿戈斯蒂诺·巴尔巴里戈的跪像被放置在圣人面前。钟楼的顶部放置了一座青铜大钟（1497 年），每到整点，两侧的青铜摩尔人雕塑便会敲响大钟，这些均为科杜齐设计的一部分。

主题。这再一次显示出了威尼斯建筑师的保守观念。

在广场的另一侧，新行政长官官邸于1582-1584年开始动工兴建，整项工程由文森索·斯卡莫齐负责。建筑内部包括圣马可教堂的九位行政长官的居所，按照法律规定，他们有义务居住在紧邻教堂的地方。

斯卡莫齐借用了相邻的图书馆的设计图纸，但是为了与对面的老行政长官官邸相匹配，新楼也建成了三层高。围绕着圣马可广场四周的建筑物的一层均采用同样的拱廊设计，使得广场产生出一种被包围的氛围。初看之下，很难看出分别位于广场南面、北面和西面的两座行政长官官邸和之间相连的建筑是否是在同一时期修建完工的。

新老行政长官官邸

1496年，钟楼的建设标志着圣马可广场北侧区域重建工程的开始。下一步便是修建紧邻钟楼的行政长官官邸，它是圣马可教堂的行政人员办公楼，他们负责广场上除了总督府之外所有政府建筑工程的管理工作。得益于圣马可教堂从国家补贴和私人捐赠中筹集到的大量资金，并得益于教堂可观的投资回报，行政人员手中握有充裕的可支配资金。从12世纪开始，他们便居住在老行政长官官邸旧址上的建筑里。16世纪的建筑师采用了老式威尼斯-拜占庭风格的狭窄圆拱门廊为

加布里埃尔·贝拉：《耶稣升天节时广场上的老市场》；早于1792年；
帆布油画；95.6厘米 × 145.5厘米

贝拉的绘画表现了耶稣升天节（威尼斯人称为“Sensa”）时的圣马可广场景象。自中世纪以来，广场一直是威尼斯自产物品的大型交易市场。在耶稣升天节这一天，许多朝圣者来到威尼斯，根据1177年教皇亚历山大三世的特许令，圣马可教堂被作为朝圣者的专用教堂。威尼斯将广场视为做生意的好地方，而朝圣者们也将这一天当成买入威尼斯商品的好机会。贝拉的绘画描绘了满是小货摊和大排档的老市场的面貌。这种面貌一直持续到1777年市场被关闭为止。

在画面的背景处，两座行政长官官邸之间是圣吉米尼亚诺教堂，雅各布·桑索维诺曾在16世纪重建了教堂的门楼，死后还埋葬在这座教堂里。到了19世纪早期，这座教堂为了腾出修建广场第三座翼楼的地方而被拆除，现在，这座翼楼连接着两座行政长官官邸。

新行政长官官邸，拿破仑翼楼

虽然法国人仅在 19 世纪初的几年占领过威尼斯，但是拿破仑却在这座城市留下了自己的印记。由于拿破仑和他的随从们需要一座合适的居所，并需要一间大型的舞厅，因此圣吉米尼亚诺教堂被拆除，原址被扩建，在新老行政长官官邸之间建起了拿破仑翼楼。通过这种方式，这位新来的统治者接管了威尼斯的核心权力地带。建筑师朱塞佩·索利（Soli）的设计基于新行政长官官邸的设计，但是将第四层变成了严格意义上的阁楼层，突出了拿破仑翼楼井然有序的品质。

新行政长官官邸，克雷尔市立博物馆

拿破仑翼楼的一楼建有一座华丽的楼梯，两侧的壁饰一直通向仪式大厅。九位行政长官的套房被全部打通，变成了拿破仑一人的套房。然而，拿破仑本人从未踏上过这座楼梯，也从未使用过这里的套房。当拿破仑翼楼最终在1820年竣工的时候，拿破仑早已远离世界历史的舞台。现在，楼梯通往克雷尔市立博物馆，专门陈列威尼斯的历史。它和考古博物馆（入口处位于图书馆拱廊）均被容纳于新行政长官官邸内。这座博物馆的镇馆之宝是威尼斯贵族特奥多罗·克雷尔的收藏品，1830年，他将自己收藏的珍宝遗赠给了威尼斯。随着岁月的流逝，威尼斯的收藏日益增加，最后不得不分开陈列在几个不同的地方。现在，克雷尔博物馆主要收藏重要的历史文物。而威尼斯18世纪最主要的艺术和文化收藏则被陈列在雷佐尼科大厦。

安东内洛·达·墨西拿（Antonello da Messina）：《耶稣之死》；1475—1476；

木板油画；117厘米×85厘米

安东内洛·达·墨西拿（约1430-1479）在意大利南部接受教育，对15世纪和16世纪的威尼斯艺术产生了巨大的影响。很可能是他将荷兰和法国北部画家早已运用娴熟的油画技术引入到威尼斯。墨西拿与意大利南部其他城市一样，当时处在法国人的统治之下，这也是意大利南部和欧洲北部之间艺术观点存在频繁活跃地交流的原因。安东内洛因此有机会在很年轻的时候便掌握了油画技巧。1475-1476年，安东内洛在威尼斯逗留期间，乔瓦尼·贝利尼从他那里学到了许多绘画技巧。尽管克雷尔博物馆馆藏的这幅安东内洛创作的《耶稣之死》遭受过损坏，但是它仍能让我们欣赏到画家运用光线和风景的娴熟技巧。

乔瓦尼·贝利尼：《耶稣变容》；

木板蛋彩画；134厘米×68厘米

贝利尼（约1430-1516）的这幅《耶稣变容》仍采用了传统技术，运用到了蛋彩和油彩。然而，这足够让画家巧妙地利用色彩混合展示出光影的变换，并赋予了画面上的人

物以实体感。当时，他创作的人物形象仍然完全受到他的连襟安德鲁·曼坦那（Andrea Mantegna）的影响。但是，山脚下几位信徒身体上复杂的回旋皱褶和运用透视法创作的人体形象反映出了他的技巧，尤其是躺在地面上的人物交叉的双腿，格外引人注目。在这幅作品中，三位福音传道者记述了基督的变容，而目睹这一神迹的是传道者彼得、约翰和雅各。

终结：威尼斯为独立所作的最后抗争

在 1797 年 5 月 12 日，大议会在拿破仑的指使下宣告了威尼斯共和国的终结，随后不久，法国军队占领了整座城市。威尼斯曾经是地中海东部地区最强大的国家，后来逐渐没落，这一宣告就是她最后的国家行为。许多作家描述威尼斯在 1718 年签订《帕萨罗维茨协定》之后的生活就是一场噩梦，这个协定也是威尼斯作为独立政治实体签订的最后一份协定。

整个 18 世纪，威尼斯因为财政困难和行政效率低下而举步维艰。与土耳其人长达数世纪的战争耗尽了国家的实力。除此之外，

朱塞佩·博尔萨托：《1815年5月15日，威尼斯诸省在圣马可教堂向皇帝弗朗茨（Franz）一世宣誓效忠》；威尼斯克雷尔博物馆藏。

来自欧洲各地的人群持续涌入威尼斯，他们不再从事贸易，而仅为享受威尼斯独特的生活氛围。这里的节日紧挨着节日，赌场和妓院林立。财富迅速缩水，而新的财富来源并未出现。拿破仑的到来终止了这一切奢靡。许多威尼斯人仍然渴望回到共和国时期，中产阶级和贵族阶层则开始缓慢地推动早该进行的改革措施。

拿破仑在法国大革命中许诺的自由并未兑现，甚至早在他占领威尼斯之前，他便决定用威尼斯与奥地利做交易，换取别的地区。1797年10月，他将威尼斯的控制权转交给了这个与威尼斯人战斗了200多年的死对头。后来，法国人还有过第二次短暂的统治期，到了1814年，威尼斯最终被移交给了奥地利，威尼斯人期望在新精神引领下复兴的梦想被彻底击碎。威尼斯成为奥地利的一个省会城市，是奥地利

弗里德里希·冯·阿莫林：《弗朗茨一世》；1832；帆布油画；维也纳霍夫堡（Hofburg）世俗珍宝馆藏。

不知名画家：《丹尼尔·曼宁》（1804—1857）；威尼斯复兴博物馆藏（Museo del Risorgimento）。

皇帝的全权代表的居住地，这个微不足道的政治地位还是与米兰一起共享的。

在奥地利统治期间，整个意大利北部地区经受了严重的艰难困苦。他们被克以重税和关税，所有经济实体均不堪重负。直到1820年代，情况才略有好转，税赋稍有降低。

在1840年代，奥地利人开始振兴这座积弱已久的潟湖城市。道路系统得以提升，并铺装了煤气照明设施。1846年，潟湖上铺设了铁路路基，由此，威尼斯首次与米兰相连接，结束了多个世纪的隔离。然而，所有这些工程伟业并未能减轻威尼斯人根深蒂固的不满，也不能缓解整个意大利北部居民的不满，他们不满听命于奥地利人的统治，也不满被克以重税却得不到与之匹配的政治权利。当他们感受到法国中产阶级的影响力日益增加之后，威尼斯人对哈布斯堡王朝的统治愈发不满。

1846年，教皇庇护九世的当选发出了一个信号。这位锐意改革的教皇从上至下彻底改变了封建的教皇国，赋予了附属国更多的政治权利，并劝诫其他统治者们效仿。整个意大利热切地欢迎这位新教皇，到处涌动着民族主义暗流。意大利开始反抗外族统治，1847年在威尼斯召开的意大利科学家大会或多或少变成了公开反抗奥地利的场合。威尼斯的歌剧院：凤凰歌剧院成了夜晚抗议活动的中心，在威尔第歌剧《麦克白》的第四幕中，合唱团歌唱着必须拯救被背叛的祖国的歌曲。秘密警察徒劳无功地想要追踪那些将代表着意大利的红白绿三色的花环掷上舞台的观众，他们同样也没能逮捕那些身穿意大利三色衣服的歌剧观众。

然而，威尼斯并没有出现公开的抗议活动，就连米兰也出现了流血牺牲的事件，帕多瓦还爆发了学生反抗占领军的新闻。但是，威尼斯人却在对抗外族统治的过程中尝试采用法律手段保护自己。一位名叫丹尼尔·曼宁的律师以多次递交请愿书的方式反抗哈布

文森索·贾克梅里（Vincenzo Giacomelli）：《丹尼尔·曼宁和起义军攻占兵工厂》（《丹尼尔·曼宁迫使对方投降》）；1890；威尼斯复兴博物馆藏。

路易吉·奎雷纳（1768—1853）：《威尼斯群众在市场中心升起意大利国旗》；威尼斯复兴博物馆藏。

斯堡统治而闻名。奥地利当局惧怕其他城市的骚乱进一步蔓延，最后在1848年1月18日逮捕了曼宁和另一位热衷于推翻奥地利统治的反对派尼科洛·托马赛奥。这样一来，威尼斯人终于拥有了自己的为自由而奋斗的精神领袖。

不满的情绪在整个哈布斯堡帝国内部蔓延，革命的热忱甚至席卷了帝国的首都维也纳，抗议者们强迫皇帝保证实施君主立宪制政体。1848年3月17日，一群受到这些事件感召的暴民如暴风雨般涌入了奥地利全权代表位于新行政长官官邸的住处，迫使他释放托马赛奥和曼宁。第二天，圣马可广场上爆发了一次小冲突，冲突中的受害者们被庄严地抬进了弗洛里安咖啡馆，这里成了全国抵抗运动的根据地。

丹尼尔·曼宁和他的追随者们由此下定决心，不惜以暴力消灭奥地利人。当奥地利军队中的威尼斯人和意大利分队拒不服从命令，兵工厂的武器全部落入到抗议者手中的时候，哈布斯堡军队以及政府不得不撤退。丹尼尔·曼宁迅速成为威尼斯人的领袖，他用威尼斯方言交谈，能够在大街上煽动起普通百姓，这一点无人可比。

到了夏天，奥地利人在军队的增援下重回威尼托。他们很快便重新占领了一些弗留利地区的城市，但是威尼斯和大部分意大利北方城市一样，坚决抵御奥地利人的入侵。哈布斯堡王朝因此花费了不少时间才重新收复所有失地。出于对未来政治体系的担心，意大利人内部出现了分裂，这也帮了奥地利人的忙。就连曼宁对意大利状况的看法也充满犹豫，优柔寡断。他思考的方式和对未来的展望全部都集中在他的故乡威尼斯城之上。因此，他并未派遣军队支援大陆的抗争，一次次地错过了改善威尼斯局势的机会。随着一个个城市再次沦陷，威尼斯人仍在坚持抵抗，这主要得益于他们拥有一道天然的屏障：

路易吉·奎雷纳：《士兵在圣马可广场接受检阅》；威尼斯复兴博物馆藏。

达拉·格里贝拉：《威尼斯不惜一切代价进行抵抗》；威尼斯复兴博物馆藏。

潟湖。在越是危难的时刻，威尼斯人越是紧密地团结在一起。在1848年秋，威尼斯被奥地利军队围攻，而此时这里已经成了众多从夏天沦陷地区里逃出的士兵们的避难所。威尼斯的给养很快告急，食品供应跟不上，士兵军饷发不出，军事设备缺乏维护经费。

然而，威尼斯仍在顽强地坚守。他们提取战争贷款，富裕的家庭保证在硬币短缺的情况下，使用新发行的纸币，确保币值坚挺，并捐赠出他们的珠宝和银器支援战争。仅最

后一次资金募集活动便筹措了 130 万里拉。被围困的威尼斯成了所有意大利人心目中闪亮的明灯，为他们争取自由指引了方向。然而，威尼斯却并未得到任何人确实的帮助。在全意大利发起的为威尼斯募捐运动最终只筹集到了 20 万里拉。到了 1848/1849 年的冬春之交，饥饿和疾病开始在威尼斯横行，食物价格暴涨：肉类、黄油和葡萄酒很快便断货。但是，威尼斯仍然坚持着。

到了 1849 年春天，在历经诺瓦腊战役之后，局势似乎无法挽回了。来自皮埃芒的军队被奥地利人击溃，威尼斯人不得不重新考虑缴械投降。1849 年 4 月 2 日，丹尼尔·曼宁领导的政府在总督府召集了一次令人心碎的会议，会议决定，无论未来会怎样，威尼斯决心抵抗到底。这一决定牺牲了许多威尼斯人的生命，尤其是在 1849 年的夏季，霍乱在这座被炸毁的饥饿城市中爆发了。

1849 年 8 月 13 日，曼宁得到的消息是城市居民的食品供应将在 24 日完全耗尽，因此，他不顾城中部分百姓和士兵们的反对，决定投降。1849 年 8 月 27 日，奥地利军队再一次进驻圣马可广场，并统治威尼斯长达 17 年，直到威尼斯与意大利王国最后统一。丹尼尔·曼宁和他的同党们曾许诺将老共和国转变成由人民当家做主的新共和国，但是这一切都烟消云散了。

《曼宁政权的辞职声明》；1849；威尼斯复兴博物馆藏。

N. 12742

IL GOVERNO PROVV.
DI VENEZIA

Considerato che una necessità imperiosa costringe ad atti, a' quali non possono prender parte nè l'Assemblea dei rappresentanti, nè un potere emanato da essa,

Dichiara:

1. Il Governo provvisorio cessa dalle sue funzioni.
2. Le attribuzioni governative passano nel Municipio della città di Venezia per tutto il territorio sin qui soggetto ad esso Governo.
3. L'ordine pubblico, la quiete e la sicurezza delle persone e delle proprietà, sono raccomandati alla concordia della popolazione, al patriottismo della Guardia civica ed all' onore dei corpi militari.

Venezia, 24 agosto 1849, ore 2 pom.

IL PRESIDENTE
MANIN.

Per Francesco Andreola, tipografo.

弗洛里安咖啡馆

圣马可广场并不仅仅因为拥有艺术珍宝而著名。新行政长官官邸的拱廊下有意大利的第一间咖啡馆：弗洛里安咖啡馆。它在1720年开张营业，当时的老板是弗洛利亚诺·弗朗切斯科尼。那个时候，来自全世界的绅士和女士在这里啜饮巧克力热饮。18世纪，喝巧克力饮品是当时的风尚，也是财富和奢侈的象征。彼得罗·隆吉（Pietro Longhi）创作的奇妙绘画中记录了巧克力饮料的社会意义，而这间咖啡馆也多次被世界文学提及。随着崇尚奢华的洛可可社会的没落，味道更为苦涩的咖啡饮料开始风靡。咖啡和雪茄的香味被证实对议论和政治活动颇有裨益。

摩尔人房间

19世纪，弗洛里安咖啡馆成了想要从奥地利统治中挣脱出来的威尼斯人出谋划策的聚会地点。而奥地利官员们则在广场对面同样古老的夸德里（Quadri）咖啡馆里聚会。弗洛里安咖啡馆的内部装饰把游客带回到19世纪。路多维克·卡多林（Ludovico Cadorin）在1858年将它改造成四个房间，每一个房间都像是一间休息室，并依照装饰风格分别取名。摩尔人房间悬挂着东方美女的画像，我们不难想象出拜伦勋爵、居塞比·威尔第和其他著名游客与威尼斯人一起在这里打发日子的情形，他们看着报纸或是轻声地争论着。现在，不少威尼斯世族成员仍然坚持每次都在相同的座位上喝咖啡。咖啡馆里涌动着奥地利人与威尼斯人的无声战争，战争的内容并不局限于政治，比如，理查德·瓦格纳就十分招摇地宣称绝不与他的对手威尔第去同一间咖啡馆。

CURIA PATRIARCALE DI VENEZIA
LAVORI DI RESTAURO
DELLA CHIESA DI S. MOISE
TCR

圣莫伊兹教堂

圣莫伊兹教堂始建于8世纪，后来历经多次重修。1668年，菲尼（Fini）家族捐资修建了我们现在看到的门楼。门楼的设计师是阿里桑德罗·特雷米格隆，海因里希·梅伦（Heinrich Meyring）创作了门楼上的雕塑，它是菲尼家族的纪念堂。威尼斯不允许竖立公共雕像，但是，通过捐资修建大楼则意味着这个家族可以利用更为宏大的建筑来纪念自己的家族。菲尼家族是一个新晋的贵族家庭，大门上方的方尖碑上竖立着文森索的半身像，他花费了一大笔钱才做到这一点。整座门楼看上去似乎反映出暴发户所具有的一些贵族式的过度骄傲。

圣玛利亚·佐比尼果教堂（圣玛利亚百合花教堂）

佐比尼果是威尼斯的一个古老的家族名称，他们的宅邸就在教堂的旁边。与圣莫伊兹教堂类似的是，圣玛利亚百合花教堂的门楼也是为纪念富裕的巴尔巴罗（Barbaro）家族而修建的。明显只有层高3/4高度的立柱和放置着雕塑的深壁龛使这座建筑与雕塑的结合看上去比圣莫伊兹教堂更为均衡。这两座门楼上值得注意的一点是，通常放置着教会保护神的位置上却竖立着普通人的雕塑。另一方面，这一行为也可以被认为是一场极好的交易：教会得到了雕梁画栋的门楼，而富裕的威尼斯人则有机会被广大公众所熟知。

还需要将建筑结构的背面架设在一条小溪流之上。

大门

隐修教士们之所以敢于将主入口修得如此奢华，主要原因还在于它的位置隐蔽，光线阴暗。绝大多数研究者认为大门装饰是由布恩雕刻家族完成的。

尖顶哥特式拱门上的莨苕叶形装饰既奢华也显得枝繁叶茂，它与精美的螺旋形绳索雕饰均被认为是石雕中不同寻常的精美之作。

圣斯特凡诺教堂

与许多威尼斯哥特式基督教建筑物相同的是，这座教堂也隶属于奥古斯丁托钵隐修会。尽管这座教堂始建于1294年，但是目前的大部分建筑均为14世纪修建的。当时，这种几乎不加修饰的简单砖石结构是威尼斯托钵修道会教堂的特征，然而，不同寻常的是，这座建筑面向圣马可广场的并不是它的门楼而只是它的侧面。土地所有权的复杂性以及与四周土地所有者经年累月的争吵让奥古斯丁隐修会无法在重修教堂的时候更改其朝向。甚至于隐修教士们在修筑这样规模的教堂时，

内部装饰

教堂内部装饰均保留 14 世纪和 15 世纪原貌，让我们得以一睹威尼斯教堂的后哥特式华丽装饰与原始简朴的托钵会风格相结合的极佳风貌。侧廊上的一些祭坛是后来陆续添置的，原先的内部装饰没有现在这么明亮，这是因为后来安装了一些大型隔热窗，投射进来的光线照亮了木质顶拱及其宏大的天花板绘画和壁画。

与众不同的天花板看上去像是一具倒扣着的船体，同样惹人注目的还有墙面上的壁画，与天花板画一样，都是 15 世纪上半叶的作品。教堂上部的砖墙表面覆盖着钻石形纹饰，但是纹饰的色彩几乎与内部的砖墙一致。尖拱门将侧廊与主廊分隔开，位于唱诗班一端的天花板上的弧形三段式三角楣被涂上了灰色，看上去像是石头垒成的。教堂的立柱也融入了红白两色的风格，它们相互间隔，其中红色立柱是来自维罗纳的红色大理石，而白色立柱则是来自希腊的白色大理石。仿佛石头本身的色彩尚不足以满足装饰需求，因此，立柱上的精美柱头也被粉刷鎏金。

凤凰歌剧院

凤凰歌剧院的名字似乎就是它本身的写照。神鸟凤凰浴火重生，而这座歌剧院也与之相仿，在200年的历史中，它两次重生。在1996年1月29日，一场大火再次烧毁了早在1792年便已开张的剧院。1836年，它第一次被烧毁，之后，威尼斯人决定在原址按照原貌重建。圣马可钟塔在19世纪早期的重建工程中便贯彻了这一宗旨，随着再次修复这座威尼斯最著名的歌剧院提上议事日程，这一宗旨再次在激烈的争论中胜出。得益于来自世界各地的捐款，但主要还是依靠威尼斯人自身的努力，这座歌剧院终于在2003年再次重新开张迎客。

威尼斯学会（圣吉罗拉摩学会，或圣凡丁学会）

这座建筑最早是在1592年至1604年间修建的，其前身是圣吉罗拉摩学会和圣母玛利亚审判大学，后者也被称为圣凡丁学会。在这里，名为善终兄弟会的团体陪伴着死囚犯们度过生命中最后的旅程。兄弟会不仅从普通百姓筹集捐助资金，也会从威尼斯政府得到固定数量的资金。

1806年，善终兄弟会解散之后，在拿破仑政权统治期间，威尼斯医学会占据了这座大楼。很快，这座医学院与其他专业协会合并成一个单独的组织，取名为威尼斯协会。现在，这个协会仍然定期聚会，并邀请公众参观以前协会的房屋。协会内部的绘画由雅各布·帕尔玛·伊尔·乔瓦尼和其他17世纪后期的艺术家共同创作。

福尔图尼博物馆(佩萨罗·德·奥菲大厦(Palazzo Pesaro degli Orfei))

贵族佩萨罗家族在15世纪建造了这座位于圣本内托广场的大厦，它的存在说明了宏伟的大厦不仅仅矗立在大运河两岸。带有弯拱的精美窗拱是威尼斯哥特式建筑最出色的代表，许多15世纪的建筑者仍喜欢使用这一样式。1786年，阿波罗爱乐协会曾将总部设在这里。在大厦的墙面有一块被抬升的区域，下面是水井，原来的井沿仍被保存至今。

内部装饰

马里亚诺·福尔图尼·马德拉索（1871-1949）是一位著名的马德里沙龙画家的儿子，他擅长创作舞台绘画和纺织作品。在20世纪初，他买下了威尼斯的佩萨罗大厦，自1956年开始，这座大厦成了一座专门展示他创作的那些非凡的纺织品、舞台帷幕和绘画的博物馆。这座后哥特式大厦具有一种恰如其分的氛围，适合接待他的那些著名的主顾们，其中包括女演员和舞蹈家，另外还有一些来自美国的女继承人，她们身穿福尔图尼设计的昂贵的丝绸衣物，感觉自己就是文艺复兴时期的公主。那个年代的衣服大多非常不舒适，但是她们当然不会让自己受那样的苦。福尔图尼的创造属于新艺术与装饰艺术运动的一部分。那些福尔图尼原创的作品，包括一些质地极柔软流畅的衣服，至今仍能在国际时尚拍卖会上拍出极高的价钱。

孔塔里尼蜗壳大厦

如果人们从诸如圣马可钟塔等高层建筑上俯瞰威尼斯的屋顶，会轻易地发现一座尖塔式建筑，它的白色拱顶可以在很远的距离看到，这就是孔塔里尼蜗壳大厦的楼梯塔，它是在最近几年才被苦心修复的。在 14 世纪和 15 世纪，外置楼梯塔是威尼斯房屋常见的构造。但是，就算是在孔塔里尼大厦楼梯塔的施工期间，它的形状和大小仍显得不同寻常。为了与威尼斯城内其他 24 座孔塔里尼大厦区分开，这座建筑被称为“蜗壳”大厦，这得名于它螺旋状的楼梯塔。16 世纪之后，楼梯通常被挪至房屋内部，并常被安置在富丽堂皇的会客厅内。孔塔里尼大厦的楼梯塔通过外侧的四条走廊与建筑主体相连。在夏天，这类走廊是威尼斯人最喜欢的地方，尤其是那些通向小花园的走廊。我们常会发现许多内部庭院的走廊通向外部楼梯塔，但是没有一座楼梯塔如此富丽堂皇。

楼梯塔

这座螺旋式的楼梯塔是乔瓦尼·坎迪（Candi）在 1499 年建造的。白色伊斯特利亚石料雕成的拱窗为四层楼梯塔提供了光线照明。优美立柱支撑的扶手与拱窗的构造相似，它们都是最为突出的建筑元素。

圣萨尔瓦多教堂

这座教堂（建于1507-1534年）是威尼斯文艺复兴全盛期建筑的巅峰之作，其构造主要基于传统的威尼斯样式。建筑师乔治·斯帕文托和图里奥·伦巴第采用了一种十字形的穹顶的设计，与圣马可教堂的穹顶类似。三座主穹顶整齐地排列在教堂中庭的上方，每座穹顶通过四根立柱支撑，主穹顶的每根立柱均悬有吊饰，柱体的一半隐藏在外墙之中，因此看上去像是壁柱。立柱之间构成的小正方形空间顶部也构成了稍小的圆形拱顶，制造出了一种别样的空间结构，看上去像是一个无穷无尽的可拓展模块系统。老式的十字形穹顶教堂设计由摩罗·科杜齐在15世纪再次发扬光大。需要着重强调的结构要素被涂上灰色，这一事实表明科杜齐的作品在16世纪仍被广泛学习。尽管高坛前有一道玻璃板，但是我们仍能看到教堂下面的古老陵寝。高坛上供奉着提香的《耶稣变容》，遮挡在14世纪的鎏金银质屏风之前，这架屏风仅在每年的8月3日至15日间和其他盛大的节日里才展露真颜。

者是桑索维诺最富雕刻技巧的学生。在右侧壁龛内的希望女神以及右边的贞洁女神据说是由桑索维诺自己创作的。然而，有些学者认为贞洁女神应该是他的一位同事的作品。

雅各布·桑索维诺：
《总督弗朗西斯科·费尼尔的墓葬》；
1555—1561；
大理石

塞浦路斯王后卡泰丽娜·科尔纳罗死于1510年，她的遗骨在16世纪末期搬迁到了圣萨尔瓦多教堂，她可能是埋葬于此的最有名的人物。另一座更为宏伟的墓葬是由图书馆的建筑师雅各布·桑索维诺设计的，为总督弗朗西斯科·费尼尔建造。

在这座墓葬的墓门上，建筑与雕塑相互辉映，彩色的大理石和黄金叶片制造出了令人炫目的效果。尽管桑索维诺经营了一家著名的雕塑作坊，但是这座墓葬的雕塑仍然比较克制。学者们针对哪些形象是由桑索维诺本人雕刻的还是他指派给同事和学生雕刻的并未达成一致意见。总督躺着的形象以及上方刻画的总督跪立在虔敬女神之前的浮雕被认为是阿里桑德罗·维特多利亚的作品，后

乔瓦尼·贝利尼原作复制品：
《以马忤斯 的晚餐》；
木板油画；260厘米 × 375厘米

这件横幅绘画以前曾被认为是乔瓦尼·贝利尼的作品，因为画作体量巨大，所以这一观点从未被质疑过。然而，从风格上看，它应该创作于贝利尼死后（死于1516年）的16世纪晚期。现在，人们认为它应该是乔瓦尼·贝利尼创作于1490年的绘画的一幅早期复制品。

提香：《天使报喜》；1560—1565；
帆布油画；405厘米 × 235厘米

圣萨尔瓦多教堂里的《天使报喜》是提香晚年的一幅极好的作品，大约是在他死前10年左右绘制的。艺术家将天使报喜描绘成一种幻想或是神秘的奇迹，将原来的文本叙述转换成了视觉语言。圣母玛利亚坐在一处敞开式的空间内，这一空间点缀着一些建筑要素，比如左侧的立柱和右侧的室内陈设，包括桌子和花瓶等。天使报喜的神迹以物质形态充斥了整个房间。与过去相同题材绘画不同的是，天使并非是走入这间精致的起居室的。画面上，大天使加布里埃尔看上去似乎是一朵五颜六色的大云彩的一部分，如果仔细观察，我们还能看到云朵上有数不清的天使形象在逐渐显现。大天使向圣母玛利亚宣告，她将怀上上帝之子。

圣母前面的玻璃花瓶具有高度的现实主义风格，花瓶里的花朵像是熊熊燃烧的火焰，这一景象象征的是《旧约全书》中的一个故事，即摩西在沙漠中看到燃烧的荆棘。花束虽然在燃烧，但是并不会焚化，这预示着圣母玛利亚将要产下耶稣。

圣克罗齐和圣保罗区

圣克罗齐和圣保罗区

圣克罗齐和圣保罗区面积很小，却包含着最受欢迎的居民住宅区。圣保罗区是威尼斯所有大区里人口密度最大的区域。当人们步行穿越狭窄曲折的街道和小广场的时候，总是会惊奇于眼前如画的风景。另一方面，圣克罗齐包括晚至19世纪和20世纪新建的建筑区，它们均建于新填平的人工岛屿之上。相应地，这里的公寓比老房子要舒适得多。圣保罗还包含了里奥托地区，这里以前曾是繁忙的城市商业中心，如今变成了集市。威尼斯的经济管理部门负责监管贸易和收税，看中了这里强大的经济实力，将办公楼修建在里奥托中心区域。从中世纪到现代，里奥托地区同样也是银行业中心，金融家和钱商在这里管理着他们的生意。自然而然地，里奥托地区是外国人最多的地区，因此，妓院遍布四周，一些直白的街道名称就能反映出这一点，比如“乳头桥”。

圣乔瓦尼福音大会堂；见260页

圣贾科莫·德尔·奥里奥教堂（内部）；见263页

弗拉里教堂，提香：《圣母升天》；1516—1518；见242页

圣罗科大会堂，雅各布·丁特列托：《礼拜铜蛇的奇迹》；1575—1577；见256页

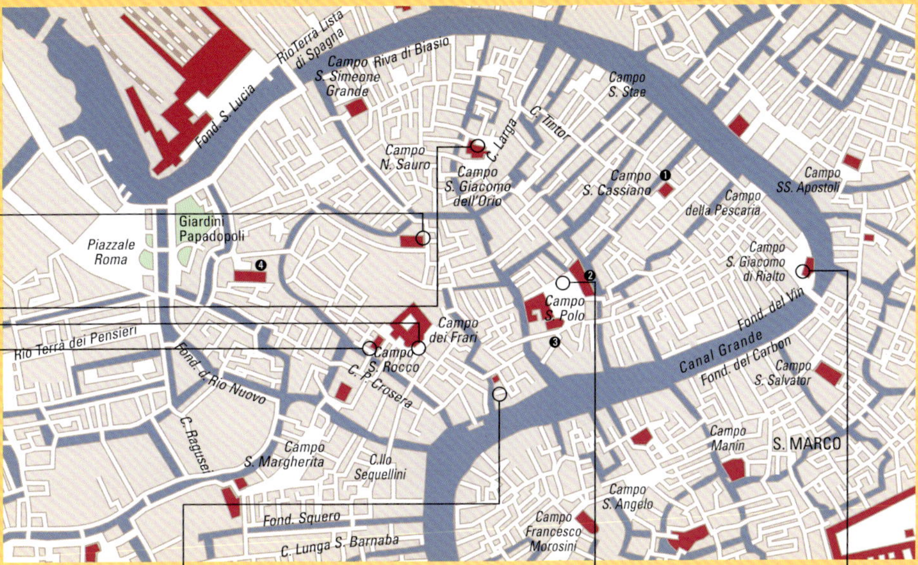

Rio Terrà Lista di Spagna
Campo Riva di Biasio
Campo S. Simeone Grande
Fond. S. Lucia
Campo S. Stae
C. Larga
C. Tintor
Campo N. Sauro
Campo S. Giacomo dell'Orio
Campo S. Cassiano ❶
Campo SS. Apostoli
Campo della Pescaria
Giardini Papadopoli
Piazzale Roma
❹
Campo S. Giacomo di Rialto
❷
Campo S. Polo
Fond. del Vin
Campo dei Frari
❸
Rio Terrà dei Pensieri
Campo S. Rocco
Canal Grande
Fond. del Carbon
Fond. d. Rio Nuovo
C. P. Crosera
Campo S. Salvator
C. Ragusei
Campo Manin
S. MARCO
Campo S. Margherita
C.llo Sequellini
Campo S. Angelo
Fond. Squero
Campo Francesco Morosini
C. Lunga S. Barnaba

圣保罗广场；见220页

哥尔多尼大厦；见222页

更多景点：

1 索兰佐大厦(Palazzo Soranzo)

2 圣保罗教堂

3 圣尼科洛·托伦蒂尼教堂(San Nicolo dei Tolentini)

4 圣西缅先知教堂(San Simeon Profeta)

圣贾科莫·里奥托教堂，见219页

里奥托

里奥托（源自拉丁语“rivo alto”，意为“高高的河洲”）是威尼斯最早的定居点之一。它的名字说明了它曾是一块隆起于潟湖水面之上的高地。大运河是一条很深的水路，大型船只亦可畅行无阻，里奥托与大运河结合在一起便构成了最为理想的货物转运地点。

里奥托在中世纪时是威尼斯的贸易中心。那时，许多船只沿运河溯流而上，直接在里奥托岸边停泊，以便于卸下上等的货物：闪亮的丝绸、稀罕的香料和其他来自东方的珍宝。这里聚集着忙乱的商人、掮客、信贷谈判代表、征税员以及好奇的旁观者。当威尼斯人在蔬菜市场和鱼市场购买日用必需品的时候，我们仍能体会到一些那时忙碌而繁荣的市场的鲜活景象。市场的背景是独一无二的大运河，市场内活色生香，游客绝不应错过逛市场的经历。

圣贾科莫·里奥托教堂

这座小型圆顶十字形教堂是威尼斯城内最古老的崇拜地点：它的奠基石是在429年铺设的。教堂的门楼前有一座典型的门廊，在过去，许多威尼斯教堂均有这样的门廊，而如今，这是仅存的一座。以前，钱商和金融家们坐在门廊下面，或聚集在小型广场的四周，等待着来自全世界各地的主顾光临。金融交易就在露天场合进行，以利于经管部门监控。威尼斯的银行家们以其成功的信贷生意而闻名。支票交易概念的产生地点就在这里，顾客们可以拿着记载不同现金金额的纸条在不同的银行家之间进行买卖交易。门楼上宏伟的大钟自从1410年便开始为商人们提供时间。

圣保罗广场

与圣马可广场不同的是，威尼斯其他所有广场都被称为“campo”，意思是“田野”或“草场”。事实上，绝大多数广场是在近现代才被铺设上砖面，如果广场上没有种树，看上去的确像是由人工维护的草场，圣保罗广场也不例外。它得名于紧邻广场的圣保罗教堂（“Polo”是“Paul”的威尼斯方言拼写）。从里奥托通往火车站的主干道经由圣保罗广场。自9世纪后，这里曾建造过一座教堂，目前我们看到的建筑物是15世纪始建，并在19世纪早期经过彻底翻新。建筑内拥有丁特列托、乔瓦尼·巴蒂斯塔和多梅尼科·提埃坡罗创作的绘画和祭坛装饰屏。尽管圣保罗广场是威尼斯城内面积仅次于圣马可广场的开放式空间，但是其砖面却是在1494年才被铺上的。采用的是典型的威尼斯铺设风格，并使用了温暖的红色调，当时铺设完毕的广场看上去比现在灰色的石板地面更具有一种与众不同的温暖特质。

小约瑟夫·海因茨：
《圣保罗广场的奔牛节》；约1625；
帆布油画；威尼斯克雷尔博物馆藏

与其他大型广场一样，圣保罗广场也是公众节日和各类娱乐活动的举办场地。其中就包括深受威尼斯人喜爱的奔牛节。德国画家小约瑟夫·海因茨（约 1600- 晚于 1678）大约在 1625 年前后居住在威尼斯，他所创作的一幅画刻画了这一盛况。人群和狗群追猎着奔牛，直至其精疲力竭，才砍下它们的头颅将其杀死。这一场面极其血腥，同时也威胁着旁观者的安全，但是奔牛节一直持续到 1802 年。这一年发生了木质大看台坍塌的惨剧，导致许多观众死亡，奔牛节才被勒令禁止。

约瑟夫·海因茨在许多绘画中描绘了威尼斯人的日常生活，他同时也精准地表现出了城市里的建筑，其中包括圣保罗广场。在这幅画的右侧我们能看到哥特式的索兰佐双子座大厦（左页：是从另一角度拍摄的广场照片）。除了一些微小的改变之外，这座大楼被原封未动地保存至今。从画面上我们还可以看到一条小河流经广场一侧的索兰佐大厦及相邻大楼的门前。

哥尔多尼大厦

圣保罗区也是著名的威尼斯戏剧家和喜剧作家卡洛·哥尔多尼（1707-1793）的出生地。他的戏剧脱胎于即兴喜剧，但是他所刻画的18世纪威尼斯生活无人能出其右。

这座后哥特式的森塔尼 - 里西（Centani-Rizzi）大楼现在被用来纪念这位伟大的剧作家，他是在1707年2月26日出生在威尼斯的。这里上演纪念性的戏剧，同时还容纳着市立博物馆的戏剧分部以及一个戏剧研究机构。这座大厦非常值得一看，就算是那些对戏剧不算精通的游客也不例外，主要原因是出于对哥尔多尼的崇拜，另外一个原因在于建筑物本身的吸引力。事实上，再没有一座威尼斯的宅邸能够像哥尔多尼大厦一样保留了完好无损的内部庭院。我们并不确定庭院里的地砖是否真是15世纪铺设的，但是地砖排列出的鱼脊式纹路确凿无疑是15世纪的典型风格。环绕内部庭院两侧的楼梯下面是一排渐高的尖拱门，这说明它的风格同样源自15世纪。这座小型的内部庭院还保留了一口精美的井口，这一类型的井口在威尼斯的住宅建筑中非常常见。人们可以在这个井口中将庭院下方蓄水池中的水汲取上来。

一座四面环水城市的水资源

如今，很少有游客会想到以前的威尼斯人获取生存所需的水资源是多么困难。许多乘船失事的人因饮用海水而干渴至死，威尼斯人同样面临这样的问题。威尼斯四面环海，与航行在海洋中的船只境遇相同，很难获得可被饮用的淡水资源。

就算是在威尼斯的早期历史上，城市对淡水资源的需求也很难从水井中得到满足，这是因为只有那些海拔最高的岛屿上才有可能挖井汲出淡水。因此，人们在定居威尼斯之初，便开始将雨水储藏在水窖之中，同时还利用船只从大陆运来饮用水，这是因为水

黄金宫内部庭院里的井口；14世纪

威尼斯水井图解

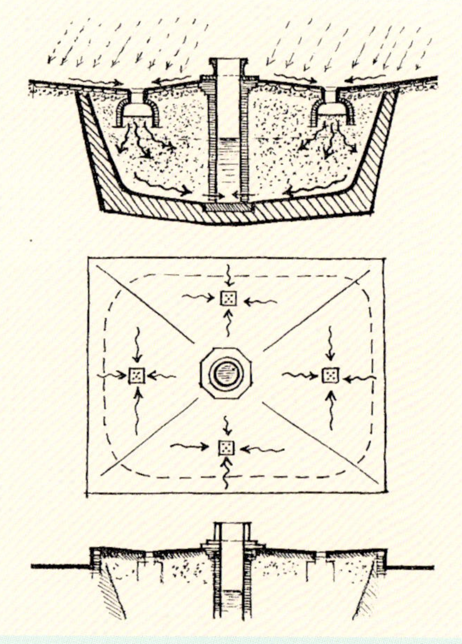

莫罗西尼狮子大厦带有水井的内部庭院；13世纪

窖和仅有的几口水井始终面临着被洪水污染而导致不可用的威胁。随着时间的流逝，威尼斯人打井的技术日臻完善。

淡水收集盆的设计思路是确保在收集到最多的雨水的同时，还能避免洪水泛滥时的海水倒灌，并且还能让饮用水避开任何其他方式的污染。威尼斯的水井从中世纪开始不断演变进化，直至能够完全满足上述要求，但是这些水井构造复杂，建造费用昂贵。威尼斯城内所有合适的敞开式空间皆被用于收集雨水。水窖入水口四周区域铺设上砖石，并将其表面向集水口倾斜，这是常见的收集雨水方式。另外，石板表面有时也需要开槽引流，将雨水导引至水井周围的集水口中。

我们现在仍可以在绝大多数广场上看到敞开式的引水槽和汲水沟，但是我们可能并不知道下面就是储水窖。雨水并非直接灌入水窖，而是需要先经过一个巧妙的滤清系统。首先，需要挖一个大坑，大坑的面积通常包括了整个公共广场区域，或者几乎涵盖了大楼的整个内部庭院。大坑的表面用粘土或亚粘土夯实，铺满沙粒，在沙粒层中打入一口砖石竖井，它的底部开口就在粘土层之上。雨水收集口下面是不深的砖壁水腔，底部用未经打磨的天然石块密封。这一构造既可以在下雨时储藏大量的雨水，也能够让雨水渗入沙粒层。只有在水压足够高的时候，比如不渗水粘土层内的沙粒层吸足了水分，水井内才会有水出现。而雨水经过整个沙粒层的过滤，已经被彻底净化。

威尼斯的水井建设在建筑计划中占据了最关键的地位，这是因为如果要将现有水井重新安排在另一个位置上，就必须拆除并重建整栋房屋。因此，水井一旦建成，它周边未来的建筑工程规划就已经定型了。为了收集到尽量多的雨水，私人宅邸的整个内部庭院均需要铺设砖石，为了不与水窖争夺水源，

圣天使广场的水井。为了防止海水或雨水直接灌入井口，广场被明显抬高。

庭院内不允许存在花坛，甚至连花盆也被一概禁止。这也说明了为什么威尼斯庭院通常均不加遮挡，也不种植树木的原因。水窖竖井的顶部会放置石块，以前，这种井口在几乎每一处广场和每一座贵族宅邸以及大型居住区均能发现。有时，广场是水井周围区域会被抬升，避免洪水时海水倒灌。这一状况仍可在许多地方见到，比如圣特洛瓦索广场和圣天使广场。

公共水井的井口装有井盖并被锁住。负责监控水源使用状况的市政官员只在固定的时间打开井盖供公众取水。这一机制不单为调节水源使用，同时也为防止水源被污染。以前，水井被污染始终是挥之不去的现实威胁，在战争期间，这一威胁是恐吓城内居民最危险的手段（现在，这一手段仍在世界上某些区域存在）。由于人们对水井被污染的恐惧是如此巨大，因此人们很容易被煽动起来对付某些特定的个人或团体，比如巫师、犹太人或异教徒。然而，这一切并未在威尼斯发生过，这是因为威尼斯的淡水供应和其他许多事物一样，由国家调节和掌控，满足民众需求，并确保民众安全。尽管如此，国家并不是水井的唯一提供者，富裕的私人家族亦可在其宅邸附近打出惠及四邻的水井，这种水井的井口通常都被雕刻上贵族捐助者的家族盾徽。尽管淡水供应调节有度，但是威尼斯人仍长期面临一个难题，这个难题最终是由拿破仑解决的。威尼斯人通常将坟墓修筑在收集雨水的公共广场附近，当洪水来临时，坟墓内的尸体会被洪水卷出，退潮之后，水井会被腐烂的尸体污染。直到 1807 年，圣米盖勒岛和圣克里斯托弗罗太平岛之间的运河被填平，共同构成了一座单独的墓地专用岛屿。

直到 20 世纪初，竖井顶部的石质井口在威尼斯的广场上随处可见。井口通常饰以石雕，在圣乔瓦尼·保罗教堂侧廊对面的小广场上有一座建于 16 世纪的格外精美的井口石雕。在引入了中央淡水供应系统之后，这些井口则显得多余了，人们并未意识到它们的艺术价值，如今，那些最为漂亮的井口石雕已经从各大广场消失了。包括私人宅邸里的井口石雕在内的井口早已存世无多，尽管它们见证了威尼斯人的日常生活，但是现在，其中的一些却被富人们用来当成别墅里的金鱼缸。只有极少部分被放进了博物馆，但是它们原先的日常功用价值远超过它们作为雕塑品的价值。只是在最近几年，人们认为应该让这些仅存的井口保留在原来的位置，实现其历史纪念意义。它们传达给现代威尼斯人和游客的不仅是威尼斯城的日常文化，还能让人了解到精妙的工程技术与艺术品位完全能够和谐共存。

圣乔瓦尼·保罗教堂侧廊外的16世纪井口石雕。

弗拉里教堂(弗拉里荣耀圣母堂)或圣母升天教堂

在圣方济各创建了方济各托钵修道会之后不久，该修道会于1222年进入威尼斯。威尼斯人很快便把他们称为“兄弟”。大约1250年前后，他们开始修建一座教堂，亦即现在弗拉里教堂的前身。与圣道明修道会一样，圣方济各修道会并不退守到荒无人烟的修道院中去，他们的最高宗旨是关怀并支持普罗大众。两大修道会在传道过程中相互竞争，因此，有必要将两大教会位于同一区域内的教堂选址相隔足够远的距离。(圣道明修道会教堂即是圣乔瓦尼·保罗教堂)。

由于大量民众纷纷涌进教堂聆听圣方济各的布道，因此这座教堂很快变得拥挤不堪。到了1340年代，教堂扩建工程开始动工，这座教堂因此成了威尼斯最大的教堂之一。工程在一个世纪之后的 1445 年完工。

弗拉里教堂与所有中世纪威尼斯教堂一样，是一座砖石结构的建筑物，但是应用了白色的伊斯特拉石料作点缀，提升了砖墙的生动效果。教堂的外部十分朴素，但是，仔细观察之后会发现许多隐藏着的优雅的建筑细节，比如深沉而分级的弧形三角墙、包围三角墙的拱楣、缀有金银丝花饰的窗户和包围着窗户的精美窗框。

教堂内部华丽的装饰以及教会或富裕家庭捐赠的数不清的艺术作品和圣坛装饰屏，均表明圣方济各修道会在当时的受欢迎程度。

托钵修道会的大型不加修饰的教堂上均会镌刻上“布道谷仓”四字箴言，但弗拉里教堂上并没有上述字眼。弗拉里教堂的唱诗班区域仍保留在中堂内，现在它是威尼斯独一无二的一个唱诗班席。这一区域四周用大理石围栏围住，与那些躺着祷告的信众区域分隔开，而教会兄弟则在布道时坐在唱诗班席内，他们的吟唱和祷告只有那些信仰虔诚的人才能听到。

内部装饰

弗拉里教堂内部有三条通道，整体呈 T 型，七座拱顶形成的中堂与西南侧的耳堂相邻，六根光滑的圆柱形琢石立柱让人们的视野扩展到了两侧稍低一些的侧廊上，所有这些让教堂的中堂显得格外宽敞。另外，彩绘的木质横梁用来加固中堂内部的宽大交叉拱顶。因此，这座教堂可以为信众提供足够的空间，并可以让教士们对聚集在此礼拜的信众一览无余。

弗拉里教堂

提香：《圣母升天》；1516–1518；见242页

提香：《佩萨罗大厦的圣母》；1519–1526；见244页

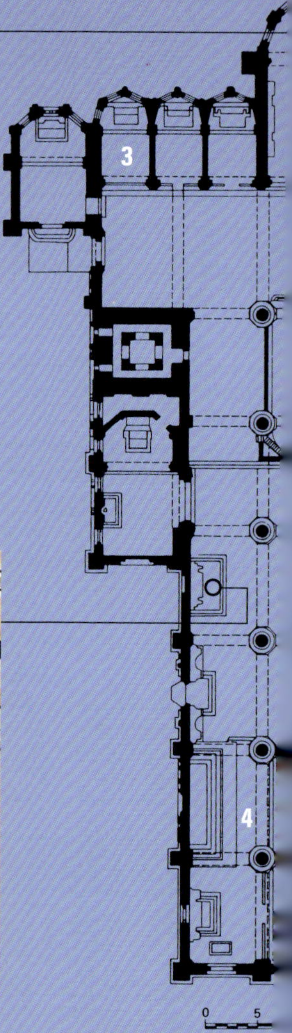

其他有意思的景点

1 提香之墓
2 总督尼克罗·特隆之墓
3 克劳迪奥·蒙特威尔第之墓，艾维瑟·维瓦里尼和马可·巴塞蒂创作的祭坛（1503）
4 安东尼·卡诺瓦之墓

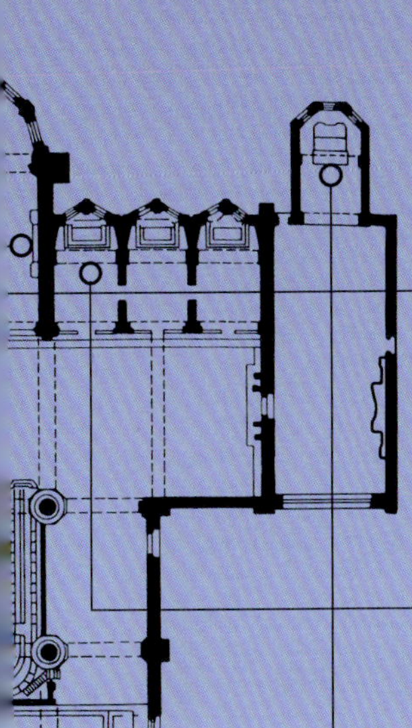

福斯卡里之墓；晚于1457年；见235页

多纳泰罗：《施洗者约翰》；1438；见243页

乔瓦尼·贝利尼：《佩萨罗祭坛》；1488；见245页

圣坛

圣坛装饰有数排精美的花饰窗格，它们层层叠加，足有两层楼高。弗拉里教堂的圣坛建在教堂的西南侧，而不是建在通常朝东的位置上，这是因为受到了建筑选址和格局的影响。当暮色降临的时候，阳光透过窗格斜射进来，窗户上的网眼花边透射出极为美丽的光芒。圣坛的两侧墙上还有两座宏大的墓葬。

安东尼和保罗·布雷格诺：
《总督弗朗西斯科·福斯卡里之墓》；
晚于1457年；
大理石

弗朗西斯科·福斯卡里的墓葬位于圣坛的右侧墙上，他是威尼斯历史上最重要且最具权势的总督之一。福斯卡里在 1423 年至 1457 年执政期间无比荣耀，人们甚至担心他会自立为独裁者，因此他才不得不下野。在他死后，威尼斯共和国才颂扬他为史上最伟大的总督。他的墓葬综合了文艺复兴早期风格和哥特式风格，是他的外甥委任安东尼和保罗·布雷格诺在 1457 年之后建造完工的，福斯卡里于同年逝世。墓门上表现出的是福斯卡里的四周环绕着象征执政者美德的女性形象，她们分别是智慧女神、正义女神、温和女神和权力女神。对面墙上是总督尼克罗·特隆（1471-1473 年在位）的巨型墓门，这是安东尼·里佐建造的威尼斯文艺复兴早期风格的杰作。福斯卡里之墓上表现出来的哥特式风格在这座墓葬上荡然无存，取而代之的则是东方古典主义风格。

伟大音乐家的简朴墓葬：克劳迪奥·蒙特威尔第（1567–1643）

在弗拉里教堂内圣安布罗斯（St. Ambrose）祈祷室祭坛前，有一块纪念碑矗立在地板上。这里常有鲜花摆放在坟墓上，一段简短的铭文告诉游客，这里就是克劳迪奥·蒙特威尔第的长眠之地。他是意大利最伟大的作曲家之一。他的作品将等量的声乐和器乐元素融合在一起，而不仅仅是简单地用某一种乐器取代人声，这是欧洲首创。他也是欧洲第一位强调独唱的音乐家，奠定了现代歌剧形式的基础。

与同时代的所有作曲家一样，他的主要精力在于牧歌的创作，这是一种精巧的歌曲形式。从他的第一部牧歌集直到20年后出版的第八部和最后一部牧歌集，占据了他的大部分创作时间，其中最后一部是在他死前五年自己结集出版的。牧歌基于抒情韵文，是16世纪最重要的室内音乐形式。早期牧歌的主要目的是将五声部用一种复杂的方式交织在一起，赋予韵文以和声。蒙特威尔第继承了已有的源自圣歌的多声部形式，并将其发展成清唱段落，甚至是和声协奏，把人声与器乐结合得天衣无缝。他的和声变得越来越半音化，比如，半音符构成的和声与全音阶和声分成不同的段落。另外，他同样不吝啬使用不和谐音。

除了牧歌之外，他还创作了十部歌剧，但是其中只有三部被完整地保留了下来。

多梅尼科·费蒂（Fetti）：《克劳迪奥·蒙特威尔第》；约1623年；帆布油画；威尼斯学院美术馆藏。

蒙特威尔第擅长于将不同的音乐形式结合起来。牧歌和器乐段落同样也会出现在宣叙调和咏叹调之中。这些都让他的歌剧显得充满活力、异彩纷呈，也让这些歌剧一面世便获得巨大成功。

只有他的宗教作品仍植根于已有的作曲原则。蒙特威尔第在定居威尼斯之后的后半生开始转而创作宗教歌曲。许多歌曲展示出了一种老式的多声部和声。可能的原因之一是他的宗教作品专为圣马可教堂创作，而众多已有的圣马可教堂音乐是由伟大的作曲家们专为配合这座带有穹顶和顶层楼座的方形教堂的音响效果而创作的，其中包括阿德里安·维拉尔特和安德鲁·加布里埃利，所以他亦步亦趋。任何音乐爱好者如果有幸能够在圣马可教堂聆听到蒙特威尔第或他的前辈们的多声部和声作品，决不能错过这样千载难逢的机会。然而，在蒙特威尔第的其他作品中，他坚决贯彻有别于传统的“第二模式”，这一全新模式同样被运用于他的牧歌之中。在行家们看来，第二模式的特点包括独唱段落、丰富的器乐伴音以及用音乐诠释歌词韵文的情感等。

尽管蒙特威尔第是在威尼斯获得了极大的成功，但他并非土生土长的威尼斯人。他是在1567年出生于克雷莫纳，早年便在老师马尔坎托尼奥·因杰涅里的指导下接触了

蒙特威尔第的第一部歌剧《奥菲欧》（1607年）第三幕《强大的灵魂》的起始部分；1609年出版。

威尼斯音乐。因杰涅里出生在维罗纳，是克雷莫纳天主教堂的乐长，并且还是威尼斯多声部和声的坚定拥护者。蒙特威尔第在音乐学习的过程中获得了初次的成功，他在1590年便成为曼图亚公爵文森索一世的御用乐师，当时，他是宫廷乐队的一名鲁特琴师。

1595年，文森索遵从皇帝鲁道夫二世的召唤，协助哈布斯堡王朝的军队对抗土耳

其人，蒙特威尔第被任命为随公爵出征的乐队首领。尽管频繁遭遇资金短缺的窘境，但是符合公爵身份的军事远征不单包含三个骑射军团，还需要有侍者、书记员、医生、厨师、管家以及音乐家。这样的远征更像是一次愉快的出游，沿途历经因斯布鲁克、维也纳和布拉格，各地举办的盛大宴会让人们有机会聆听公爵的乐队的艺术才能。然而，当他们最终抵达威塞拉德这座被皇帝的军队围攻的土耳其人控制的城堡时，总督和他率领的军队的大部分成员病倒了。这场军事远征旋即以班师回到曼图亚而告终。对于蒙特威尔第而言，在曼图亚宫廷的事业中，有一个生活细节越来越清晰地成为他未来音乐创作活力的绊脚石，作为服务于宫廷的一员，像蒙特威尔第这样的艺术家的社会地位介于普通

圣马可广场的内部一瞥

职员和贵族朝臣之间。统治者在场时严格的行为规范让艺术家的生活就像是在参与一场学术游戏，他们似乎更接近于宫廷上流社会的一员，而不太像普通职员。然而，事物的表象和现实是不同的。首先，在财政紧张的时候，艺术家们很难要求宫廷给付薪资，而这一情况在蒙特威尔第服务于宫廷的时期频繁发生。而宫廷成员在出游外国的时候必备的优雅服装和其他装备得由他们自己出资购入。另外，宫廷成员还很容易被卷入大量的宫廷阴谋之中。不管怎样，蒙特威尔第需要长时间的等待才能得到梦寐以求的宫廷乐队乐长一职。然而，他的成功招来了最为险恶的敌意。一位来自博洛尼亚的牧师撰写了一篇引起论战的论文，强烈谴责蒙特威尔第发展出来的新音乐形式，尤其是变音的使用和他对独唱形式的大力强调。最初，蒙特威尔第受到了极大的伤害，但他的成功验证了他的正确，于是他继续留在曼图亚宫廷内等待提升。1599 年，他得到了一个类似于 1595 年曾得到过的一个安慰性的职位，陪伴着公爵出游数月，从温泉取水还朝。这次出游至少让他有机会熟悉法国作曲家运用的高调歌唱风格，他可能是将这一音乐形式引入意大利的第一人。1601 年，在长久的等待之后，他终于得到了宫廷乐队乐长的职位，但是他的处境并未好转。他必须持续地等待音乐作品报酬的发放，在最恶劣的环境下，甚至需要乞讨。尽管公爵的诺言从未兑现，但他为了满足日用的音乐需求，不得不一次次做出类似空头支票的承诺。陷入到金钱和名誉之间旷日持久的争端以及曼图亚潮湿的气候让蒙特威尔第的健康受到极大的损害。1607 年，他的妻子去世之后，他的状态变得让他无法承受了。蒙特威尔第得了一场大病，回到了克雷莫纳他父亲的住处，他的父亲竭力阻止他再回曼图亚。

《奥菲欧》的标题页；1609年版本。

L'ORFEO

FAVOLA IN MVSICA

DA CLAVDIO MONTEVERDI

RAPPRESENTATA IN MANTOVA

Anno 1607 & nouamente data in luce

AL SERENISSIMO SIGNOR

D. FRANCESCO GONZAGA

Prencipe di Mantoua, & di Monferato, &c

In Venetia Appresso Ricciardo Amadino

M D C I X.

然而，蒙特威尔第再一次陷入到了公爵承诺的诱惑之中，这一次，他病得更加厉害。在文森索公爵去世的时候，他给曼图亚共和国留下的是一个彻头彻尾的财政烂摊子。新的公爵是他的儿子弗朗西斯科，基于入不敷出的财政状况，他裁减了所有他认为可有可无的宫廷成员，其中包括已经45岁的宫廷乐队乐长——蒙特威尔第。意大利最著名的一位作曲家就这样被扫地出门。如果不是他在克雷莫纳的年迈的父亲的收留，蒙特威尔第根本无法过活。他被裁撤的消息如野火般迅速传遍了整个意大利，热爱音乐的威尼斯人敏锐地发现了机会。他们给这位穷困潦倒的前任宫廷乐长一份几乎令他无法置信的合约。他被任命为圣马可教堂乐队的新乐长，并被承诺给付极为慷慨的400杜卡托金币薪水，他还拥有免费的住房以及其他一些特权。蒙特威尔第终于得以体会到威尼斯的自由了，这里的氛围与宫廷里虚伪的气氛截然不同。如果没有十足的好理由，像提香这样的艺术家绝不会离开威尼斯而前往世界上任何的宫廷。威尼斯人不仅付薪及时，他们甚至还允许蒙特威尔第接受别人的邀约，他们还把他亲切地称作“非凡的克劳迪奥”。曼图亚宫廷在财政情况得到彻底扭转之后，也试图挽回这位著名的作曲家。当我们从蒙特威尔第写给以前雇主的信中读出一种冷漠的轻视时，同样会感到大快人心。尽管他在威尼斯的地位相当稳固，但是，他的确也还在继续为曼图亚宫廷服务。他的财务状况一劳永逸地得到了彻底解决，威尼斯人非常欣赏并醉心于他的音乐，并非常尊敬“他们的”蒙特威尔第。因此，再没有任何邀约具有足够的诱惑力能够让作曲家离开威尼斯。

我们大可以认为蒙特威尔第生命中的最后39年是他一生中最快乐最平静的时光，并再次焕发出了极为强大的创造力。当他在84岁高龄驾鹤西去之时，总督和政府为他在圣马可教堂举行了一场隆重而尊荣备至的葬礼。在此之前，威尼斯共和国仅有提香一位艺术家曾获得过这样的荣耀。而蒙特威尔第也和提香一起，与许多总督长眠在同一座教堂里。威尼斯人像崇拜提香一样崇拜着这位伟大的音乐家，因为他的作品还为“尊贵的共和国”带来了声望和荣誉。

曼图亚全景；1575年

提香：《圣母升天》；1516—1518；

木板油画；690厘米×380厘米

游客们一踏入教堂，立刻就会被巨大的圣坛和提香的绘画《圣母升天》所吸引。传道士们、圣母玛利亚和上帝的亮红色长袍构成了一个虚拟的三角形态，让圣母升天的形象显得栩栩如生。只有在这座教堂里，游客们才能感受到艺术家是如何精准地将绘画与周围环境完美地调合在一起的。当这幅作品最终在1518年面世之时，立即引起了人们巨大的震惊，继而是一边倒地抵制，但是很快便为这幅画所着迷。它是一幅威尼斯人前所未见的作品。人们从未见过如此美丽的圣母，但是，最主要的是，人们从未听说传教士们曾目睹过圣母升天的场景。传教士们的手势、表情和动作均表达出了他们在目睹头顶上发生的宏大场景时的疑惑、震惊以及宗教狂喜。上帝的金色天国与世俗的蓝天依靠一圈云朵而分隔开，云朵下，天使们抬举着圣母升天，而天国似乎像是一座金色的穹窿敞开着。提香的这幅《圣母升天》是威尼斯文艺复兴全盛期的杰作。

佛罗伦萨祈祷堂

佛罗伦萨祈祷堂位于圣坛右侧，修建于19世纪。之前，可能早在自1436年开始，祈祷堂的祭坛曾位于左侧廊，正是在这一年，圣方济各托钵修道会教士们达成共识，同意修建一座佛罗伦萨祈祷堂。有趣的是，佛罗伦萨人似乎在之前抑或是在1436年之后在圣乔瓦尼·保罗道明会教堂拥有过一座祭坛。直到1443年，十人委员会才批准将祈祷堂转交给托钵修道会教士。非常不幸的是，我们现在并不知道究竟是什么原因打动了佛罗伦萨兄弟会，让他们同意放弃对祈祷堂的管辖。

多纳泰罗：《施洗者约翰像》；1438；
木雕；高141厘米

这尊单色木质施洗者约翰雕像是为佛罗伦萨祈祷堂制作的。自16世纪后，人们普遍认为这尊雕塑是多纳泰罗逗留在帕多瓦（1443-1453年）的最后一年时创作的作品。施洗者约翰形体消瘦，手掌宽大，面貌未经美化，这些特点与艺术家的晚期作品相吻合。但是，当它在1970年代被修复之后，人们发现底座上镌刻着的创作年份是1438年。

提香：《佩萨罗大厦的圣母》；
1519—1526；
帆布油画；385厘米×270厘米

《佩萨罗大厦的圣母》是提香为弗拉里教堂创作的另一幅杰作。这幅画的出资人是雅各布·佩萨罗，画面中，他身穿黑色锦缎长袍，跪倒在圣母玛利亚面前。画面的另一侧是家族的其他成员，而帕多瓦的圣安东尼站在他们上方。雅各布的身边有一位骑士手握旗帜，佩萨罗家族和教皇亚历山大六世的家族盾徽出现在旗帜上。这面旗帜纪念了对土耳其战争中取得的海军大捷，而佩萨罗正是教皇舰队的司令官。提香将圣母玛利亚从画面的中心挪至右侧，这一举动前所未见，其原因是由教堂的内部格局决定的。当你从主入口走进这幅绘画时，可以在很远的地方便看到圣母的形象。出于这一考虑，提香创造了一种颇具活力的构图方式，另外，这一构图还具有另外的深意。出资者直接跪倒在圣母面前，圣母看似面对着他，其实是面向着圣彼得，天国人物并不与佩萨罗家族的其他成员产生直接交流。

乔瓦尼·贝利尼：
《佩萨罗装饰屏》；1488；
木板油画

乔瓦尼·贝利尼为支脉众多的佩萨罗家族创作了这件祭坛装饰屏，作品署名于1488年。它被放置在圣器室，这里曾经被当做佩萨罗祈祷堂。按照早期的常规，圣母与圣人的形象被分别放置在三联板的不同画板上，但是他们仍处于同一空间层面上。由此，这件装饰屏产生出了非常现实主义的效果，另外，身穿宽大长袍的圣人们显得强大无比，加深了这一效果。阿尔布雷切特·杜勒深受其影响，他推崇贝利尼为意大利最好的画家，并以这件作品的人物形象为原型，创作了《四位传教士》。

圣马可大会堂；15世纪晚期。

会堂：不仅是精美的建筑和避风港

有心的游客会发现威尼斯有很多奢华的建筑既不是教堂，也不是富裕家族的宅邸。这些建筑其实是由普通教众组合而成的兄弟会会堂，在威尼斯共和国的公众生活领域扮演了重要的角色。这类普通教众宗教组织同样也在其他意大利城市存在，但是却远比不上它们在威尼斯的影响力和重要性。

尽管兄弟会起源于中世纪的鞭笞苦修运动，但是兄弟会聚会极少呈现公开鞭笞赎罪的场面。他们这种宗教组织主要是为了迎合祈祷者的聚会需求，为公益事业筹集资金，首当其冲的是为兄弟会成员中的病人、垂死的人或死去的人做弥撒。人们对今世所犯的罪愆要遭受死后的惩罚抱有现实存在的恐惧，而兄弟会在消除这一恐惧起到了重要的作用，这是因为只有现世的捐献和行善能够减轻来世将要面临的惩罚。那些无力奉献基金会或弥撒的人也可以通过为兄弟会做贡献来完成这一重要的宗教义务。成为兄弟会的一员也就意味着人们得以在死后轻松一些。

绝大多数的兄弟会是以行业或区域划分，比如，某一特定的手工业者协会或佛罗伦萨人、黎凡特人以及日耳曼人的机构等。另外，还有一种大兄弟会，这是一种超过 500 人的慈善组织，成为其会员是一种极高的荣誉；他们拥有精美的聚会大厅，而其他一些小型并相对贫穷的兄弟会则必须在简朴的建筑物内聚会，甚至只在教堂的一座祭坛前聚会。因此，小型兄弟会的成员的慈善行为也相应受到限制。通过这种方式，兄弟会不仅

《圣乔瓦尼福音兄弟会的成员跪倒在圣人面前》；14世纪；威尼斯圣乔瓦尼大福音兄弟会馆藏。

消除了成员对死后的恐惧，还能解决现世的叵测命运。区域性和同业性的兄弟会是现代就业保险的前身，成员不论富贵与贫穷，他们的付出被用于支援年迈和疾病缠身的成员，或是他们的遗孀和子女，而兄弟会会将这些捐献用于投资获利，取得增益。威尼斯兄弟会的一个典型特征是可以委派一名替代者承担船夫义务。威尼斯的船夫并非是奴隶，而是威尼斯人自己。理论上说，每一个教区都有在战争期间提供某一固定数量船夫的义务，但是人们可以通过交付一定数量的金钱指定一名替代者来规避这一义务。在中世纪，威尼斯人主要是由渔夫和水手构成，因此可以很好地履行这一义务。但是，在 13 世纪整个

真泰尔·贝利尼：《圣乔瓦尼大福音兄弟会成员在圣马可广场上列队游行（局部）》；1496；威尼斯学院美术馆藏。

国家变得富有之后，以及 14 世纪遭遇大瘟疫之时，越来越多的大陆居民涌入威尼斯寻求庇护。这些新威尼斯人对海洋一无所知，他们大多是手工业者，并不适应艰苦的海洋生活，因此，同业协会担负起了提供充足的船夫的义务，而在很大程度上，依附于同业协会的兄弟会负责支付替代人员的费用。兄弟会的另一个重要功能是为有需要的成员提供女儿出嫁所必需的嫁妆。这是唯一能够避免穷人的女孩成为妓女的方式，也能解释为什么那些长得极漂亮的女孩能够优先得到资助的原因。

大兄弟会的前身是之前的鞭笞苦修兄弟会。由于成员众多，并包括了一些非常富有的威尼斯人，大兄弟会很快便能筹集大量的资金。尽管贵族也被接纳为大兄弟会成员，但是兄弟会的运作均由普通公民掌控，而占成员总数 5% ～ 10% 的贵族会员则不需要

圣罗科大会堂的二楼聚会大厅

得到兄弟会的支援。只有普通公民才能够被任命为兄弟会管理委员会的成员。除了宗教及慈善工作之外，大兄弟会还为普通大众提供另一种重要的服务，那就是“形式代表”。兄弟会管理委员会可以穿着与元老院和行政长官类似的长袍，而管理委员会的主席甚至可以穿着依照总督官服样式制作的衣物。兄弟会还参与政府组织的盛大游行和公开露面等活动。

在兄弟会成员的共同努力以及他们对基金的熟练管理下，兄弟会的影响力通过大型雕塑、建筑等方式变得无孔不入，还能够使用珍贵的艺术作品妆点他们的聚会大楼。因此，兄弟会，尤其是大兄弟会在威尼斯的政治体系中扮演了重要的角色。对于那些无法跻身于贵族阶层的人们来说，兄弟会是唯一能够让他们获得高尚地位的组织。就连大法官一职也不曾获得如此显赫的地位，而这却是面向普通公民开放的最高级官员（这个职位只有一人，且需要极高的教育程度）。就连兄弟会里最低级别的会员也深感自豪，因为他们的社团拥有华丽的建筑和装饰华丽的祭坛。因此，我们不难想象，各大兄弟会之间的竞争是多么激烈。

如此激烈的竞争有时甚至会毁掉一个社团，慈悲大兄弟会就是其中的一个例子。她竭力想要建造一座比其他兄弟会更华丽更宏大的建筑，因此在 1532 年决定建造一座新会堂，威尼斯顶尖的建筑师雅各布·桑索维诺设计了这座会堂，之后便投身于圣马可小广场的重新设计工作中去。然而，慈悲大兄弟会的这座充满野心的建筑项目最后超出了他们能够承受的资金需求。尽管建筑本身已经封顶，内部也已装饰了精美的壁画，但是外立面却无法敷设华美的石质门楼，与内部装饰完全不能相比。时至今日，慈悲大兄弟会的这座宏大的大会堂外表面仍处于未完工状态。

慈悲大兄弟会未完工的建筑

圣罗科大会堂

圣罗科兄弟会是由两个圣洛赫兄弟会合并组成的，成立于大瘟疫流行之后的1477年。圣洛赫是被瘟疫感染的灾民们祈祷的对象，而他却在一次旅途中被瘟疫击倒。1485年，圣罗科兄弟会成功地将他的遗骸从法国南部带到了威尼斯。对于这个关照病人的兄弟会而言，拥有圣洛赫的遗骨意义重大，意味着会更受欢迎，并获得更多的收入。1489年，兄弟会有了足够的财力修建一座教堂。1516年，兄弟会开始修建大会堂，大会堂的正面用奢华的彩色石料铺设而成。这座宏伟的门楼不得不与慈悲大会堂相互攀比，后者设计了独立式的立柱支撑建筑，因此，圣洛赫兄弟会在1550年决定对大会堂进行改造，委托建筑师吉安·贾科莫·德·格里吉将门楼建造得更为富丽堂皇。

阿尔伯格大厅

从艺术史的角度看，兄弟会的珍宝均蕴藏在大会堂的内部。雅各布·丁特列托（1518-1594）为圣罗科大会堂耗尽了毕生的心血，几乎凭一己之力完成了大会堂的内部修饰工作。尽管事实上许多兄弟会成员对他的风格异常反感，甚至有一些人只付钱给那些按照特别指定的方式创作的绘画，却没有给丁特列托的任何作品付过钱。

雅各布·丁特列托：
《圣洛赫》；1564；
帆布油画；240厘米×360厘米

丁特列托的拥护者始终占据着大多数，但另一个不可否认的事实是他开出的价码几乎让人无法拒绝。1564年，当圣罗科大会堂的内部装饰工程刚刚开始的时候，兄弟会邀请了许多艺术家提交素描草稿。其他艺术家均提交的是兄弟会委员会聚会大厅——阿尔伯格大厅天花板的草图图样，而丁特列托却熬夜完成了一幅完整的绘画，并免费提供给兄弟会使用。因此，他成为了兄弟会的一员，甚至还被选举为内部委员会的成员。丁特列托最早的作品被放置在阿尔伯格大厅，因此，游客们最好的是从上层大厅开始观赏他的作品。

雅各布·丁特列托：
《耶稣站在比拉多面前》；1565；
帆布油画；515厘米×380厘米

雅各布·丁特列托：
《耶稣钉死在十字架上》；1565；
帆布油画；536厘米×1224厘米

丁特列托在递交了上一幅作品之后，几乎无可争辩地成了阿尔伯格大厅其他绘画的当然作者。大厅的天花板绘画表现的是兄弟会的保护圣人和美德女神，并最终表达了对威尼斯和其他兄弟会的敬意。大厅的墙面覆盖着耶稣受难的场景，绘画《耶稣站在比拉多面前》相较于《耶稣背负十字架》或更为惊人的《耶稣钉死在十字架上》，显得缺少了一些活力。画面的效果主要蕴含在耶稣的形象平静地站在比拉多面前与身后躁动的人群形成的鲜明对比之上。耶稣裹着亮白色的长袍，画面上所有光线似乎都集中在耶稣身上，事实上，光线似乎正是从他身上发散出来的。耶稣传达出来的深沉的平静早已超越了受难的苦楚。

《耶稣钉死在十字架上》是丁特列托少有的几幅署名并标注创作日期的绘画作品之一。尽管他曾就同一主题创作过许多不同解读方式的绘画，但是这一幅仍是他最重要的作品之一。这幅作品横贯整个墙面，其宽度十分罕见。艺术家并未选择耶稣上十字架的时刻加以刻画，而是灵活地选择了十字架抬升的场景，因此，这幅作品不需要画面具有通常所需的高度。画面中间的空白空间是一片宽阔的圆形区域，其中心是耶稣的十字架，人群围成一圈，聚在十字架周围。丁特列托突出了横梁下的光环，加强了构图的组织形式。

雅各布·丁特列托：
《礼拜铜蛇的神迹》；1575—1577；
帆布油画；840厘米×520厘米

当兄弟会决定任命为上层大厅绘画的艺术家时，丁特列托再一次申请获取这一邀约。许多兄弟会成员反对他，但是，他再次提出了一个对兄弟会颇有诱惑力的价码。他并未提出让兄弟会为每一件作品付出一笔高昂的创作费用，而是在完成整个大厅的装饰工程之后，将100金币的报酬终生分期给付。丁特列托的这一报价再一次显示出了商人般的精明，令对方无法抗拒。从1575年至1581年，他致力于上层大厅的装饰，天花板上的绘画是取自《旧约全书》的场景，墙面上的绘画则描绘了《新约全书》中的事例。天花板上的三幅主要绘画分别是《收集甘露》、《摩西击打岩石使水流出》和《礼拜铜蛇的神迹》，分别刻画了饲喂饥饿者、给干渴者喝水以及照看病人的主题，而上述主题正是兄弟会所致力的慈善活动。侧墙上描绘着的耶稣生平场景亦为这一主题增添了额外的分量。

随着时间的流逝，富裕的兄弟会以及富有成员的不断捐资，华丽的聚会大厅仍被不断地美化装饰。于是，兄弟会在1525年得到了提香的《天使报喜》以及乔瓦尼·巴蒂斯塔·提埃坡罗早期的两幅绘画《亚伯拉罕与天使》和《夏甲遭放逐》。另外，乔瓦尼·马乔里创作的以圣洛赫生平场景为主题的木质装饰屏（1743年）是18世纪威尼斯最重要的绘画作品之一。十二幅讽刺人物绘画是弗朗西斯科·皮安托·伊尔·乔瓦尼的作品（1700年代末）《墨丘利》（位于楼梯右侧），还附有一册带有说明文字的卷轴。

雅各布·丁特列托：
《玛丽·莫德林》；1583–1587；
帆布油画；425厘米×209厘米

位于下层大厅里的灵修室在很长一段时间内并没有进行装饰，其朴素的建筑设计足以举办祈祷仪式和聚会，并可以满足分发救济物资。与其他会堂一样，只有上层大厅出于展示的要求，需要进行装饰。当上层大厅的装饰工程完工之后，兄弟会才开始着手装饰下层大厅，配以圣母玛利亚的生平场景。因此，特雷纳大厅是丁特列托在 1583 年至 1587 年间最后绘制的房间。至此，他已经为圣罗科大会堂奉献了自己 20 年的光阴，这里成了他和他的艺术的令人钦佩的纪念堂。

在艺术家的后期作品中，光线的作用十分重要，这一点在下层大厅的绘画作品中表现的尤为突出。在刻画两位女性隐士玛丽·莫德林和埃及的玛丽的长条形画作上，只有个别区域的风景被光线照亮，仿佛这光线来自一道闪电。孤寂的风景具有一种神秘的气息，因此，观赏者得以理解圣人们所经历的具有强烈宗教气息的体验。会堂一层的大楼梯间可能是由安东尼·安邦迪（亦被称为洛·斯贾帕格尼诺）在 1544 年至 1546 年间建造的，而雅各布·桑索维诺则负责监督。它是巴洛克风格时期华丽的楼梯间最为重要的开拓性作品。

雅各布·丁特列托：
《逃往埃及》；1583—1587；
帆布油画；422厘米×580厘米

下层大厅内丁特列托的绘画质量颇受争议，就连与他同时代的画家也指责他的绘画过于草率，粗枝大叶。但是，与此同时，这些绘画的构图也让观赏者们困惑不已，分辨不出画作呈现出的虚构与现实。这一点在《天使报喜》和《逃往埃及》两幅作品中显得尤为突出。在《天使报喜》中，故事发生在一位贫穷商人的房间里，房间的墙面老化脱落，板凳年久失修，但是，与此同时，人们却看到了华丽的威尼斯式天花板和一张带有红色丝绒帷帐的白羽床，与这位未来的天国女王的身份倒是十分契合。

《逃往埃及》同样让观赏者感到无所适从。逃亡途中的一家人被刻画在画面的前景处，画面的右侧是大块的风景。河的对岸描绘了其他人物丰衣足食的和谐劳动景象，两组人物之间通过密不透风的灌木丛和水面分隔开。在这一派宁静祥和的风景之中，这一家人却找不到容身之地，只能紧紧地挤在画面的一角上。人们会得出这样的印象，仿佛在下一刻他们便会从画面上消失。他们无家可归、颠沛流离的流放景象跃然纸上。

圣乔瓦尼福音大会堂

福音传道者圣约翰的兄弟会成立于1261年，是威尼斯最早的兄弟会之一。1369年，兄弟会得到了会员捐赠的圣十字架遗迹，为其带来了极大的声望，并获得了巨大的收入。在15世纪初，兄弟会得以扩建聚会大厅。

当奢华的内部楼梯间工程完工的时候，彼得罗·伦巴第在1478年被指派为大会堂内部庭院建造一座华丽的入口大门。大门上方的半月形墙面上雕刻了一只鹰，它是福音传道者圣约翰的象征，同时也是兄弟会的标志。他们选择伦巴第的原因在于他的设计兼具当时流行的文艺复兴风格和后哥特式的奢华品味，能够完全表现出兄弟会的富足，并充分体现出了兄弟会的文化与繁荣。

真泰尔·贝利尼：《圣洛伦佐桥十字架的神迹》；1500年末（如今藏于学院美术馆）；
帆布油画；323厘米 × 430厘米

当年的大会堂曾经拥有大量珍宝，如今，其中的大部分早已被劫掠一空。15世纪时曾装点会堂的绘画均来自贝利尼家族的画室，后来，贝利尼家族成员成了威尼斯最杰出的画家。尽管真泰尔的父亲创作的一楼绘画作品早已遗失，但是人们仍能够在学院美术馆一睹贝利尼家族年轻一代画家们的巨型系

列绘画。为兄弟会带来巨大声望的圣十字架遗迹是每一幅绘画的焦点所在。真泰尔·贝利尼的这幅作品刻画了大约发生在1370年至1382年间的一次神迹。在一次游行途中，圣十字架遗迹显然是在圣洛伦佐桥上坠入到运河中，它一再从兄弟会成员的手中滑落，兄弟会太保安德鲁·文德拉明（Vendramin）是唯一一名能够抓住它的人。画面描绘的正是他抓住圣十字架遗迹并将其带回运河岸边的情景。

所有描绘兄弟会十字架遗迹场景的绘画不单刻画了众多事件本身，同时还反映出了15世纪威尼斯的生活和风貌，具有重要意义。这些绘画还包括许多肖像画。人们并不清楚画面右侧跪倒的人究竟是谁（曾一度被错误认为是贝利尼家族的成员）。画面左侧是塞浦路斯王后卡泰丽娜·科尔纳罗以及她的王室成员。

圣贾科莫·德尔·奥里奥教堂

人们在圣贾科莫·德尔·奥里奥广场上远离成群的游客，仍能感受到意大利小城的宁静的气氛。这里在狂欢节的时候尤其值得一游，当地的居民在他们的广场上组织庆典，与圣马可广场上的盛大聚会截然不同。广场得名于曾栽种在广场中的一颗月桂树（意大利语“lauro”）。还有一则与教堂有关的故事表明它是建在狼群定居的小岛之上，这座教堂是威尼斯最古老的教堂之一（建于9世纪）。这则故事说明广场得名于意大利语中的“狼”一词（即“lupo”或“lupao”）。教堂塔建于12世纪或13世纪，它的位置很不寻常，并不是矗立在教堂的前方，而是位于教堂的侧面，在后来的多次翻修过程（分别在13世纪和15至17世纪翻修过）中，教堂塔曾被多次挪动位置。在中世纪时，教堂的门楼和主入口位于如今教堂塔的位置上。

内部装饰

教堂的内部装饰同样表现出了多次扩建重修的痕迹。与其他一些威尼斯最古老的教堂一样，这座教堂里的一些大理石柱也是来自地中海东部地区的战利品。郁金香形的讲道坛倚靠在一根花岗岩石柱旁，这根石柱是早期教堂建筑的一部分。讲道坛本身带有丰富的纹饰，看上去像是16世纪早期伦巴第画派的作品。与其他教堂不同的是，圣贾科莫·德尔·奥里奥教堂一直是作为一座真正的教区教堂存在至今的，并没有显赫的家族或宗教团体出资装饰它，而是完全倚靠教区的力量非常缓慢地装饰成现在的样子。

SALVIATI

多尔索杜罗区

多尔索杜罗区

多尔索杜罗区（坚固的地面之意）是威尼斯最西南面的地区，它的名称反映了与威尼斯其他区域不同的一个特征，这里的土地坚固，有些地方甚至是以岩石地面为主体。多尔索杜罗区内的大运河两岸最为有名，安康圣母教堂、学院美术馆和古根海姆艺术馆就位于这一区域。这里还包括威尼斯大学的一部分、港口的一部分、曾经非常普通的圣尼克罗行乞教堂周边区域以及朱代卡岛的一部分。

卡尔米尼大会堂（加尔默罗圣母大会堂），乔瓦尼·巴蒂斯塔·提埃坡罗：《圣母与圣婴赐圣衣给西满·斯道克神父》；1739—1749；见285页

圣塞巴斯蒂亚诺教堂，保罗·维罗内塞：《以斯贴加冕》；1555—1556；见292页

圣尼克罗行乞教堂；见296页

加尔默罗教堂（加尔默罗圣母教堂；内部）；见287页

耶稣亚提教堂（玫瑰经圣母教堂），乔瓦尼·巴蒂斯塔·提埃坡罗：《三圣装饰屏》；约1748；见305页

其他景点：

1 大天使拉斐尔教堂

2 圣特洛瓦索教堂（圣杰尔瓦西奥·普罗塔西奥教堂）

3 浮木码头

圣潘塔隆教堂，安东尼·福米亚尼：《圣潘塔隆的殉难与封神》；始于1684；见271页

雷佐尼科大厦，乔瓦尼·多梅尼科·提埃坡罗：《度假中的普尔奇内莱》；约1793；见277页

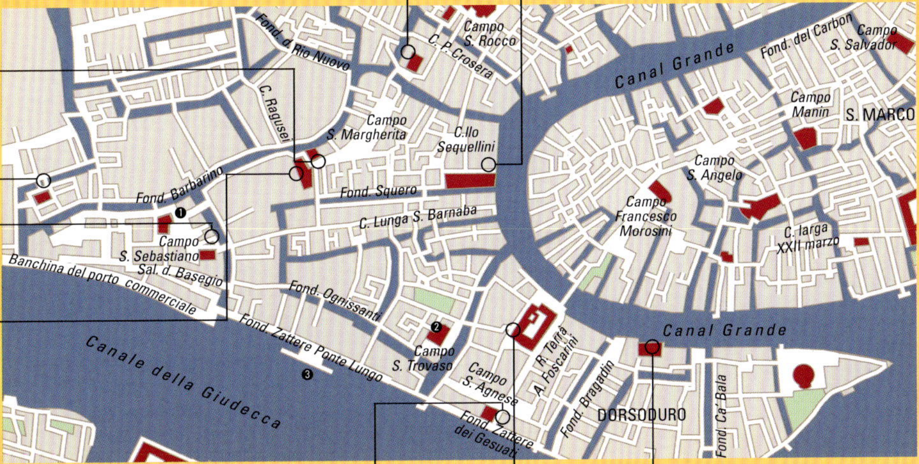

Fond. d. Rio Nuovo
Campo S. Rocco
C. P. Crosera
Canal Grande
Fond. del Carbon
Campo S. Salvador
C. Raguseí
Campo S. Margherita
C.llo Sequellini
Campo Manin
S. MARCO
Campo S. Angelo
Fond. Barbarino
Fond. Squero
C. Lunga S. Barnaba
Campo Francesco Morosini
C. larga XXII marzo
Campo S. Sebastiano
Sal. d. Basegio
Banchina del porto commerciale
Fond. Ognissanti
Fond. Zattere Ponte Lungo
Campo S. Trovaso
R. Terrà A. Foscarini
Canal Grande
Canale della Giudecca
Campo S. Agnese
Fond. Bragadin
DORSODURO
Fond. Ca' Bala
Fond. Zattere dei Gesuati

学院美术馆：吉奥乔尼：《暴风雨》；约1510；见318页

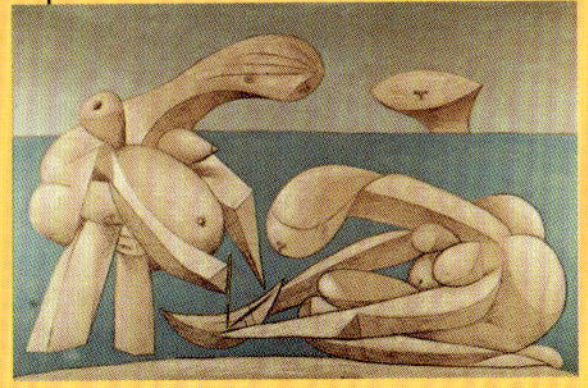

古根海姆艺术馆，巴勃罗·毕加索（Pablo Picasso）：《沙滩上》；1937；见338页

浮木码头

在春季和夏季美妙的夜晚，许多威尼斯人喜欢来到浮木码头。人们沿着圣马可湾运河岸边长达半英里的宽阔堤岸散步，从海关角一直到威尼斯最西边的海岬。一路上点缀着几间咖啡馆，吸引着游客在此远眺朱代卡岛的秀美风光。

这条步道得名于威尼斯方言“arzere”，意思是“海滩”。从前，大型的木筏载满木头在此靠岸。这些从大山里运来的木头为威尼斯提供了建筑所需的材料，同时还满足了这座大型城市的能源需求。

圣潘塔隆教堂（圣潘塔莱奥内教堂）

这座教堂自17世纪末期开始建造以来，便缺失了一座合适的门楼，它的外表毫不起眼，而它的内部却为游客提供了一场了不起的巴洛克风格视觉盛宴。同样值得欣赏的还有唱诗班左侧的《圣母加冕》，这幅绘画是乔瓦尼·德·阿勒玛尼亚和安东尼·维瓦里尼在1444年之后共同创作的。

乔瓦尼·安东尼·福米亚尼：《圣潘塔隆的殉难与封神》；始作于1684年；帆布油画

乔瓦尼·安东尼·福米亚尼（1643-1710）从1684年后开始装饰这座教堂的天花板，奉献了自己一生中接近25年的光阴，他死后葬在教堂内。福米亚尼在帆布上作画。乍看之下，人们只能看到画面上巨大的建筑结构，似乎将教堂的空间敞开，并延伸到了广袤的天国。仔细端详之后，人们便能分辨出画面中圣潘塔隆殉难的场景。在画面的右侧的帐篷形屋顶下方是罗马皇帝戴克里先，正是在他的授意之下，圣人被折磨致死。圣潘塔隆似乎听天由命，他站在高耸的拱门下，四周环绕着明亮的光环，而帮凶走狗们向他展示着拷打的刑具。天堂已经开启，准备接纳圣人的灵魂。

雷佐尼科大厦

威尼斯博物馆

雷佐尼科家族在获得许可建造完成了这座巴洛克风格的建筑物之后，便开始着手进行奢华的装饰工作。乔瓦尼·巴蒂斯塔·提埃坡罗、安德鲁·布鲁斯托隆和其他艺术家均致力于这一工作。内部的装修工程为陈列于此的 18 世纪威尼斯艺术作品提供了独一无二的可靠背景。除了艺术作品之外，这里还展示了瓷器、家具、服装和其他实用物品。乔治·马萨里修建了优雅的楼梯井、通向二楼华丽的房间以及展示大厅。

乔瓦尼·巴蒂斯塔·提埃坡罗：
《西风神与花神的胜利》；
1731—1732；
帆布油画；395厘米×225厘米

这幅绘画表现了神话中的西风神和鲜花与春天女神的形象。西风神有一对柔软而半透明的翅膀，他轻柔地怀抱着由小天使支撑着的花神。这对璧人乘着一朵冉冉上升的暗色云彩向天空飞升，丘比特在云朵下指向他们。这幅作品的色彩具有典型的提埃坡罗风格，整个画面显得光亮且熠熠生辉。

这幅作品原本不属于雷佐尼科大厦，而属于佩萨罗大厦，很可能是在 1732 年为安东尼·佩萨罗和卡泰丽娜·萨格雷多的婚礼而创作的。然而，这对夫妻并未像画面中表现的那样富裕且生养众多，安东尼在婚后不久便去世了，两人没有子嗣，撇下了卡泰丽娜孤苦伶仃，终老一生。

乔瓦尼·巴蒂斯塔·提埃坡罗：
《路多维克·雷佐尼科与福斯蒂娜·萨沃尔尼安的婚姻寓意画》；1758；
壁画；630厘米 ×1030厘米

路多维克·雷佐尼科在1758年1月16日迎娶福斯蒂娜·萨沃尔尼安的时候，家族委托乔瓦尼·巴蒂斯塔·提埃坡罗（1696-1770）以及合作者杰罗拉莫·门戈齐·科隆纳创作了两个房间的天花板画。这两幅壁画直接描绘了这对幸运的配偶。在被称为结婚寓意大厅的天花板上，这对新人坐在由高贵的白马牵引的金色双轮战车上，而原本应该坐在战车上的希腊太阳神阿波罗则与其他神灵一起站在他们的身后。他们的身旁环绕着美惠三女神，而象征着荣耀、智慧和高贵服务的人物形象则预示着他们会有一个幸福的未来。天空投射下来的柔和的太阳光芒同样预示着未来的好运和幸福。

婚礼常常是重新装饰房间抑或整座大楼的契机，尤其是当两个重要的贵族家庭联姻时，房屋需要修饰一新。在贵族婚姻中，夫妻相处融洽并不重要，尤其是这场婚姻，纯粹出于物质考虑。

18世纪男子服饰

雷佐尼科大厦中的博物馆陈列了大量18世纪的物品，当时，欧洲社会的精英纷纷涌向威尼斯享受生活。这些游客大多会购买威尼斯的奢侈品，包括玻璃制品和缎带制品，其中的佼佼者被这座博物馆收藏展出。雷佐尼科大厦还收藏了一些洛可可时期的重要服饰。

乔瓦尼·多梅尼科（詹多梅尼科）·提埃坡罗：《度假中的普尔奇内莱》；约1793；

壁画（已搬离）；198厘米×150厘米

1753年，艺术家乔瓦尼·巴蒂斯塔·提埃坡罗已经赚到了一笔可观的财富，他像其他富裕的威尼斯人那样，买下了一座乡村别墅。这座别墅位于距离梅斯特雷不远的齐亚尼戈。他的儿子多梅尼科（1727-1804）在他的画室中学会了绘画，并定期与他共同创作。多梅尼科花了很多年的时间来创作壁画装饰这座别墅。与同类型的别墅壁画作品不同的是，这座艺术家别墅里的壁画并没有颂扬任何意义重大的家族传统。乔瓦尼·多梅尼科放任自己的想象力，采用了人头马形象和日常生活场景作为创作主题。在这幅作品中，他刻画的形象取材自即兴喜剧里的人物特征。

乍一看，映入眼帘的是一群传统的白衣小丑忘情地享受别墅生活的取乐场景，但仔细地观察之后，人们才会看到一幅带有讽刺甚至嘲讽意味的画面，整体上蕴含着社会批判的精神。这些深受人们欢迎的喜剧角色本身具有一些诸如贪婪、懒惰和暴饮暴食等负面特质，画面展示的主题与迄今为止的别墅绘画准则格格不入。这幅壁画在1906年被搬离别墅，自1936年开始在雷佐尼科大厦展出。

彼得罗·隆吉：
《理发师与一位女士》；约1760；
木板油画；63厘米 × 51厘米

这座博物馆还收藏了彼得罗·隆吉（1702-1775）的大批绘画作品，与别的画家不同，他忠实地刻画了18世纪的威尼斯生活。这幅作品描绘了洛可可时期的一位优雅的女士，她端坐在化妆台前，头顶上悬挂着一副总督卡洛·鲁奇尼（1723-1735年在位）的肖像画，因此，她有可能是鲁奇尼家族的一名成员。桌子上有一面镜子、一个昂贵的蜜粉盒、梳子和粉扑，这些全都是女士梳洗打扮的必备用品。化妆台上覆盖着精致的白色桌布，镜子后还堆着一匹金色的布料，人们并不清楚这块布料是用作桌布还是这位妇人尚未穿上的衣服的一部分。一位脸颊红润的奶妈抱着一名小孩站在旁边等待妇人做完头发，奶妈的头发上并未傅粉。妇人的红色长袍配上了昂贵的貂皮饰边，暗示了这位贵族妇女正准备出席一场宴会或是类似的场合。她的长袍让她身后悬挂着的肖像上的总督袍显得格外醒目，甚至连小孩的红色帽子也与总督的金红色官帽相互辉映。所有这些都有可能是针对某一个重要的家庭传统的幽默注脚。

彼得罗·隆吉：
《头戴鲍塔的男子的来访》；
约1760—1770；
木板油画；62厘米 × 50厘米

一位年轻的女士身穿红蓝相间的衣服，无论是从裁剪还是颜色均让人联想到一种体面的制服。她坐在一张缝纫桌前，专心于手中精细的刺绣活，身边还有两名男子。站立的男子口袋中露出了一本记事簿，而另一名男子却戴着一种传统的面具，它被称为“鲍塔”，在18世纪末期，威尼斯的高级贵族们几乎全天戴着它。一名仆人端进来一把小壶和两个杯子，壶里装的有可能是可可，因为这是洛可可时期最流行的饮品。缝纫桌和画面右侧抽屉柜顶假发支架上的优雅圆帽让人们感觉这是一名年轻女士的闺房。那名站着的男子身旁既没有椅子也没有茶杯，他有可能是音乐教师，他的出现减轻了另一名拜访年轻女子闺房的男子的尴尬处境。尽管画面上的音乐教师明显地位低下，但是他却比那位贵族男子更为重要，毕竟女子和她的教师，甚至她的小仆人均被清晰地刻画出了面部形象，而贵族男子的形象却被面罩所遮掩。

不仅是一位才华横溢的情人：贾科莫·卡萨诺瓦（1725—1798）

瓦尔德施泰因伯爵约瑟夫·查尔斯·以马内利为波西米亚的杜赫佐夫城堡雇佣的图书管理员是一位妙趣横生的人物，他每年领取一千弗洛林金币，外加马夫和仆人，以及免费的食宿。这是一位上了年纪的威尼斯人，个子很高，曾经非常英俊。他操着一口老式的法语，戴着一顶羽帽，穿着金丝刺绣的马甲，头发梳得油光铮亮，在城堡里居住的其他人眼里，他就像是一位从上个世纪穿越而来的幽灵。从1785年直到1798年，图书管理员贾科莫·卡萨诺瓦在这利多过了生命的最后时光。他是当时的老古董了，在动荡的法国革命中四处流窜。他死后，信奉浪漫主义价值观的新世纪开始在欧洲蔓延，人们崇尚正直、忠诚和爱国主义，而这些与卡萨诺瓦毫不相干，因为他是一名厚颜的骗子、狡诈的作弊者以及行走江湖的变色

约翰·贝尔卡：《贾科莫·卡萨诺瓦63岁肖像》；彩色版画。

龙，无论身在哪里，他都不会感觉到一丝的拘谨。他还是一名优雅的情人，尽管他根本无法做到用情专一，但女士们仍对他非常着迷。如今，他已被当代人所遗忘（除了众多债主），隐居在杜赫佐夫城堡（曾被称为杜克斯城堡），从事着自认为最感兴趣的两件工作：研究炼金术和撰写回忆录。

路易·马林·博内特：《求欢未果》；约1780；依照让—巴普蒂斯特·于埃的作品而创作的彩色版画；柏林艺术与历史档案馆藏。

尽管卡萨诺瓦的自传将自己在黑暗而禁锢颇多的洛可可时期的生活描绘的有声有色、轻松愉快，但是这本书仍未能在其生前出版。当它最终面世的时候，却是已经删减了许多卡萨诺瓦性爱冒险经历的洁本。一位 19 世纪的热心编辑着手这本书的出版事宜，但却完全没有理解卡萨诺瓦描绘的诸多情爱成就中所透露出的强烈的轻松感、同情心和判断力，而是将所有这些全部改编成戏剧性的点缀文字。

因此，卡萨诺瓦的名字在后来变成了男性性欲的代名词，被用来指代玩弄女性的浪荡子和不光彩的好色之徒。然而，真实的卡萨诺瓦并非仅仅如此，他擅于博彩和乔装打扮，绝对是 18 世纪最具代表性的人物。当然，他同样不加掩饰地耽迷于情爱之中，现在的读者在了解了禁欲拘谨的 19 世纪生活之后，很难想象会出现这样的人物。

卡萨诺瓦于 1725 年出生在威尼斯，在 18 世纪，这是一座享乐的城市，狂欢是永恒的主题。他是一位著名女演员与一名剧院主管的儿子。他的家庭打算供他学习神学，但是他自己的兴趣在于当时的普适科学：医药学。他在帕多瓦求学期间，仍然接受了这一科学领域的培训。他在威尼斯的安康圣母修道院完成学业，从师于意大利最杰出的专科医生佩特·巴尔巴里戈（Pater Barbarigo），学习了所有科学门类的课程。

总督府内的监狱门

卡萨诺瓦主要靠运用自己渊博的知识进行诈骗，但却丝毫没有损害他在欧洲上流交际圈的受欢迎程度。他依靠自己的知识制造出了隐形墨水，这种墨水写出的字迹在经过一段时间之后便会消失，特别适合写情书、签支票。当他为法国王室制造全国性的乐透彩票的时候，他还利用隐形墨水伪造水银散开的痕迹。他利用隐形墨水制造出了催情香水，并撰写了一部子虚乌有的小说，甚至还为他的最后一名资助者瓦尔德施泰因的纺织工制造出了染料。另外，隐形墨水还曾在一次极为凶险的情况下帮他脱身，否则他的事业就将半途而废。

威尼斯当局对当时流行的化妆舞会中频繁出现的小型欺诈案件睁一只眼闭一只眼，但却绝不容忍叛国和间谍事件。卡萨诺瓦与法国大使共享一名情妇，因此两人很可能交往密切。这一点足以成为威尼斯人在 1755 年 7 月 25 日将他逮捕的理由。凭借着子虚乌有的借口，威尼斯人未经审判便将他投入到总督府的监狱中去。据文献记载，他被判入狱 5 年，但是，他本人既不知道自己被羁押的原因，也不知道判决结果，因此，他只能猜测自己将在狱中度过余生。于是，他开始尝试逃跑，而在他之前，从未有人逃跑成功过。

在一次清洁囚室的时候，他被允许在总督府的屋顶散步。他在屋顶上发现了一块铁块和一块大理石，借助石头的帮助，他制作了一把工具。他还利用棉花、色拉油、海绵和硫磺制造了一盏灯，其中，海绵是他为了防止汗渍渗出而缝进夹克衫里的，而硫磺则是治疗他的牙疼的药物。由此，每到夜晚，他便开始在囚室地面上挖洞。

然而，他的第一次逃跑被人发现了，他被转移至另一间囚室。他不得不接受频繁检查，但是，他仍设法将工具藏在同室囚友的《圣经》之中，因此没有被没收。他指导这位名叫马里诺·巴尔比的教士囚友在囚室的天花板上挖洞，第二次逃跑终于成功了。这两名囚犯从总督府的屋顶爬出囚室，并说服看门人他俩是被错误地关入监狱的，在看门人释放他们之后，他们跳上了最近的一艘贡多拉，并在逃跑被发觉之前离开了威尼斯。

卡萨诺瓦将这个逃跑故事写进了1787年在布拉格出版的名为《我的逃亡故事》一书，这本书成了他跻身欧洲上流社会的敲门砖，并在社会状况没有发生改变的情况下一直行之有效。当他在杜赫佐夫城堡离群索居之时，没有人对这个古怪并且喜怒无常的老人的冒险故事感兴趣了。直到卡萨诺瓦死后200年的今天，人们才重新欣赏他在当时的所有关键学科领域上取得的高深造诣。贾科莫·卡萨诺瓦并不应该仅被看成是一位天才的情人或是一位顽固的骗子。

海因里希·贝尔卡：《卡萨诺瓦从总督府的监狱中逃跑》；1788；版画；出自《我的逃亡故事》第一版。

卡尔米尼大会堂（加尔默罗圣母大会堂）

卡尔米尼大会堂始建于1594年，是当时六大兄弟会组织之一加尔默罗圣母会的财产，也是六大兄弟会新建的最后一座大会堂。这座大会堂受加尔默罗会圣母的庇护，严格按照加尔默罗修道院的形式修建。自1427年开始，兄弟会还在它的附近修建了住宅。尽管兄弟会十分富有，但是大会堂的门楼却非常朴素，只有纤细的立柱和淡雅的装饰，这一切均得益于巴尔达萨雷·隆盖纳的设计。卡尔米尼兄弟会在17世纪和18世纪广受欢迎，是当时威尼斯最重要的世俗平民奉献和慈善工作的组织之一。1675年，其成员数达到75000，几乎相当于威尼斯一半人口。拿破仑统治时期下令解散该兄弟会，但是其良好的名声（以及成员们良好的声望）却使得自身的生命力远远比那位自我加冕的皇帝的短暂统治期要长。在1840年奥地利统治期内，皇帝费迪南德一世命令重新成立这一著名的兄弟会组织，并一直活跃至今。大会堂一层的牌匾上列出的成员姓名显示，如今，女性也能够成为会员。

乔瓦尼·巴蒂斯塔·提埃坡罗：《圣母与圣婴在西满·斯道克神父之前显灵》；1739–1749；
帆布油画；533厘米 × 342厘米

富裕的兄弟会召集了18世纪威尼斯最顶级的画家来完成二楼牧师大厅天花板上的绘画作品。而大会堂的一楼则沿袭了传统，并未过多修饰，只是由尼克罗·班比尼完成了刻画圣母生平场景的单色调绘画。提埃坡罗在二楼的天花板上描绘了13世纪加尔默罗修道会的英格兰会长西满·斯道克受赐圣衣的场景（用两块白布缝合在一起的无袖法衣，是加尔默罗修道会的典型衣着）。自从被圣地巴勒斯坦驱逐之后，西满便开始着手将加尔默罗修道会会员由隐士改变成生活在城市之中的托钵行乞僧。对于加尔默罗僧侣而言，圣衣是他们对圣母忠诚的象征。据说，上帝之母在幻境中将圣衣赐予西满·斯道克，并以此作为蒙其庇护的标志。围绕在中心天花板画四周的是拟人化的基本美德，分别代表信仰、希望、宽容、公正、节制、审慎和坚毅，另外还有天使环伺。在大会堂内众多的艺术收藏品之中，在阿尔伯格大厅与档案大厅之间的大厅中陈列的乔瓦尼·巴蒂斯塔·皮亚泽塔的作品《朱迪丝与荷罗孚尼》特别值得欣赏。

广场上的修道院，曾在16世纪初期重修。在大门的上方，人们仍然可以看到老教堂遗留下来的部分圆形窗户，尽管现在已被砖块填充。门楼具有典型的威尼斯朴素的砖石结构特征，如果细心品味，仍能体会到它蕴含的力量。通常进入教堂的方式是经由圣玛格丽塔广场从教堂原来的侧门进入。

加尔默罗会教堂（加尔默罗圣母教堂）

这是一座以前的加尔默罗圣母修道院的附属教堂，它藏身于圣玛格丽塔广场（Santa Margherita），威尼斯人将其简称为卡尔米尼教堂。教堂的建造始于1286年，是加尔默罗修道会在13世纪中叶进行教会改革之后不久在威尼斯兴建的教堂。根据新的教规，加尔默罗修道会舍弃了他们的隐修身份、对静默的坚守以及禁止吃肉等规则，将教会塑造成一个托钵行乞的教会，致力于为城市居民提供精神救济。教堂的主门楼紧挨着卡尔米尼

内部装饰

我们仍能清楚地辨识出这座哥特式建筑的基本结构。细长的石柱将教堂两侧走廊分隔开，而唱诗班区域是在1514年才被改造成目前的形式。建筑师塞巴斯蒂亚诺·马里亚诺来自卢加诺（Lugano），他成功地将融入了肋状拱顶的哥特式唱诗班席与文艺复兴风格平稳地结合起来，其效果生动有趣。他还将高大狭窄的顶部拱门分成了三个窗户区，并在上层窗户区配上了圆拱窗户。教堂中殿雕梁画栋，并部分鎏金，是16世纪末期和17世纪初期的艺术品。

洛伦佐·洛托：《圣尼古拉斯与施洗者圣约翰和圣卢西亚的封神》；1527—1529；

帆布油画；335厘米 × 188厘米

卡尔米尼教堂的右侧廊上除了有西玛·达·科内利亚诺惹人注目的祭坛装饰画《耶稣诞生》之外，还有靠近侧门处洛伦佐·洛托（约1480-1556/1557）创作的尤为精美的祭坛装饰画。对于洛托而言，这幅画的用色极不寻常，采用了深蓝色、绿色和紫色等色调。16世纪的艺术理论家路多维克·道斯（Dolce）裁定这幅作品是运用色彩极为“糟糕”的典型例子，然而，现在的观赏者们几乎完全不会认同这样的负面评价。

圣尼古拉斯的头顶有一个光环，施洗者圣约翰和圣卢西亚分别坐在他的脚下。圣卢西亚身旁的小碟子上盛着两只眼睛，预示着她的殉难。据传说记载，圣卢西亚挖出了自己的双眼，于是，圣母玛利亚赐予了她更为美丽的双眼。

然而，这件祭坛装饰画最不寻常之处在于画面下方宏伟而宽广的风景。在16世纪早期，几乎没有任何画家曾画出过如此浪漫而美丽的风景。

弗朗西斯科·迪·乔治·马尔蒂尼：《耶稣下十字架》；约1475；
青铜浮雕；86厘米 × 52厘米

加尔默罗会教堂内最震撼人心的艺术作品是弗朗西斯科·迪·乔治的这件刻画耶稣下十字架的青铜浮雕。这件小型的铜板浮雕是在大约1475年前后由锡耶纳艺术家雕刻的，这位艺术家同时还是一位建筑师、建筑理论家和画家，并为锡耶纳的圣十字教堂的宗教剧作画。拿破仑将这件作品从锡耶纳盗出，并带到了米兰，后来，马格拉尼男爵得到了这件作品，并将其赠送给威尼斯的加尔默罗会教堂。

弗朗西斯科·迪·乔治·马尔蒂尼的作品是伟大表现力与无限柔情的有机结合。人们可以看到抹大拉正疯狂地挥舞着胳膊，她的上身剧烈地运动着，头发四散飞扬，刻画出了她的悲伤与痛苦。围绕在十字架周围的哀悼的天使们纷纷为之动容，并深感宽慰。观赏者需要仔细审视，才能发现浮雕上的云朵化身为温和的天使。艺术家充分利用了创作介质，创造出了具有可塑性和绘画感的效果。

圣塞巴斯蒂亚诺教堂

圣哲罗姆修道会曾于15世纪在这一地点修建了一座哲罗姆修道院，并在16世纪翻新了圣塞巴斯蒂亚诺教堂。当时促使该兄弟会在教堂刚刚完工不久就开始翻新它的原因是发生了一次不同寻常的大变故，但是，目前的研究尚无法揭示出是何变故。最初，教堂第一次完工于1468年，而新的修建计划很快便被提出。安东尼·阿邦迪奥（被称为斯贾帕格尼诺（Scarpagnino））几乎是当仁不让的建筑师人选，他是一名活跃于16世纪上半叶的建筑师，修建的建筑绝大部分是简单的标准建筑物，而不是那些以令人震惊的建筑品质而著称的建筑物。

内部装饰

这座教堂的内部装饰给人的第一印象是格外朴素，唯一的亮点是旁听席。它与其他威尼斯普通教堂有所不同，它的旁听席不仅存在于主入口的上方，还横跨了整个内殿。因此，教堂的两侧多出了六处小型的祈祷室。经由管风琴下方入口进入圣器收藏室，里面装饰的绘画是由维罗纳艺术家自1551年之后开始创作的。之所以没有威尼斯艺术家的参与，可能是因为修道院的前任院长贝纳尔多·托利奥尼本人来自维罗纳。1555年，他从家乡召集了另一名年轻的艺术家来绘制相对低矮但却大量镀金的天花板区域。这位艺术家的名字是保罗·维罗内塞。在随后的十年时间里，他被屡屡征召，前来从事这座教堂的装饰工作。

保罗·维罗内塞：
《以斯贴加冕》；1555–1556；
帆布油画；500厘米 × 370厘米

维罗内塞为圣塞巴斯蒂亚诺教堂完成的第二个任务是一系列镶嵌在天花板上的帆布油画。在1555-1556年，他采用《旧约全书》中的女英雄以斯贴的生平场景来绘制这些油画。这位年轻的犹太女子与他的叔叔末底改（Mordecai）在一起生活。当强势的国王亚哈随鲁（Ahasuerus）休掉了他的妻子瓦实提（Vashti）（出现在第一幅椭圆形绘画之中）之后，他选择了美丽的以斯贴作为他的新妻子兼王后。当副国王哈曼（Haman）计划屠杀所有犹太人的时候，以斯贴通过向国王陈情拯救了以色列人民。以斯贴王后很快便成为教堂神父们心目中教会的完美化身，当时，教规规定教堂内必须陈列以她的故事为主题的肖像画。以斯贴拯救信众，摧毁敌人，她的装饰华丽并戴着王冠的形象成了天主教堂的象征。对于维罗内塞而言，这个故事让他得以刻画出华丽的衣物、珠宝以及其他物件，充分施展了他的才华。这些作品同样让他获得了更多在威尼斯作画的重要机会。

然而，维罗内塞并不仅仅将为教堂装饰当成职业生涯的跳板。他在这座教堂里创造的宗教绘画最具代表性，最能反映出他的风格体系。因此，这位伟大的艺术家死后自然而然被埋葬在此，他的坟墓（以及他的兄弟贝内代托的坟墓）位于左侧祈祷室的前方，紧邻牧师席。

保罗·维罗内塞：
《圣塞巴斯蒂安殉难》；1558；
壁画；350厘米×480厘米

维罗内塞在二楼的墙壁上描绘了这座教堂所崇拜的圣人的传奇故事场景的壁画，这些壁画只能从旁听席看到。画面上，圣人的身体被绑缚在一条长椅上，施暴者们用粗重的木棒击打他。透过施暴者们细致入微的运动，维罗内塞展示出对复杂的人体位置和前缩透视法的娴熟掌握。在二楼的壁画中，维罗内塞只绘制了塞巴斯蒂安的传说故事。壁画的四周采用彩绘的建筑结构作为画框，营造出一种建筑物的侧面是敞开式的幻觉。真实空间与绘画空间的界限变得模糊：那些用弓箭瞄准圣塞巴斯蒂安的士兵被刻画在旁听席的一侧，而他们瞄准的对象则被刻画在相对的墙面上。

大天使拉斐尔教堂

在曲曲折折的圣塞巴斯蒂亚诺广场上矗立着两座教堂，分别是圣塞巴斯蒂亚诺教堂和大天使拉斐尔教堂。大天使拉斐尔教堂在重建时（1618-1639 年）选择了全新的朝向，正对着大天使拉斐尔河。在设计之初，教堂的每一面本该配有装饰华丽的门楼，但是，与其他许多教堂一样，只需正面的门楼就足以满足要求。

乔瓦尼·安东尼或弗朗西斯科·瓜尔迪：《托比特、托拜厄斯和天使》；1558；

帆布油画；80厘米 × 91厘米

教堂内部装饰有16世纪和17世纪的绘画作品，然而，最重要的作品是在18世纪中叶才被悬挂在主入口上方的管风琴台上。其中包括五个场景，刻画了托拜厄斯的故事，大天使拉斐尔曾陪伴他完成了一段冒险旅程。

圣尼克罗行乞教堂

威尼斯的最西端与东端的卡斯泰洛一样，始终是普通民众、水手和渔夫们的聚居地，根据这座教区教堂的名字，他们因此被统称为“尼科洛蒂人”。尽管教堂名字里有“行乞”一词，但是他们并非乞丐。与之相反的是，教堂前方的一根石柱上雕刻着圣马可之狮，表明了这一区域内居民的准确社会地位。他们从最高阶层的渔夫中选出一名渔夫作为独立的领导者，并尊称他为“尼科洛蒂人的总督”。在正式场合，这名渔夫与威尼斯共和国的总督一样，身着红色长袍出席。尼科洛蒂人的总督在正式当选之后，由众多当地居民陪伴，前往总督府，在一场盛大的庆典中，威尼斯总督亲自接待，并赐给他兄弟般的一吻。藉此，政府象征性地宣告了人民群众和渔夫在威尼斯的重要作用。

教堂的前门楼仍保留了一间小型的门廊，威尼斯中世纪教堂大多有此设计。

但不幸的是，几乎所有的门廊均已消失。它们曾为教堂教区内的乞丐提供遮风避雨的场所，还有一些类似的门廊却是贫穷的修女们的住所，她们的行止几乎与乞丐无异，人们将她们称为“女忏悔者”。

圣尼古拉斯木雕

很多祭坛上并没有陈列绘画，圣尼克罗行乞教堂的祭坛上放置着一尊大型的圣尼古拉斯木雕，其创作年代可追溯到15世纪中叶。这位圣人身穿一件镀有厚重黄金的主教长袍，抬举起一只手，为社区民众祈福。尼古拉斯还是水手们的保护神。

圣人的膝盖上有三只金球，让我们想起了《黄金传奇》里的故事：三名少女既没有谋生技能，也没有嫁妆，眼看就将沦为妓女，此时，圣尼古拉斯在晚上将金球当成礼物送给她们，将她们拯救于水火之中。这尊行善主教的木雕对于该区域内的穷人和被蹂躏的人有着多种不同的重要意义。渔夫们也崇拜他，因为他们日日经受着海洋的大风大浪，而他们的家人则时常生活在赤贫边缘。木雕上厚重的镀金显示出人们对圣尼古拉斯的崇拜是多么狂热。

内部装饰

教堂的内部装饰富丽堂皇，显示出教区内的居民对教堂的热爱。这是一个贫穷的地区，居住着渔夫、水手和产业工人，人们并没有足够的资金彻底推倒重建这座教堂。因此，这座始建于 12 世纪的建筑物是经过一点点地整修或重修彻底损坏的部分才呈现出现在的面貌的。然而，圣尼克罗行乞教堂却是威尼斯最有氛围的教堂，尽管历经了多个世纪的重新装饰，但是它仍然保留了最初的功用。

14 世纪，教堂内部得以翻新，并修建了通往牧师席和侧廊的拱门，如今，我们仍能看到当时留下来的装饰性漆面。教堂中殿里的柱头也在这一时期翻新过（其中的两座柱头分别是 1361 年和 1364 年竖立的），而屋顶架则是重新修建的。之后最主要的翻新工程是在 1580 年完工的，中殿配上了鎏金的木雕，并添加了描绘耶稣生平场景的绘画作品，在石柱顶部还添加了十二位传道者的雕塑，另外，带有圣母、约瑟夫和两名天使的耶稣上十字架雕塑也是在这一时期完成的。

圣特洛瓦索河上的贡多拉码头

威尼斯仅存的三座贡多拉船厂之一就坐落在圣特洛瓦索河畔。尽管现在已经不像以前那样需要大量贡多拉来提供民众的所有出行，但是，这种昂贵船只的需求量依然旺盛（每条贡多拉的报价超过两万欧元）。

购买新贡多拉需要等上好多年才能买到，这种小船用八种不同的木料打造而成，十分经久耐用。船只长约 11 米，宽约 1.4 米，船身右侧比左侧窄 24 厘米，其作用在于保持单桨划水时船身的平衡。船桨的长度与贡多拉船身长度一致。

任何人都可以购买贡多拉，但是只有威尼斯人才被允许从事贡多拉船夫的工作，他们也是唯一能拿到行驶执照的人。为了让船夫们能够优雅而安全地驾驭贡多拉，他们所需经历的培训过程长达十年。新的船夫并不匮乏，尽管其中的大部分都是继承了先辈职业的贡多拉船夫们的子孙。

圣特洛瓦索教堂(圣杰尔瓦西奥·普罗塔西奥教堂)

威尼斯人将这位圣人简称为圣特洛瓦索，因此这座教堂的名字也得以缩短。在9世纪，同一位置上便修建了纪念两位殉教者的早期教堂。圣特洛瓦索教堂周边区域是一块远高出潟湖水面的高地，因此很早就有人在此定居。1028年，巴尔巴里戈家族出资新建了一座新的教堂，但是在1105年便毁于大火。12世纪在原址修建的教堂到了16世纪变得残破不堪，在最终倒塌之后的1585年再次重新修建，这座新建筑直到1657年才被祝圣。教堂拥有两座相同的门楼，分别面对圣特洛瓦索广场和圣特洛瓦索河。

耶稣亚提教堂(玫瑰经圣母教堂)

威尼斯人将这座教堂简称为“耶稣亚提教堂”，这个名称与耶稣会教堂的名称相似，因此人们往往会误认为它是一座耶稣会教堂。然而，耶稣亚提的意思是圣母升天，耶稣会教堂则在城市的另一端。“贫穷的耶稣”是成立于14世纪末期的一个威尼斯修道会，远早于罗马的耶稣会。

16世纪初，耶稣亚提修道会在浮木码头修建了一座崇拜圣杰罗姆的修道院。这座文艺复兴风格的教堂的门楼位于耶稣亚提教堂的左侧。1668年，耶稣亚提修道会解散，修道院被道明会接管，道明会修建了这座教堂，但是教堂名字仍承袭了以前的名字。教堂的门楼与对面朱代卡岛上的教堂相互辉映。

乔瓦尼·巴蒂斯塔·提埃坡罗：《捐献玫瑰经》；1738—1739；

壁画；1400厘米×450厘米

在教堂祝圣之后不久，提埃坡罗便开始着手创作天花板上的壁画。其中包括三组有关圣道明以及道明会历史的叙述场景。悬挂在入口上方的是《圣道明的封神》，而祭坛之上的画面则刻画了圣道明赐福另一位道明会员，后者可能是建设这座教堂的弗拉·保罗。天花板中心的绘画描绘的是圣道明捐献玫瑰经的场景，他将圣母赐给他的珍贵礼物转交给了虔诚的信徒们。总督是第一个接触到这一圣物的人，通过这一画面设置，教会与国家达到了完美的结合。在画作中，道明会指引着威尼斯的方向，与此同时，还表明了信众必须站立在前景处，圣人必须站立在离圣母最近的地方，威尼斯共和国的最高代表则距圣母较远，而那些邪恶的人则跳入了场景底部的黑洞之中。提埃坡罗着重强调了色彩与光线的运用，从画面底部场景直到顶部的圣母形象，光线逐渐加强，由此，他成功地赋予水平画面以垂直上升的空间感。

这幅画与皮亚泽塔的祭坛装饰画一起陈列在教堂右侧的第三间祈祷室内，与第一间祈祷室内提埃坡罗的《三圣装饰屏》形成了某种对应关系。这幅画表现的是三位道明会的圣人，包括文森特·费雷尔、海亚辛斯和路易·贝特朗。皮亚泽塔为自己设置了将数个单独的人物形象纳入构图的任务，因此，这里就出现了连续两代画家创作的两幅十分相似的绘画共聚一堂的情况。皮亚泽塔属于“黑暗”（源自意大利语“tenebroso”，意为“黑暗”或“朦胧”）的一代画家，这一代画家常运用少量而阴暗的色彩来作画，其风格特征是画面上的人物形象往往是从背景处浓重的色彩中隐现。画面顶部的天使是令人窒息的艺术杰作，考虑到它是用单一的基础色彩表现出来的，因此它所呈现出来的前缩透视和绘画技巧极具表现力。皮亚泽塔的这幅杰作将老式的构图准则与新式的更为明亮的色彩运用结合在一起，尽管其色彩仍局限于黑色、棕色、黑色和淡褐色。

乔瓦尼·巴蒂斯塔·皮亚泽塔：《圣文森特·费雷尔、海亚辛斯和路易·贝特朗》；约1738—1739；
帆布油画；345厘米 × 172厘米

乔瓦尼·巴蒂斯塔·提埃坡罗：《三圣装饰屏》；约1748；

帆布油画；340厘米 × 168厘米

在皮亚泽塔的祭坛装饰屏创作完成十年之后，提埃坡罗绘制了这幅表现圣母与锡耶纳的圣卡泰丽娜、利马（Lima）的圣罗萨（Rosa）和艾格尼丝（Agnes）在一起的祭坛装饰画。在天空中的漫射光线照耀下，皮亚泽塔作品中的圣人们似乎飘忽不定地聚在一起，而这幅作品中的圣母和圣人们则聚在一个固定的位置上。一只金翅雀站在立柱顶部的横梁上，似乎随时会飞走。画面上其他剩余空间显得一片混沌，只有人物身后的天空隐约可见。提埃坡罗的构图以及女子们身穿的长袍散发出的光芒清晰地显示出16世纪艺术家保罗·维罗内塞的作品对他的影响。圣母端坐在一朵金色的云彩上，站立的圣人们身上穿着同样颜色的长袍表现出来不同层次的阴影，这些都表现出提埃坡罗曾学习过维罗内塞的技法，而后者同样影响过皮亚泽塔和他那一代画家。皮亚泽塔和提埃坡罗对色彩的处理均十分娴熟，他们对色彩的出色驾驭能力，自提香之后，威尼斯的画家无出其右。

滑稽的医生、或聪明或愚钝的农夫以及最终总是沦于贫困的富裕老人

著名的威尼斯诗人卡洛·哥尔多尼将即兴喜剧中的诸多角色转化为自己剧本中的角色，其中包括那些佩戴着各色面具的剧场人物：富裕的老年人、滑稽的医生、学者以及扮演仆人的小丑。这些角色在他的剧本中达到了完美的境界，但是却使得即兴喜剧走向消亡。在即兴喜剧的全盛期，也就是16世纪与17世纪相交的时候，整个欧洲都为之着迷，观众无不捧腹大笑。人们把这种喜剧称为“喜剧话题”或“来自意大利的即兴喜剧”。威尼斯是即兴喜剧的主要发源地，它深深地扎根于这座城市的土壤之中，来自帕多瓦的安吉洛·贝奥尔科（昵称为伊尔·卢赞特）创作的粗糙的剧本将即兴喜剧发扬光大。这些剧本可以在任何场所上演，甚至可以在大街上表演，不需要道具和精美的舞台，幽默的剧本提纲着眼于当下的事件与人物。哥尔多尼和他同时代的作家发展了这一主题。然而，曾经是即兴喜剧中不可或缺的老年人物角色最终却从18世纪晚期的喜剧舞台上消失了。他们通常佩戴着千篇一律的面具，在诸如《一仆二主》、《塞维利亚的理发师》以及《女仆情妇》等剧作之中仍然出现了他们的身影。这类曾经风靡一时的角色对于当代的喜剧爱好者而言已经完全陌生了，尽管包括诺贝尔文学奖得主达里奥·福在内的剧作家仍尝试将这一类角

加布里埃尔·贝拉：《圣马可小广场上的一队演员（局部）》；早于1792年；威尼斯奎里尼·斯坦帕利亚美术馆藏。

色在 20 世纪的舞台上复活。

即兴喜剧中的这些角色是什么样子的呢？角色分成年轻人和老年人两类，其中每类角色又分成戴面具和不戴面具两类。年轻角色通常在喜剧中比老年角色的下场更好一些。但是他们的弱点，包括容易上当受骗、陷入盲目的爱情、容易腐化堕落、天真幼稚以及追求享乐等，也是喜剧讽刺的目标。而老年角色的吝啬、好色、刻意装嫩的行为以及浮夸的伪文化做派同样备受嘲讽。在所有的年轻角色之中，必定会有一对情人，他们不用佩戴面具，以免遮挡住他们俊俏的面孔。

年轻的女子角色很可能也是贵族的情妇，她在任何场合下都不用忠诚于她那年轻而天真的情人，尤其是在有金钱往来的时候。年轻女子的老仆妇通常总是显得贪婪而腐朽，经常为年轻女子牵线做媒。

和老仆妇一样，潘塔洛内也是喜剧中的重要角色，属于老年角色一类。潘塔洛内总是带着面具，他身穿过于年轻的紧身红色衣服，头戴黑色帽子，身披宽大的黑色斗篷，长着一只又大又长的鼻子和一撇山羊胡。他随身携带着一个快要满出来的鼓鼓囊囊的包裹，象征着财富和吝啬。他是威尼斯富有的商人的化身，操着一口威尼斯方言，向年轻漂亮的女子大献殷勤。而剧中其他角色则总是忙于得到他的金钱。在喜剧的结尾，他总

不知名画家：《滑稽小丑》；彩色版画；罗马布嘉多戏剧图书馆和博物馆藏。

是被人抛弃，因此成为别人的笑柄。与他演对头戏的往往是一名医生，他身穿一袭黑衣，戴着一只大大的单片眼镜，代表着曾在博洛尼亚著名大学里受教过的学者。他行动浮夸，喋喋不休，满嘴的废话和外语单词。他是那些自我膨胀的学者的完美化身，他可以是一

马丁·恩格尔布雷希特：《潘塔洛内》；彩色版画；罗马布嘉多戏剧图书馆和博物馆奥格斯堡展厅藏。

名医生，也可以是律师或哲学家，总是对所有事物发表看法。另一类老年角色是卡皮塔诺，他是一名外表鲜亮的花花公子，沉溺于自己当兵时的英雄事迹幻想之中，一旦面临任何不安全的状况，他便立刻消失的无影无踪。他操着外国口音，因此常被取笑。他是那些从西班牙、日耳曼和其他地方来意大利当兵的人群的混合体。即兴喜剧里除了潘塔洛内和年轻的情人之外最重要的角色是桑尼（威尼斯方言中的滑稽男仆），通常喜剧里会有若干个桑尼角色，有时，他们的名字会有所不同。他们中的绝大多数是富裕的潘塔洛内的仆从，身穿白色的衬衣和长裤，让人联想到贝加莫农夫身穿的浅色衣物。贝加莫的农夫操着贝加莫方言，并成千上万地涌入意大利北方的港口城市，比如威尼斯和热那亚，在那里做搬运工人。桑尼戴着只遮住一半面孔的面具，外形极其粗俗。他们随身佩戴（木质）刀具，表明他们好狠斗勇，并且胡吃海塞。用现代人的眼光看，这是对赤贫且饥寒交迫的农夫的拙劣模仿；他们为了谋生，不得不到城市里充当脚夫和仆从。桑尼这一角色时而表现的愚蠢而且肆无忌惮，时而又表现的诡诈而狡猾，但是他们总是多疑而好奇。他们或真实或假装出来的愚蠢正好为小丑带来极好的表演机会。哈利昆（Harlequin）经常伴随着仆从出现，这是一个源自法国的角色，其特点是身上穿着五颜六色打满补丁的衣服。哈利昆这一角色需要极高的杂耍功底，他极为狡猾，却又极其矫揉造作。通常，正是哈利昆手握着喜剧结局的线索。喜剧的结尾无外乎是年轻的恋人终成眷属，而潘塔洛内则垂头丧气地冷眼旁观。

一出即兴喜剧获得成功的基本要素是对面具和创作题材的熟悉，两者需要通过幽默的方式不断变化。人人都熟悉富裕而吝啬的商人潘塔洛内和他的仆人桑尼，以及他们的众多跟班，尽管各个剧院的跟班配置各不相同。对于观众来说，根据每个角色头戴的面具就能清楚地知道哪个段落的故事和问题会变得很滑稽。因此，人们对故事情节的大部分已经了然于胸。那么，喜剧吸引人的地方就在于即兴创作发挥和插科打诨，以及穿插其中的惊险杂耍表演。

尽管我们知道即兴喜剧曾经深受喜爱，但是，现在我们已经很难体会到其中的机智、节奏感以及快速有趣的对话的吸引力。即兴喜剧的对话往往非常粗俗，并不失对当时政治的洞察力，而当时的政治控制十分严酷，且时常面临宗教调查，因此，明智的做法是仅将那些平淡无奇的无害台词记录在稿纸上。这样一来，现在我们能够看到的剧本就显得极端乏味无趣。而当时的观众却能从即兴喜剧中获得无穷的乐趣。

对话的开放性让这一形式的剧场戏剧格外具有吸引力，因为观众可以亲身参与到戏剧中。在威尼斯的狂欢节期间，人们无论贫富均身穿即兴喜剧中的戏服，参与到各色表演之中。到了18世纪，即兴喜剧已经被新式戏剧所取代，尽管如此，它们的角色却出现在众多绘画之中，至今仍保存在威尼斯的各大博物馆中。

乔瓦尼·多梅尼科·提埃坡罗：《紧绷的绳索上的普尔奇内菜》；1793；威尼斯雷佐尼科大厦藏。
普尔奇内菜是桑尼的那不勒斯亲戚，自16世纪末开始出现在即兴喜剧舞台上。

学院美术馆

保罗·维罗内塞：《圣基娅拉多联画屏(中心画屏)；

木板画；98厘米×63厘米

《圣母加冕》是这件多联画屏（是将多幅小型画板组合在一起形成单一作品的祭坛装饰屏）的中心画屏。这件多联画屏来自威尼斯的圣基娅拉教堂。除了主画板上描绘了圣母形象之外，还包括八幅描绘耶稣生活的场景，画屏左侧顶部描绘了圣灵降临的场景，画屏右侧顶部描绘的是耶稣末日审判的场景，而在中间画屏的顶部则描绘了圣方济各、圣克莱尔、四位福音传道者以及圣母头顶上的大卫和先知以赛亚。精美的哥特式画框曾在19世纪修复过，但是其中有一部分仍是原件。保罗·韦内奇亚诺（死于约1360年）是我们知道姓名的威尼斯顶级艺术家之一。在1333年至1358年间，他署名创作过多幅作品。他和同时代的威尼斯画家最典型的特点是严格遵循拜占庭传统，对托斯卡纳画家乔托早在14世纪初便已在近邻帕多瓦创作出来的杰作丝毫不以为意。乔托的绘画表现出了一种对多维度人体的全新关注，并注重肖像画的细节描绘。这一点在《圣母加冕》显得尤为突出，人物的身体完全被昂贵的织锦所掩盖，使得整幅画面呈现出一种昂贵而喜庆的氛围。

雅各贝罗·德尔·费奥雷：
《身披斗篷的圣母》（中心画屏）；
1436？；
木板画；86厘米 × 113厘米
（三联画屏整体）

这件三联画屏的中心画屏描绘了圣母玛利亚，左侧画屏描绘的是施洗者圣约翰，而右侧画屏描绘的是福音传道者圣约翰。原先雕刻精美的鎏金木质画框并未流传下来。圣母的斗篷下庇护了一些恳请者，使他们免受邪恶势力的迫害，她是深受人们爱戴的保护神，并表达出了信众希望她在最后的审判中为他们求情的愿望。这一类型的绘画在13世纪的西方世界广为流传，雅各贝罗·德尔·费奥雷（1394-1439）创作的《身披斗篷的圣母》沿袭了拜占庭时期对圣母斗篷的崇拜主题，这是因为在1204年，君士坦丁堡一座教堂里供奉的一块斗篷残片被带到了圣马可教堂。

幼年耶稣的形象出现在圣母的胸口，让人联想到了东正教堂里的圣母形象。类似这样的身披斗篷的圣母形象在早期威尼斯画家的作品中也曾表现过。但是，斗篷和衬里柔和地下垂的样子和平缓的皱褶，以及圣母和福音传道者圣约翰脚下踩着的五彩的花瓣上交织着的明亮的光影线条，所有这些与早期威尼斯艺术的风格却截然不同。另一幅画屏上的施洗者圣约翰则身处旷野之中，脚下踩着坚硬的岩石地面。

15世纪的威尼斯绘画为随后几个世纪威

的画家创作的大型组画，生动地表现了15世纪的威尼斯生活。但是，15世纪最伟大的威尼斯画家毫无疑问就是乔瓦尼·贝利尼，学院美术馆里陈列了大量他的作品。

乔瓦尼·贝利尼：《圣母与树木》；1487；
木板画；74厘米×58厘米

乔瓦尼·贝利尼（1430-1516）创作的圣母系列画早在他在世的时候便已得到极高的评价。他的画室创作的超过80幅以圣母为主题的绘画得以保存至今。《圣母与树木》是他的第一幅注明日期的圣母画像。画面上除了包含宗教内容之外，还刻画出了圣母与圣子之间内在而生动的母子关系，观赏这幅绘画的现代人依旧会被这种情感打动，而画作的宗教含义反而显得无足轻重。

尼斯诞生出来的不可思议的绘画杰作打下了坚实的基础，学院美术馆里陈列了许多格外优异的15世纪绘画的代表作。除了贝利尼家族和维瓦里尼的杰作之外，这里还陈列了包括西玛·达·科内利亚诺和维托雷·卡尔帕乔等艺术家在内的代表作。

学院美术馆里还陈列了许多画室和单独

乔瓦尼·贝利尼：《圣母怜子图》；约1505；

木板画；65厘米×87厘米

那些通过复制品了解过这幅画的游客一定会惊讶于原作是如此之小，这是因为圣母子在身后宽广的风景映衬下显得高大而宏伟。就算是人们已经了解到这幅作品上的圣母正在耶稣下葬之前与他的儿子做最后的告别，人们依然会惊叹于作品的纵深感，而不认为这幅画刻画的只是某一特定的时刻，与之相反，人们仿佛觉得圣母哀悼死去的儿子的巨大悲痛已经成了永恒的瞬间。画面前景处的圣母子与身后的风景之间隔着一条由各色鲜花组成的地带，人物与城市间隔开的宽阔距离暗示了圣母子与尘世俗务的分离。虔诚的观众得以心无旁骛地将同情与祈祷全部奉献给前景处的圣母子。

学院美术馆

保罗·维罗内塞：《利未家的晚餐》；1573；见322–323页

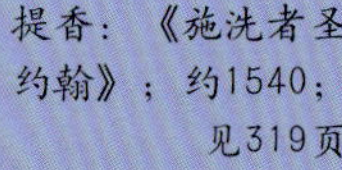

提香：《施洗者圣约翰》；约1540；见319页

马可·里奇：《洗衣女人风景画》；约1720；见326页

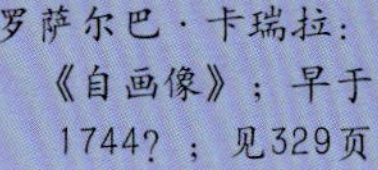

罗萨尔巴·卡瑞拉：《自画像》；早于1744?；见329页

1 主入口

2 慈善圣母大会堂收藏的14世纪和15世纪威尼斯画派的作品(保罗·韦内奇亚诺，雅各贝罗·德尔·费奥雷)

3 15世纪和16世纪早期威尼斯绘画(贝利尼，吉奥乔尼；西玛·达·科内利亚诺，洛托)

4 16世纪威尼斯绘画(提香，维罗内塞，丁特列托)

5 16世纪威尼斯绘画(巴萨诺，提香，丁特列托，提埃坡罗)

6 17世纪威尼斯绘画(提埃坡罗，皮托尼，皮亚泽塔，瓜尔迪，隆吉)

7 17世纪风景画(里奇)

8 17世纪绘画(卡拉奇，斯特罗齐，费蒂)

9 圣乔瓦尼福音大会堂收藏绘画(真泰尔·贝利尼，卡尔帕乔)

10 圣乌苏拉组画(卡尔帕乔)

11 慈善圣母大会堂阿尔伯格大厅

12 慈善圣母教堂收藏的15世纪威尼斯绘画(贝利尼，维瓦里尼)和各式展览

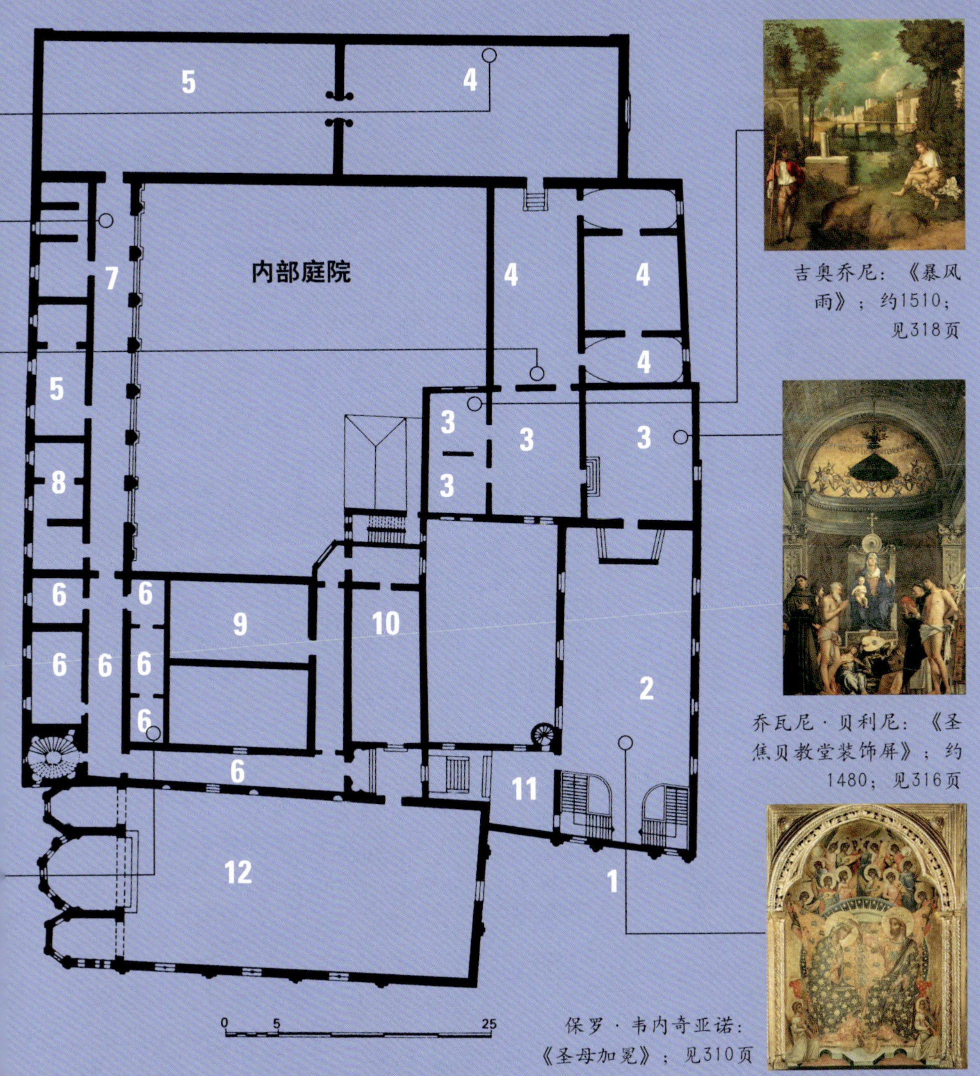

吉奥乔尼：《暴风雨》；约1510；见318页

乔瓦尼·贝利尼：《圣焦贝教堂装饰屏》；约1480；见316页

保罗·韦内奇亚诺：《圣母加冕》；见310页

乔瓦尼·贝利尼：《圣焦贝教堂装饰屏》；约1480；

木板油画；471厘米 × 258厘米

这件作品出自威尼斯的圣焦贝教堂，并保留了原有的画框。贝利尼在为圣焦贝教堂创作这件祭坛装饰屏的时候，将教堂的立柱准确地复制到画框上，因此，参观教堂的游客会以为画面中的圆形拱顶是用画框上的立柱支撑起来的，而画框上的立柱看上去就像是祈祷室内的立柱在画面上的延伸。这也使得画面上的这间小型的祈祷室似乎面向祭坛敞开着，而多名圣人像是真的聚集在圣母周围。这幅绘画对贝利尼同时代的画家影响深远，不仅因为它采用了非凡的透视法，而且还在于它的光线和栩栩如生的色彩运用，一位16世纪末期的编年史作家认为这得益于艺术家首次使用油彩作画。

乔瓦尼·巴蒂斯塔·达·科内利亚诺(西玛·达·科内利亚诺)：《圣母与橘子树》；1497—1498；
木板画；212厘米 × 139厘米

西玛·达·科内利亚诺（约1459-1517/1518）的绘画除了描绘相应的主题之外，对优美的风景格外着迷，其中就包括画家位于阿尔卑斯山脚下的家乡在内的一些地方的风景。画面左侧的城堡已经被确认为圣萨尔瓦多·迪·克拉尔托城堡。他描绘的人物略显僵直，不如贝利尼的那么生动。他在创作这幅作品时，把圣母和圣人们的形象放置在风景之中，使这类普通的风景画的内容变得更为充实。画面左侧的远景处，圣约瑟夫牵着一头驴子等待着圣母，这一场景设置使得画面上在橘子树下小憩的圣母变成了逃往埃及的圣母。在画面的前景处，西玛着重刻画了圣母端坐的位置，看上去像是坐在王座之上；身边是圣杰罗姆和圣路易，刻画出了神圣会谈的场景，尽管历史上这两位圣人并未跟随圣母逃往埃及。

吉奥乔尼：《暴风雨》；约1510；
帆布油画；68厘米 × 59厘米

与吉奥乔尼（1478-1510）仅存于世的其他几件作品不同，这幅绘画一直不存在争议，被一致认定为画家的原笔。然而，画面表现的主题却颇具争议，至今没有定论。艺术史学家们试图揭开这幅画的主题的论文早已结集出版，但是画作表现的主题仍然是一个谜。当然，这不仅出于艺术家的本意，让画作变得晦涩难懂，也同样出于订购这幅作品的加布里埃尔·文德拉明的意思。在16世纪初，吉奥乔尼经常服务于一些年轻的贵族，他们格外崇尚晦涩的绘画主题，其意义仅有那些发起绘画创作的小团体才知道。对于那些非发起人，除了能看出画面上暴风雨来临之前的温暖潮湿的气氛之外，对画面中弥漫出来的阴郁、危险以及人与自然之间强烈的亲和力仍有些琢磨不透。吉奥乔尼比乔瓦尼·贝利尼年轻得多，他是16世纪早期仅次于贝利尼的第二位被威尼斯画家模仿的最多的画家。他的绘画表现出了一种对远方的渴望、对自然的亲近，用古典主义的诗意描绘幸福的生活，这些特征同样出现在同时代的画家作品中，其中包括雅各布·桑纳扎罗在1499年创作的《世外桃源》。

提香：《施洗者圣约翰》约1540；
帆布油画，201厘米 × 134厘米

提香（1488-1576）是受到吉奥乔尼深刻影响的一位画家。在1540年，他画《施洗者圣约翰》这幅画的时候，他已成为与之并驾齐驱的人物。画中背景里的河流象征着基督的洗礼。

提香：《圣母上圣殿》；1534—1538；帆布油画；335厘米×775厘米

现在的学院美术馆包括了以前慈善圣母大会堂的建筑。1534年，慈善圣母兄弟会的委员会决定委托提香为兄弟会的聚会大厅创作一幅绘画，当时，这位最著名的画家（很可能是当时最昂贵的画家）正好在威尼斯逗留。于是，学院美术馆便拥有了这幅《圣母上圣殿》，这幅画仍被陈列在它原先摆放的地方。提香描绘了圣母还是一名三岁儿童时的传奇故事，她不用别人搀扶，独自灵巧地攀爬上了圣殿里陡峭的台阶。在画面的左侧，一群人（包括兄弟会的太保）站立在宽广的阿尔卑斯山景之前。在画面的右侧，受到赐福的圣母独自爬上了台阶，一圈金色的光环笼罩在这位圣人的身上，她身后有一座建筑阻隔了远处的风景。提香试图将人物群像和神圣的场面这两种不同的画面构图融合在一起，却最终还是将它们分开。肖像画和神圣场景极少会同时出现在一幅作品中，然而，提香选择了不同的背景，将两者巧妙地区分开。与此同时，他的苦心构图让观赏者能够分别专注于画面上的两块主体区域。

雅各布·丁特列托：《保存圣马可的遗体》；1562；

帆布油画；398厘米 × 315厘米

1548 年，丁特列托曾应邀为圣马可大会堂（同样位于现在的学院美术馆内）创作了一幅《圣马可释放奴隶的神迹》，这幅画获得了轰动性的成功。14 年之后，丁特列托再次受到圣马可大会堂的邀约，为大会堂的主厅绘制一幅描绘了这幅圣马可生平场景的绘画。与《圣马可释放奴隶的神迹》相似的是，这幅作品对空间的刻画在烘托戏剧性方面起到了关键作用，这归功于针对整幅画面上所采用的透视法，而并非在圣马可遗体的刻画上所采用的令人惊讶的前缩透视法。画面上表现了一场狂暴的暴风雨来临瞬间，两名威尼斯人乘其他人忙于躲避暴风雨，成功地将珍贵的圣马可遗体盗出的故事。

保罗·维罗内塞（保罗·卡利亚里）：
《利未家的晚餐》；1573；
帆布油画；555厘米×1310厘米

最初，这件绘画悬挂在圣乔瓦尼·保罗道明会修道院的餐厅墙面上。它取代了1571年被大火烧毁的提香的《最后的晚餐》。其实，维罗内塞被邀请创作的仍旧是《最后的晚餐》，但是，在1573年7月18日，他却被宗教裁判所审判。当时，没有任何别的地方的宗教

裁判所像威尼斯的那样，对政府拥有如此巨大的影响力。被宗教裁判所审判意味着画家已经身陷极端的险境之中。裁判官控告他的绘画不合时宜，并询问艺术家为什么他要把喝醉酒的人、日耳曼的雇农，甚至还有一名流鼻血的男子画到作品中去。维罗内塞的回应显示出了他对艺术自由的惊人理解，他认为，一名画家应该被赋予让想象力信马由缰的权利。裁判官要求他修改作品中的某些部分，但是维罗内塞却仅仅将标题从《最后的晚餐》改成《利未家的晚餐》（利未是一名富裕但尚未皈依的税收官员）。显然，利未家适合举办这样一场华丽而丰富多彩的盛宴。

在这件作品中，维罗内塞形成了他自己的艺术风格。与其他16世纪画家不同，他擅长于描绘昂贵的材料、珍贵的宝石和珍珠。对于提香和维罗内塞而言，色彩是他们最重要的工具。然而，维罗内塞与伟大的提香仍有所区别，提香的后期作品尽量避免使用鲜明的色彩，而采用阴霾的色调渲染绘画，但是，维罗内塞却一以贯之地使用丰富的色彩。他还将昂贵的丝绸运用到绘画之中，以期在不影响真实色彩运用的同时，表现出最大化的阴影效果。

抛开宗教裁判所针对艺术家在作品中隐藏的意图的指控不说，我们可以认为维罗内塞其实是在探索他的作品的装饰性。正是出于他对色彩殚精竭虑的运用使得整个构图呈现出令人难忘的效果。

乔瓦尼·巴蒂斯塔·提埃坡罗：《洛雷托圣所的神迹》；1744—1745；
帆布油画；124厘米 × 85厘米

1915年10月27日，奥地利军队投下的炸弹击中了威尼斯斯卡尔齐圣母教堂（见34页）的屋顶，提埃坡罗创作的巨型天花板画被摧毁了，这幅画描绘了圣家教堂（拿撒勒的圣母圣所）转移到洛雷托的情景。幸运的是，两幅中心天花板画的草图得以幸存（另一幅藏于伦敦）。这幅草图呈现的是我们从老照片上所能看到的情景，但并非完整的草图，仅仅表现了中心天花板画。虽然这只是一幅草图，但是我们仍能从中看出中心天花板画的主题，并体会到整幅作品的活力。依靠天使的支撑，音乐天使的陪伴，圣家教堂起先被搬运到达尔马西亚，随后不久，又从达尔马西亚搬迁到意大利的洛雷托。这一神迹据称发生在1295年，因此，洛雷托至今仍是最重要的圣母朝圣地之一。

乔瓦尼·巴蒂斯塔·皮托尼：
《天使报喜》；1757；
帆布油画；153厘米×205厘米

乔瓦尼·巴蒂斯塔·皮托尼（1687-1767）出生在威尼斯，仅比提埃坡罗稍大一点，但是后者的作品与其他同时代的意大利中部画家的作品一道，影响了皮托尼。皮托尼年轻的时候曾长期逗留在罗马和艾米利亚-罗马涅大区。与同时代著名的提埃坡罗不同，皮托尼仅在威尼斯定居，但是他的作品却在整个欧洲供不应求。他的作品的一个特点是采用粉色和蓝绿色色调勾勒阴影，另外，他擅于使用柔和的浅棕色来突出自己绘画的洛可可风格，这些在《天使报喜》中均有表现。然而，皮托尼的作品也反映出了他在构图时犹豫不决的典型弱点。

马可·里奇：《洗衣女子风景画》；约1720；

帆布油画；136厘米 × 198厘米

早至16世纪，威尼斯人便十分喜爱风景画。这些早期的风景画特别包括了威尼斯人别墅中绘制的壁画。自17世纪和18世纪之后，富裕的威尼斯人收藏了大量中小型的风景画装饰他们的宅邸。马可·里奇（1676-1730）是18世纪威尼斯及意大利北部风景画的奠基人。他的下一代画家大多受到了他创作的辽阔且各不相同的色彩精美的风景画的影响。里奇自己不仅曾学习过老一辈的威尼斯风景画和意大利南部画家萨尔瓦多·罗萨等人的作品，还曾游学英格兰数年，仔细钻研了荷兰风景画家们的作品。《洗衣女子风景画》描绘了皮亚韦河谷的风景，而这一场景曾多次出现在他的风景画中。

乔瓦尼·巴蒂斯塔·提埃坡罗：
《狄安娜和阿克泰翁》；1720—1722；
帆布油画；100厘米×135厘米

这件作品是描绘奥维德的《变形记》场景的四幅系列绘画中的一幅。猎人阿克泰翁目睹了狩猎处女神狄安娜和她的仙女们洗澡的场景。当狄安娜察觉到他的时候，将他变成了一头牡鹿，他的猎犬将他撕成了碎片。在很长一段时间里，人们认为这是塞巴斯蒂亚诺·里奇的作品。1922 年，人们最终确认这是当时还很年轻的提埃坡罗的作品，他在创作这幅绘画时仍完全受到 17 世纪威尼斯的前辈艺术家们的影响。提埃坡罗在画面的远处描绘了一个充作农舍、远离任何文明的洞穴。仙女们明亮的身体和狄安娜头顶上银色的半月微微映衬在深蓝色的水面上。

弗朗西斯科·瓜尔迪：《圣马可湾和圣乔治·马焦雷修道院以及朱代卡岛》；1780—1790；
帆布油画；72厘米 × 97厘米

弗朗西斯科·瓜尔迪（1712-1793）在创作生涯之中曾多次为圣乔治·马焦雷修道院创作绘画。瓜尔迪为他的家乡威尼斯创作的众多绘画并不是单纯记录了建筑和位置或威尼斯人的职业，这一点在这幅晚期绘画中表现的尤为突出。尽管画面上的建筑、小船和轮船等基本元素的面貌清晰可见，但是光线与色彩仍是这幅绘画的唯一主题。柔和的阳光照耀着这片风景，水面上荡起阵阵涟漪，反射出船只和圣乔治·马焦雷修道院的倒影。实际上，圣马可湾几乎从未有过这样风和日丽的时候，就算海面非常平静，也不可能看到光线照射在镜面般的海面上形成清晰的倒影。没有人亲眼看到过圣乔治修道院在海面上的倒影，而画面上的修道院却像是坐落在一个平静暗黑的湖泊之中。明亮的天空上飘着灰白色的云朵，使得水面、轮船和建筑物上的色彩蒙上了一层淡淡的阴影。瓜尔迪依据构图的需要选择色彩，并非完全真实地还原岛屿和海洋的色彩。然而，与此同时，他同样使用到了典型的威尼斯色彩，在稍微有点阴沉的日子里，天空和海洋呈现出来的颜色便是威尼斯色彩。和谐的色彩以及静止的水面赋予绘画一种非常平静的气氛，而画面上的人物却显得异常忙碌。圣乔治·马焦雷岛和朱代卡岛并不像两座小型的岛屿，更像是在海天之间行驶着的巨型轮船。

罗萨尔巴·卡瑞拉：《自画像》；早于1744年？；
纸张彩粉画；31厘米×25厘米

1705年，当年轻的罗萨尔巴·卡瑞拉（1675-1757）申请罗马著名的艺术学院：圣卢卡学院的职位的时候，学院的主管：画家卡洛·马拉塔把她比作17世纪最著名的艺术家贵铎·雷尼（Guido Reni）。从此，罗萨尔巴开创了她辉煌的职业生涯。在她的职业生涯早期，她就已经找到了显赫的资助人，并得到了欧洲所有顶级王室的支持。罗萨尔巴·卡瑞拉以感性的肖像画著称于世。她并未创作重要的油画作品，而是创作精美而柔和的纸张彩粉画（比如粉笔画）。她的绘画采用了特写的方式，显得简单而亲切，满足了洛可可时期对绘画的要求。她所创作的肖像并非是古代的圣人或神仙，而是上层阶级的领袖和少数人物。这幅自画像描绘她在70岁左右时的形象。

昔日的威尼斯

我们对这座坐落在潟湖上的城市的印象受到了18世纪威尼斯风景画的强烈影响，绘制这些风景画的艺术家被称为“实景画家”。时至今日，前往威尼斯旅游的观光客们仍在不断寻找这些风景画上的色彩和光影。除了弗朗西斯科·瓜尔迪之外，威尼斯最重要的实景画家毫无疑问是安东尼·卡纳尔（Canal），亦被称为伊尔·卡纳莱托。

卡纳莱托（Canaletto）：《乞丐河》；1723；米兰克雷斯波博物馆藏（Collezione M. Crespo）
乞丐河流经圣扎尼保罗教堂，并流向北方。画面左侧显露出部分明亮的教堂门楼的是圣拉扎罗托钵会教堂。教堂内部是修道院和圣马可大会堂，它们的外貌与现在差别不大。

卡纳莱托：《图书馆前的码头》；早于1740年；米兰斯福尔扎古堡民间艺术博物馆藏
图书馆位于画面的右侧沿着码头的方向，威尼斯铸币厂就在图书馆的后面。与现在的面貌不同，铸币厂的一楼完全密闭，仅留下一个小口子透光。其作用与窗户外的栅栏一样，用来防止窃贼进入。画面上还有一座粮仓，在19世纪，为了修建一座皇家花园，这座粮仓被夷平。

卡纳莱托于1697年10月18日出生在威尼斯，于1768年4月20日死于威尼斯。他的父亲贝纳尔多·卡纳尔是一位著名的舞台布景画家。安东尼在成为实景画家之前也曾接受过舞台布景的专业训练。他在学习舞台布景的过程中，极为优秀地掌握了透视法和建筑效果等知识，当他开始描绘身边的风景创作实景绘画时，这些知识对他的帮助极大。

除了绘制剧院的宣传册之外，他很快便开始绘制城市风景，这类绘画深受外国人的欢迎，尤其是那些热衷于提高自己知识水平的富有的英格兰游客。从1730年开始，他常受到约瑟夫·史密斯的邀约作画，后者是一名英格兰商人，他在1720年前后来到威尼斯，并在1744年被任命为英国驻威尼斯

卡纳莱托：《铸币厂前的码头》（局部）；早于1740年；米兰斯福尔扎古堡民间艺术博物馆藏。
尽管雅各布·桑索维诺早在16世纪就已经禁止在圣马可小广场上摆放食品摊和小客栈的货摊，但在直到18世纪，小广场的一部分区域以及码头上仍存在一个多姿多彩的市场，这里贩卖的不只是奢侈品。商贩们搭起临时的遮阳棚，打折售卖货物。这种遮阳棚可以用立杆迅速搭建起来。

领事。这位英国人在鉴赏的问题上是绝对的权威，不单自己收藏了一些卡纳莱托的绘画，还将他的作品卖给英国人，其中小部分卖给了居住在威尼斯的英国人，大部分卖到了他的祖国。他始终能够为卡纳莱托发掘出老道的新买主，这些主顾都喜欢栩栩如生的威尼斯风景画，画面上的威尼斯不愧为“海洋的情人”。正如艺术史学家迈克·利维曾经说过的那样，初看这些绘画，威尼斯似乎像是一座放置在温室中的城市。

绘画作品刻画了城市的一瞬，但是画面上的城市生活似乎仍将继续，这种效果源自画面上的陪衬人物。这些人物形象并不像画面上刻画的建筑物那样精致，看上去只是由一些色块堆砌而成，脸面模糊，但是他们的存在绝不是可有可无。每一处细节均显露出了城市生活的痕迹：一位木匠的窗户、教堂敞开的大门、半合着的水井、下垂的窗帘等等。画面上建筑物的布置同样是为了满足反映城市生活的要求，因此并非均以全貌出现。

画面上的点点滴滴似乎都在告诉我们，画面之外的城市生活一直在继续前行。

然而，卡纳莱托的绘画绝不仅仅是对威尼斯的准确复制。对他而言，城市景观正好为光影强度对照的表现方法提供了绝佳的机会。他的作品总是呈现出独特的光影效果。在他的笔下，浓烈的阴影总是与熠熠生辉的阳光交织在一起，他还成功地捕捉到了多雾的潟湖上那种乳白色的光芒。在这种光线的笼罩之下，画面背景处的城市生活陷入到朦胧之中。无论如何，他的绘画将我们带回到18世纪，有机会一睹威尼斯那时的风情。

卡纳莱托：《耶稣升天节，大礼仪船“布辛托罗”停靠在总督府前》；1729；米兰阿尔多·克里斯皮博物馆藏。

总督与大海象征性地联姻是威尼斯共和国最重要的官方节日。画面上，总督和政府成员已经登上了停靠在总督府前面的镀金大礼仪船。画面上不单有现在常见的黑色贡多拉，还有一些特别昂贵的镀金贡多拉，只是现在的贡多拉上不再有遮阳棚。

佩吉·古根海姆收藏馆

佩吉·古根海姆（1898-1979）是伟大的美国艺术收藏家所罗门·古根海姆的侄女。她的父亲生意失败，后死于泰坦尼克号海难，因此，她是家族里不算太富裕的旁系。然而，在1919年，她继承了一大笔遗产，来到了巴黎。在巴黎，她开始了解并逐渐喜欢上了现代艺术。她早有成立一座画廊的打算，但是直到1940年才真正开始收藏艺术作品，因为那时正逢战乱，她的那些艺术圈的朋友手中的藏品无法脱手。1941年，她将自己的收藏带往纽约，到了1946年，她再次回到欧洲，买下了费尼尔·莱昂尼宫（见73页），在许多狗的陪伴下住在这里。1976年，她将自己数量众多的20世纪艺术收藏品捐献给了所罗门·古根海姆基金会，后者在她死后的1979年正式接管了这些作品。

马里诺·马里尼（Marini）：《城堡的天使》；1949

佩吉·古根海姆将马里诺·马里尼（1901-1980）创作的一尊骑士雕塑放置在俯视着大运河的露台上，享受着充足的阳光照射。马里尼在他的职业生涯中曾创作过多种版本的《城堡的天使》或《骑士》雕塑，这件是其中的典型代表。对于绝大多数人而言，这件雕塑带来的整体感受是绷紧的姿态——似乎骑士已屏住了呼吸，以及他略显滑稽的赤裸身体——他的性别一览无余。人们很难想象在20世纪50年代，这件雕塑该是多么具有挑衅性。佩吉·古根海姆在她的《回忆录》中这样写道：为了避免冒犯那些经大运河前往教堂的教众，骑士的阴茎被定期拧下。

马克思·恩斯特：
《正在成形的兽形情侣》；1933；
帆布油画；91.9厘米 × 73.3厘米

马克思·恩斯特（1891-1976）在20世纪20年代后期创作的作品中一再出现人物与动物形象相互缠绕在一起的画面。他运用涂抹和擦拭天然材料结构的方式，发展出了擦印画法和拼贴画法等新技术。纸张或帆布被用作绘画的基底。由于黑色颜料很难从基底上擦除，因此这幅作品并未运用到上述两种技法。无论如何，这幅作品仍体现出恩斯特擅用随机画面的特点。黑色泥泞的一团物质似乎正在长成一个“人兽”形象的物体。粉色、黄色和蓝色的线条像是锁链横穿这团物质，而“人兽”形态正试图通过锁链挣脱这团物质；但是与此同时，这些线条又颇似内脏和诡秘的血管，这些都是正在生长的生物不可或缺的组成部分。这幅作品像是马克思·恩斯特在前一年写过的一篇有关艺术灵感的论文的图解。在论文中，他将创造的过程描绘成形式持续的变化过程。而艺术家本人则身体力行这一转变，他坚持从已经存在的事物本身发掘并创造出新的面貌。

乔治·德·基里科：《红塔》；1913；
帆布油画；73.5厘米 × 100.5厘米

基里科（1888-1978）绘画作品中空荡荡的梦幻空间影响了超现实主义画派，后者致力于揭示出被现实掩盖的事物。基里科的抽象主义绘画的典型特征是由巨大而简单的建筑物构成的城市景观，并总有雕塑伴随着出现。变化的透视法和险恶的阴影为他的作品增添了几分神秘色彩。观众们首先会被画面前景处的大块阴暗的街道透视图所震惊，而后，街景的尽头是一座红塔，在暗黑的天空映衬下显得格外阴森。尽管我们能够在画面的左侧看到一座骑士雕塑的影子，但是红塔吸引了人们更多的注意力。

巴勃罗·毕加索：《沐浴者》；1937；
帆布油彩、彩粉、蜡笔画；129厘米×194厘米

画面前景处，两名赤裸的女孩正与一只小船玩耍。为了将她们丰满圆润的身体表现得更为明显，毕加索（1881-1973）将画面左侧女孩的臀部挪到了脖子下。在地平线上，蓝色的海浪上冒出了另一个脑袋。人们分辨不出他是第三位女孩还是一个观看两名女孩玩耍的男子。但是，从这幅画保存下来的素描中我们可以清楚地看到，这个脑袋属于一名男子，因为他的发型，也因为他蓄着胡须。在画面上，那个手里拿着小船的女子头像与这名男子十分相似，因此，画家故意留下一些悬念，让人们得以幽默地解读这幅画。由于背景处的男子形象既是在观看女孩们玩耍，也是在注视着画面外的观众，因此，他似乎就是观众在画面中的写照。在这幅画中，毕加索再一次将主题设置为海滩场景，这一场景是他在20世纪20年代末和20世纪30年代初最常用到的场景。

杰克逊·波洛克：
《着魔的森林》；1947；
帆布油画；114.6厘米 × 221.3厘米

1942 年，佩吉·古根海姆在她纽约的画廊里展出并资助了一些深受欧洲超现实主义运动影响的年轻美国艺术家。其中包括这位不足 30 岁的老杰克逊·波洛克（1912-1956）。在他的早期绘画中，波洛克主要运用模型和符号来创作，这些绘画已经显示出他后来的绘画风格，也就是形成其作品特征的所谓的“滴泼”画法。他很可能是同时将颜料滴洒或泼洒到放在地面上的帆布上，任由颜料恣意流淌，帆布上出现的线条和形状均是颜料不断流动形成的表象和图形。这些滴洒的绘画形成了后来十分出名的“泼洒绘画”的基石。

朱代卡岛

朱代卡岛

圣乔治·马焦雷岛上有一座著名的本笃会修道院，它属于相对富裕的圣马可区，而可怜的朱代卡岛与之仅相隔一条狭窄的运河，却属于相对贫穷的多尔索杜罗区。最初，这座小岛的名字是以它颇似鱼脊骨的形状命名的。而朱代卡之名从何得来却不甚清楚，有可能是因为犹太人（意大利语为 Giudei，音译）最早在此定居的缘故，另一种解释认为朱代卡源自威尼斯方言"zudega"（意大利语中的"giudicati"），意思是判刑，因为这里曾是以前高等级的威尼斯人的流放地。后来，富裕的威尼斯人在这块穷乡僻壤修建别墅，而在此之前，他们往往先在岛上修建了一些花园和避暑庄园。再往后，工匠艺人和劳工们定居于此，朱代卡逐渐成为威尼斯穷人的聚居区。

穆利诺·斯塔基大楼（Mulino Stucky）；见348页

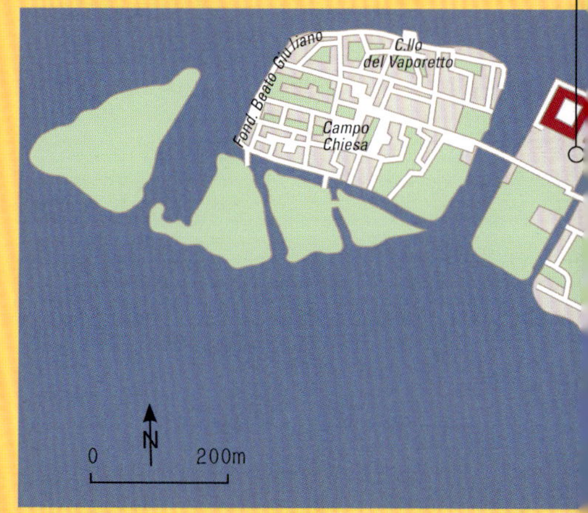

更多景点：

1 绿色剧院(Teatro Verde)
2 朱代卡·圣尤菲米娅教堂(Santa Eufemia di Giudecca)
3 圣科斯玛·达米亚诺教堂(Santi Cosma e Damiano)

圣乔治·马焦雷教堂；
见357页

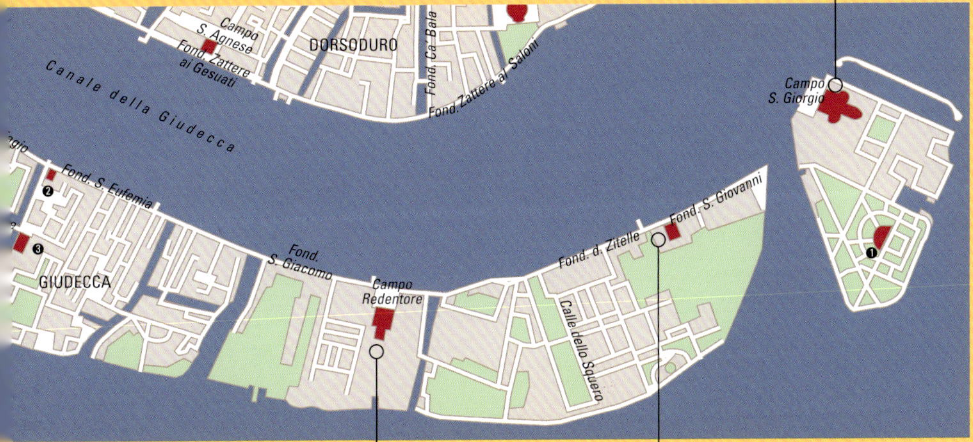

Campo S. Agnese
Fond. Zattere ai Gesuati
DORSODURO
Fond. Ca' Bala
Fond. Zattere al Saloni
Canale della Giudecca
Campo S. Giorgio
Fond. S. Eufemia
Fond. S. Giovanni
Fond. d. Zitelle
Fond. S. Giacomo
GIUDECCA
Campo Redentore
Calle dello Squero

救世主教堂

贞女教堂(Le Zitelle)
(献圣母于圣殿教
堂)；见349页

救世主教堂

在 1575 至 1576 年间，一场可怕的大瘟疫席卷了威尼斯，它持续时间超过一年，造成半数以上人口死亡。在这个万分痛苦的时候，元老院授意建造一座尊崇拯救万民的救世主教堂。教堂之所以选址在朱代卡岛，是因为从威尼斯主岛上可以一览无余地看到它。这座教堂可以时刻提醒威尼斯人，是耶稣将他们从瘟疫中拯救出来的。专门成立的委员会负责仔细监督教堂的外貌和具体地址的选定。当时威尼斯最重要的建筑师是安德鲁·帕拉迪奥，他被授权设计一份教堂草图。接下来需要委员会审议的是建造一座传统的长方形建筑还是一座现代的集中式建筑。委员会中对建筑颇有兴趣的一位委员恰好就是帕拉迪奥的朋友兼资助人马尔坎托尼奥·巴尔巴罗，他倾向于建造一座集中式的教堂，因为许多文艺复兴时期的建筑师均认为这一类型是完美的建筑典范。然而，委员会的绝大多数成员却投票选择了长方形建筑。（在再一次遭受了瘟疫袭击之后，巴尔达萨雷·隆盖纳第一次建造了一座集中式的还愿教堂：安康圣母教堂）。特伦托宗教会议在前不久刚规定了长方形建筑是满足崇拜的最好的建筑形式。在特伦特宗教会议期间（1545-1563），不单恢复了在宗教改革运动中动荡不已的天主教信仰，还制定了长方形教堂的形制，要求教堂应该以祭坛为中心。帕拉迪奥在十年前修建的圣乔治·马焦雷教堂获得了空前的成功，因此在处理这一难题时得心应手。这座教堂拥有辉煌的白色石块和高贵匀称的结构，在周围低矮的建筑映衬下显得鹤立鸡群。他曾运用于圣乔治·马焦雷教堂的重叠式三角墙主题在这里运用得淋漓尽致。高大的穹窿与门楼结合，形成了整体的集群效应。建筑的所有部分均向中心集中，并强化了中心的地位。外部的门楼下有两根平整的壁柱，顶部带有弧形三角墙的雕塑壁龛分列主入口大门的两侧，大门顶部用立柱支撑着一个三角门楣。从视觉上看，圆拱形的大门入口与圆形的穹窿相互辉映，指引着信众直接进入教堂。从远处看，顶部矗立着救世主雕像的穹窿看上去似乎是门楼的尖塔。救世狂欢至今仍在每年七月的第三个周日举行，在头一天晚上狂欢的气氛尤为浓烈，威尼斯人乘坐灯火通明的船只在运河上穿行，并在船上野餐。

内部装饰和唱诗班席

教堂内部层次清晰，所有永久性的基本建筑要素均被清楚界定，所有单独建筑要素的比例相互平衡，这就是典型的帕拉迪奥式建筑风格。教堂的内部空间甚至比圣乔治·马焦雷教堂更为标准化。最引人注目的是高大的立柱，立柱被安置在地板上的小型长方体基座上，其高度几乎达到天花板。教堂两边各有三个祈祷室，祈祷室之间通过带有壁龛的拱廊连接。帕拉迪奥采用这种方式装饰教堂内部墙面，一个大型的圆拱横跨在两侧墙面的交汇点上。由此，他让人们感觉教堂的主体空间到此为止，圆拱的后面则是另一片新的天地。与此同时，他让同样被圆拱笼罩的祭坛显得更近一些。

教堂内各式各样隔间的分隔与连接均显得顺畅无缝。圆顶交叉区域和十字型翼部区域的曲线被称为半圆形耳壳，从侧面看，也可以认为这是锯齿状缺口。它位于教士唱诗班前面中央的空间，主耳堂像是一条长长的手臂与之相连。综上所述，帕拉迪奥已将所有为救世主教堂准备的计划付诸实施了。为了方便人们做礼拜，他扩张了教堂的纵向空间，但是，教堂的中心主题仍在唱诗班席达到高潮。

救赎的节日

由于教堂距威尼斯主岛甚远，所以人们需要远远地膜拜它，同时还为人们朝拜创造了一条长长的行进线路。总督和他的随从以及所有威尼斯人每年均会朝拜救世主教堂一次，感谢救世主将他们从瘟疫中拯救出来的朝拜队伍十分庞大。人们用船只排列成特别的木桥，让朝拜的民众渡过宽阔的朱代卡运河。现在，每年7月第三个星期日的前夜，救赎的节日就会上演，朱代卡岛会被焰火点燃。

穆利诺·斯塔基大楼

朱代卡岛最西端最显著的建筑是一座大型的工业楼群，它始建于19世纪末期，其形态颇具英格兰或德国北部建筑风格。商人乔瓦尼·斯塔基委托德国的欧内斯特·乌勒科夫为他建造了一座大型的磨坊，到了20世纪50年代，厂房内部的巨大工业机械被清空，大厦日渐荒废。人们一直无法就它未来的应用达成共识。

贞女教堂(献圣母于圣殿教堂)

朱代卡岛上第二座带有城市建筑主题风貌的教堂也是在帕拉迪奥的参与下建设的，这座教堂名为献圣母于圣殿教堂，威尼斯人简称其为贞女教堂。教堂拥有大型的浴场式窗户，圆形穹窿两旁有两座对称的钟楼，这是典型的帕拉迪奥式建筑风格，表明它出自

这位伟大的建筑师之手。然而，建筑史学家们一致认为帕拉迪奥本人并未参与建筑的收尾工程，这是因为教堂的外墙太过平整，而凸出的壁柱表面没有任何装饰。带有大型窗户的门楼与圣特洛瓦索教堂的门楼（见 301 页）十分相似，后者正是在同一时期进行重建的。很可能是另一名建筑师深度修改了帕拉迪奥的设计，但是，人们至今并未找到确凿的证据证明这一点。人们只是知道在 1566 年的时候，耶稣会士获得了朱代卡岛上的这块地皮，在许多虔诚的威尼斯人的资助下，为穷苦的年轻女孩修建了一座学校。当时，女孤儿和那些父母出不起嫁妆将她们嫁出去的女孩或是进不了修道院的女孩很有可能成为妓女。进入献圣母于圣殿宗教学校之后，女孩们接受女红培训，这让她们以后出嫁的可能性大大增加。而这些从贞女学校出来的女孩因其优秀的艺术才能而名扬天下。

威尼斯的交际花：光鲜抑或痛苦？

“交际花”一词能让人们脑海中浮现出漂亮女子的形象，她们穿梭于奢华场所，娱乐他人，但却与普通妓女有所区别。尤其是在19世纪以后，人们把交际花的地位抬得很高，还为她们编造出种种神话。尽管罗马和巴黎均自豪地宣称他们的交际花以独立和具有商业头脑而著称，但是，威尼斯却是16世纪至18世纪交际花活动的中心。在16世纪，生活在威尼斯的作家彼得罗·阿雷蒂诺（1492-1556）在他著名的《与交际花的对话》一书中对交际花进行了非常恶毒的描写，他不仅对交际花的性行为大肆抨击，还对她们的商业模式大加鞭笞。到了18世纪，文学着力于奢华的色情描写。我们对这些选择卖笑求生的女子的真实生活并不了解，绝大多数的文学作品也仅仅是为了娱乐读者而提供色情刺激而已。但是，一名威尼斯人再次成为例外。

帕里斯·博尔多内（Paris Bordone）；《情人》；约1525—1530；帆布油画；95厘米×80厘米；米兰布雷拉美术馆藏。人们并不确定画面上的是否确实是一名妓女和她的情人，但是，出现在显眼位置的黄金饰品暗示了这一点。

维罗妮卡·法兰克（死于 1591 年）是同时代最著名的交际花之一，她还是一名颇有才华的文学人物，在她撰写的书信和诗歌中写下了自己的感受。根据这些描述，她是一位聪慧而热心肠的女子，在爱情的捉弄下，既感受到了爱的欢愉，也承受了爱带来的苦痛。在 15 世纪末期至 16 世纪初期，交际花现象处于最自由最优雅的时期，但却逐渐在教廷的影响下发展成一种特有的唯利是图的爱恋方式，同样在教廷的影响下，随着反宗教改革的兴起，交际花现象开始走向没落。另一方面，威尼斯的交际花却将自身的名望传播到整个欧洲，直到 18 世纪。值得注意的是，对于威尼斯妇女而言，16 世纪是一个相当特殊的时期。在这一时期，妇女获取了前所未有的独立自主权，甚至可以通过出卖自己的肉体来获取令他人崇敬的生活方式，这一点除了古典主义时代有可能做到之外，其他任何时代均不可能达到同样的程度。根据当时的威尼斯人的记载，纯粹的妓女和交际花一样被认为是城市经济重要的支柱。然而，只有交际花能被冠以“尊贵的娼妇”名号。意大利语中“名妓”一词是从阳性词汇“朝臣”一词转变而来，由此也可看出她们拥有较高的社会地位，而普通娼妓则生活困顿，受人鄙视。交际花并不属于上层体面社会，但却也已脱离当时的大众贫困阶层。年轻漂亮的

维罗妮卡·法兰克《三行体诗集》的扉页图。这一图片未再出现在1576年版的诗集中，因为她当时已经年满30岁，不再是诗集中宣称的23岁了。

女子会设法笼络住一个或多个长期的情人，为她们提供住所、食物、衣着和月薪，让她们得以过上良好甚至奢华的生活，而这种生活是她们无法通过别的正当途径得到的。她们的收入与高级神职人员或收益颇丰的船长相当，是有经验的商人薪资的两倍。当时没

加布里埃尔·贝拉：《森萨河上出行的交际花们》；早于1792年；帆布油画；威尼斯奎里尼·斯坦帕利亚图书馆藏

有其他职业能够为女子提供如此高水准的薪资报酬。对于交际花而言，结束职业生涯并不总是意味着以后的生活将在当时的道德说教之下备受苦难和折磨。许多交际花在退休前已经赚足了出嫁所需要的体面嫁妆。她们大多是接受过一定教育的漂亮女子，能够通过阅读、机智的交谈、歌唱、演奏音乐和跳舞来取悦她们富裕的主顾。再加上她们拥有丰富的性经验和金融资产，因此，她们反倒成了人人觊觎的婚恋对象。交际花和她的前贵族情人终成眷属的事迹尽管在16世纪初的威尼斯市志中记载过不止一次，但是她们大多嫁给了商人和手工业者。她们的婚姻会被人们看成是一场小小的丑闻，但是经历了最初的些许混乱之后，最终仍能获得人们接受。无论如何，交际花们社会地位的上升只是事物的一个方面，另一方面，她们事实上总是完全依附于主顾而生存。残暴的兽行并不鲜见，从毁坏她们的名声（当时她们也曾拥有过名声）到遭受性变态的折磨，还有惨遭毁容的事例，有时甚至会被拒绝过的情人谋杀。这往往是社会上层阶级犯下的罪行，因为也只有他们才负担得起交际花的费用，所以，女子对这些暴力行为毫无抵抗能力，除非她们还有其他情人愿意为她们伸张正义。

交际花的社会地位同样具有两重性。那些被吹捧成“奢华生灵”的交际花通常是一些备受排斥、索欲无度的女人。事实上，威尼斯城邦一方面将交际花视作威尼斯经济的重要支柱，另一方面则通过不断立法限制交际花的衣着，使其与富裕的良家妇女和女性贵族区别开来。如果我们认为当时的文献记载可信，那么威尼斯城邦这么做的目的不仅是为了降低交际花的身份，也是为了防止来自欧洲各国的轻薄浪子对高贵的贵族妇人不敬。这是因为威尼斯交际花的艳名传遍欧洲，她们举止文雅，仪态雍容，颇能招蜂引蝶。右下方的这幅绘画就能清楚地说明辨别交际花与贵族妇女的难度有多大。这是卡尔帕乔的一幅绘画，画面上表现了两名妇女，长久以来，根据画面上出现的发情的动物和她们身穿的奢华衣装，人们一直认为她们是交际花。然而，最近的研究表明，她们实际上是出自托雷利别墅的两名贵族妇女。

维托雷·卡尔帕乔：《威尼斯妇女》（亦被称为《交际花》）；约1490；木板油画；94厘米×64厘米；威尼斯科雷尔博物馆藏。

圣乔治·马焦雷岛

圣乔治·马焦雷岛

圣乔治·马焦雷岛与朱代卡岛一道构成了威尼斯潟湖南部的城市风光。威尼斯最古老的文献记载上将其描绘成一处“柏树林岛屿”。在威尼斯历史早期，这里有果园和葡萄园，还有一个磨坊、一处食盐提炼场和一个小型的教堂。982 年，在乔瓦尼·莫罗西尼的带领下，本笃派教士在岛上定居。经过数个世纪的建造，他们在此建成了意大利最重要的本笃派修道院。1109 年，圣斯蒂芬的遗骨从君士坦丁堡迁移至岛上，从此之后，这座教堂成了威尼斯人举办圣诞庆典最重要的场所。在圣诞节的当天晚上以及 12 月 26 日（圣斯蒂芬节），总督和全体执政团成员在众多威尼斯人的簇拥下前来朝拜，欢欣雀跃地向这位殉道者表达崇敬之意。1800 年，在法国人威胁到罗马教皇制度的时候，教皇选举会被迫搬迁到威尼斯的这座小岛上。教皇庇护七世正是在圣乔治修道院被选出的。然而，这就是修道院历史上最风光的一刻。法国人随后掠夺了这座小岛，将岛上数个世纪以来收藏的艺术珍品和价值连城的书籍抢劫一空，只剩下空空如也的小岛。

门楼

安德鲁·帕拉迪奥刚为本笃派建好一座新食堂之后的1565年，他便再次被本笃派委派修建一座新的教堂。尽管帕拉迪奥直到1568年才开始正式接手修建工作，但是他所有的设计思路全部得到贯彻实施。教士们不可能再找到比他还优秀的建筑师，这位维琴察（Vicenza）建筑师长期致力于设计别墅的工作，因此对修建适合远距离眺望的建筑颇有经验。

帕拉迪奥的设计富有灵感，使得圣乔治岛上的建筑与隔海盆相望的圣马可广场上的建筑相互辉映。他将两座用伊斯特利亚大理石建造的光彩夺目的白色神庙式门面前后重叠在一起，位于中间较高的门面采用四根立柱支撑，每根立柱均固定在高高的基座之上，门面顶部是一个严格对称的三角墙。较矮的门面看上去像是位于门楼的后方，采用半露壁柱支撑，它的三角墙只有部分可见。两座门面的形式具有非常风格化的效果，长方形教堂的空间透过三段式的门楼结构体现出来，其中包括较高的中间门面和两侧较低的隔间。圆形穹顶与垂直动感的门楼结构相匹配，穹顶上还带有一座高耸的穹窿顶塔。

内部装饰

教堂内部的结构同样异常清晰。帕拉迪奥选择了拉丁十字架形状的基本建筑形式，所以这是一座长方形教堂，拥有耳堂和侧廊。天花板上是带有半圆形浴场式窗户的简单圆筒状穹窿，这种类型的窗户可以让更多的光线投射进来。教堂内部的立柱与教堂外部的一样，均由高高的基座支撑，内部的立柱只有半高，两旁还有稍小一些的半露壁柱。所有建筑形式的功能均恰如其分、恰到好处。

高立柱支撑着天花板，半露壁柱则支撑着通向侧廊的拱廊。建筑物和谐的比例结构为它带来了无以伦比的宁静，而它庞大的体量则为它赢得了敬畏。

从教士唱诗班席观察信众席

帕拉迪奥刚开始着手建设教堂的时候，恰逢特伦特反宗教改革委员会结束议程，根据后者的要求，建筑师将教士唱诗班席（为修道院教众预留的座位）挪到了祭坛之后。带有雕塑的祭坛前方与教堂的主体空间相连，从信众席仍可透过立柱看到唱诗班席。在特伦特会议以前设置的内坛围栏是为了分隔开教士与世俗民众，由于这一设置并未违反委员会的律令，能够满足民众直接看到祭坛和弥撒庆典的要求，因此并未拆除，一直保留至今。

雅各布·丁特列托：《收集天赐食物》；约1590；帆布油画；377厘米×576厘米

1975年，意大利艺术历史学家尼古拉·伊万诺夫发表了一篇论文，将人们的注意力吸引到这幅画作的显著特色之上。在他之前，人们认为这幅绘画描绘的是天赐食物的场景。但是，伊万诺夫观察到画面上的古以色列人似乎并不热衷于收集天堂降下的圣食，而这些食物是上帝在他们前往沙漠的旅途中赐给他们的。他猜测画面描绘的应该是另一个来自《摩西第四书》（译注：即《旧约全书》的《民数记》）中的场景，也就是古以色列人由于疲乏不堪而拒绝服从上帝的旨意。画面左侧背景中的人群和一名愤怒的男子对坐在画面右侧前景处的摩西大喊大叫的情况可以佐证。这一场景明显缺乏戏剧冲突，相反地，不同的活动场面发生在散发着香味的水面和树林景色之中，让人留下田园牧歌般的印象。

摩西身后有一位身穿16世纪铠甲的男子，他的存在对画面的整体并未产生不良影响，毕竟他是作品的资助人，不会愿意混迹于一群满腹牢骚的画面人物之中，而是藏身在画面上一个独立的角落里。

雅各布·丁特列托：
《最后的晚餐》；1592—1594；
帆布油画；365厘米×568厘米

《最后的晚餐》悬挂在《收集天赐食物》的对面。从丁特列托对光线的把握上看，这两幅作品很明显是专为目前悬挂的位置创作的。两幅作品均与祭坛上举行的弥撒仪式相关。《最后的晚餐》其实同样是一场庆祝的盛宴，而收集天赐食物的主题在《旧约全书》中一向被人们视为是最后的晚餐的预演。丁特列托并未将硕大的餐桌水平放置在画面前景处，而是与画面形成了一个比较大的夹角。乍看之下，画家似乎着重强调了一顿晚宴的自然状态，在众多人物的参与下，这里似乎正在进行一场节日庆典。与此同时，这幅作品还具有巨大空间的动态感。尽管画面上附属人物众多，但是人们一眼就能看出画面上最重要的人物，因为耶稣的身旁被一团明亮的光线笼罩着。画面上还刻画了许多虚幻的天使形象，这表明参加晚餐的其他人无法看到他们的存在，由此，作品增强了这一事件的神话性。

坎纳雷乔区

坎纳雷乔区

坎纳雷乔区的名字来源于意大利语的“芦苇”，以前，在威尼斯城西北端与岛屿之间的潟湖沼泽中生长着丰富的芦苇。后来，这样的情景一去不复返。到了16世纪，根据一项秩序井然的规划方案，坎纳雷乔区的北部（火车站右后侧区域）要建成一处主要服务于产业工人的定居点。在这里，光线通透，空气清新，至少在运河一侧总会有宽阔的马路（被称为“fondamenta”）伴随。坎纳雷乔西部的房屋简朴而略显老旧，除此之外，这里算得上是发达地区。由于房租便宜，这里成了年轻人热衷于居住的热点区域。游客们越往东走，便越靠近里奥托桥，尽管河道渐窄，但两岸的建筑却值得好好欣赏。

花园圣母院（Madonna dell’Orto），见380页

圣约伯（San Giobbe）教堂：马尔蒂尼祈祷室的天花板；见367页

拉比亚宫；乔瓦尼·巴蒂斯塔·提埃坡罗：《克里奥帕特拉的宴会》；1746–47；见370页

黄金宫；安德烈·曼坦那：《圣萨巴斯蒂安》；1504–1506；见388页

Canale dell

Ponte della Libertà

S. CROCE

Rio Terr

其他景点：

1 维基亚修道院大会堂(Scuola Vecchia dell’Abbazia)

2 新慈悲大会堂(Scuola Nuova di Misericordia)

3 拉马达莱纳(La Maddalena)

4 诺沃犹太区(Ghetto Nuovo)

圣使徒教堂（Santi Apostoli）；见392页

圣母奇迹教堂（Santa Maria dei Miracoli）；见405页

耶稣会士教堂（I Gesuiti）（圣母升天教堂；内部）；见395页

圣约伯教堂

圣约伯教堂建于 15 世纪中叶，是坎纳雷乔区少有的几座老教堂之一。来自锡耶纳的圣西都曾在邻近的方济各修道院短暂逗留过，总督克里斯托弗罗·莫罗（1462-1471 年在位）为纪念他修建了这座教堂。安东尼·甘贝罗（Gambello）起先是按照哥特式风格修建这座教堂，但是彼得罗·索拉里（又名伊尔·伦巴第）最终以文艺复兴风格将其完工。有些游客会对教堂内部十分简朴的装饰感到失望，而另一些游客则会对建筑所具有的清晰的文艺复兴早期风格感兴趣。尽管原属于教堂的最重要的装饰作品：圣约伯祭坛早在 19 世纪便被搬迁到了学院美术馆，但是教堂里仍保留了一些有趣的艺术作品。其中，精美的《耶稣诞生》（约 1540 年）是来自布雷西亚的吉罗拉莫·萨沃尔托的杰作，它被摆放在教堂右侧唱诗班席旁边的孔塔里尼祈祷室里。

马尔蒂尼祈祷室的天花板

圣约伯教堂左侧第二间祈祷室的天花板是罕有的威尼斯文艺复兴早期风格的天花板装饰屏之一，由彩陶制成。几乎可以肯定的是，这件作品出自佛罗伦萨的德拉·罗比亚画坊，后者专门制作这一类型的陶瓷艺术作品。圆雕由刻画着四位福音传道者和天使环绕着耶稣的浮雕组成。这件祈祷室归马尔蒂尼家族所有，后者在卢卡从事丝绸纺织生意。在建造这间祈祷室的时候，马尔蒂尼家族委托另一位来自托斯卡纳的艺术家进行创作，他很可能是创作了圣约翰雕塑的安东尼奥·罗萨利诺。在威尼斯的其他教堂很少看到这样的天花板装饰，这与选择托斯卡纳艺术家进行天花板装饰的创作是一脉相承的两件事，其原因不外乎以下两点：一方面是因为马尔蒂尼家族来自托斯卡纳，因此需要天花板装饰，另一方面也表明该家族认为托斯卡纳的艺术比威尼斯艺术高明。在15世纪，圣约伯教堂是威尼斯最现代化的建筑之一，其内部装饰采用早已在佛罗伦萨流行的纯文艺复兴风格。马尔蒂尼家族修建的这座纯正的佛罗伦萨式祈祷室为教堂赋予了一种全新的意义，而这一点几乎不可复制。但是在威尼斯人眼里，这件天花板作品远远比不上其他建筑内昂贵的马赛克镶嵌作品。

拉比亚宫

拉比亚家族以财富巨大而著称，他们宏伟的宅邸便是明证。拉比亚家族从1685年开始兴建这座建筑，并在1720年再次扩建。拉比亚家族从小资产者开始起步，在成为军火供应商之后迅速累积财富。在17世纪时，威尼斯共和国与土耳其人交战过后陷入破产境地，许多小资产家族得以通过付出大笔金钱购买贵族身份。拉比亚宫华丽的外表面无以伦比，而它的内部装饰更是无出其右。提埃坡罗在1745-1750年间负责装饰它的数个房间，当时，他是威尼斯最受人敬重的画家，同时，他也备受同时代艺术家的仰慕。如今，这座建筑被意大利电视公司占用。如需参观，要提前致电781111进行预约。这个预约电话值得一打，因为提埃坡罗创作的大厅壁画是18世纪威尼斯装饰艺术最重要的经典作品。

乔瓦尼·巴蒂斯塔·提埃坡罗：
《飞马放飞时的精灵》；
壁画；直径600厘米

这幅大舞厅天花板绘画是提埃坡罗在这个房间内创作的最华美壮丽的壁画的高潮部分，同时，建筑画家杰罗拉莫·门戈齐·科隆纳也参与了大舞厅内壁画的创作。科隆纳在大舞厅内描绘建筑形态和虚拟圆立柱、壁柱以及其他一些建筑装饰工程，为提埃坡罗创作的克里奥帕特拉生平场景提供宏伟的建筑构架。提埃坡罗将天花板刻画成天空的模样，精灵们在飞马放飞的时候自由游弋，荣耀与永恒在天顶召唤。这是一幅有关快乐的寓意画，无忧无虑的盛宴正在上演，同时也预示着拉比亚家族永恒的荣耀。所以，这幅天花板绘画的主题是时光永恒。

乔瓦尼·巴蒂斯塔·提埃坡罗：
《克里奥帕特拉的宴会》；
1746—1747；
壁画；650厘米×300厘米

这幅作品最重要的构图特点以及从围栏上俯瞰花园的主题皆非提埃坡罗的首创。保罗·维罗内塞早在200年前便已采用了相似的构图方式。

埃及女王克里奥帕特拉在古典时代被视为一位伟大的艳后，画面上的她身穿华丽的粉红锦缎礼服，肩披一条蓝色的丝绸披肩，酥胸半露，表明了她放荡的性格以及对马克·安东尼的浪漫爱意。在威尼斯，低胸领口从16世纪开始格外流行，妓女们常或多或少地公开暴露出她们坦胸露肩的内衣。克里奥帕特拉除了拥有非凡的美貌之外，还以她巨大的财富以及娱乐贵宾时展现出华丽的异国风情而闻名。在这个时候，她的一只手上握着一颗硕大的无价珍珠，另一只手则举着一杯醋。她要将珍珠投进醋里，将其溶解之后一饮而尽。提埃坡罗将这一场景视为表现穷奢极欲的时刻。这幅作品并不隐晦地暗示了拉比亚家族同样有能力在他们庞大的房间里举办类似的奢华盛宴，毕竟他们拥有巨额的财富。

乔瓦尼·巴蒂斯塔·提埃坡罗：
《克里奥帕特拉的随从》（局部）；
1746—1747；
壁画

在拉比亚宫，真实的建筑元素与绘制的建筑细节风格一致，人们在匆匆一瞥之下往往分辨不出哪些是真正的，哪些是虚构的，于是，这让壁画有一种栩栩如生的感觉。这场欺骗眼睛的游戏需要观赏者努力找出艺术与现实的边界，并将观赏者带入到绘画的世界中去。

诺沃犹太区小广场

犹太聚居区：保护地还是监狱？

现在，当人们走过威尼斯以前的犹太人聚居区安静的街道，看到两旁高大、狭窄而破旧的建筑门楼时，很难想象得到这里曾是意大利最富裕、最具活力的犹太人居住区。谁曾想，这座宁静而略显孤寂的小广场上曾回响过卖衣服的小贩夸耀自己华丽的礼袍的叫卖声，广场上满溢着烘焙店的香味，四周布满了出借现金的犹太银行。现在，在经历过纳粹的种族屠杀暴行之后，人们一听到"ghetto"（译注：犹太集中营）一词，便会不自觉地打个寒战。然而，没有几个人会意识到这个词语曾用来专门称呼威尼斯的犹太人聚居区，多个世纪以来，它非但不会引起恐怖的联想，反而代表着安全与保护。

甚至远在古代，罗马便有了犹太人社区。另一方面，威尼斯人却禁止犹太人定居威尼斯——他们只能作为商人来往于威尼斯。当时的犹太人并非来自意大利本土，大多是东方或德国的后裔。来自同一地区的犹太商人均被同等对待，比如，从北方国家前往威尼斯经商的犹太人被定点安置在德国仓库；而来自东方的犹太人则可在威尼斯城内各区域自由穿行。威尼斯人把意大利籍犹太人当成放贷者，他们的活动被限制在位于大陆的梅斯特雷。

在 1348-1349 年的大瘟疫横行过后，整个欧洲的犹太人被指控向水井和喷泉投毒，因此，被人们认为是这场恐怖瘟疫的罪魁祸首。许多犹太人为逃避这一指控带来的暴力迫害来到意大利，威尼斯以宽容著称，因此，大量德国犹太人来到这里。在经历了与热那亚的战争之后，威尼斯国库空虚，因此到了 1382 年，他们允许犹太人在城区内定居。这一次，当局并未区分意大利籍犹太人和来自德国及东欧的中东欧籍犹太人。一份具有时效性的契约支配着犹太人的权利与义务，意大利其他城市也曾发现过类似形式的契约，它规定了犹太人可以以 10% -12% 的利息贷出资金，向当局足额缴纳了固定税金之后，他们可以免交其他所有税收。给契约强加上时效之后，当局可以在到期后要求收取比上一份契约更高的固定税金。自从一个很早的时期开始，犹太人自己向当局提出要求，申请一块固定的生活区，

勒凡迪纳（Levantina）大会堂；17世纪。

并分配一块固定的犹太人墓园。对于犹太人而言，这一要求意味着永久性定居威尼斯的许可。然而，威尼斯人对这些毫无兴趣，他们只是想要利用犹太人对威尼斯经济复苏的贡献作用。1395 年，当威尼斯恢复了在战争中损失的元气之后，犹太人便失去了续签契约的机会，取而代之的是一份为期两年的准入许可。唯一的例外是犹太医生，威尼斯人认为犹太医生的的水平高过基督徒医生，但是，也只有那些经验和知识非常出众的医生才会被选中。直到 1509 年，犹太人才被再次允许延长期限在威尼斯逗留，以躲避康布雷（Cambrai）同盟军的侵袭。事实上，许多避难者是因为随身携带了可观的现金才获得居留许可的。当然，犹太人在威尼斯定居伴随着不断的抗议声浪，事实上，有些教士甚至煽动人们对抗这些持有不同信仰的陌生人。然而，他们的抗议注定无法成功，毕竟威尼斯是个世界性的大都会，更何况它还是一座以利益为导向的城市。1516 年，犹太人最终获取了他们自己的居住区。元老院为他们选定了位于坎纳雷乔的一座古老铸造厂，意大利语中“铸造”一词便成了这片区域的名字，谁也无法意料到，若干年后，这个名字居然变成了令人恐惧的名词。

犹太区入口

只有中东欧犹太人和意大利犹太人才被获准在这一区域定居。然而，这里同样也有一些来自东方的犹太人以及从伊比利亚半岛逃离的犹太人，他们为了逃避死亡或是躲避强制皈依基督教而来到这里。避难者之中还有一些所谓的“归化者”，这些犹太人最初曾被强制受洗，随后却仍被西班牙和葡萄牙政府驱逐。他们带来了自己的传统，而他们的传统却与那些早已在威尼斯定居的极度虔诚的中东欧犹太人和东方犹太人截然不同。

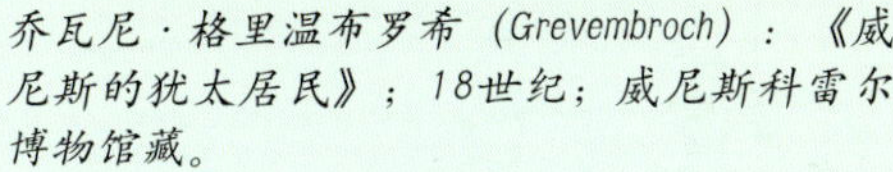

乔瓦尼·格里温布罗希（Grevembroch）：《威尼斯的犹太居民》；18世纪；威尼斯科雷尔博物馆藏。

乔瓦尼·格里温布罗希：《威尼斯的黎凡特犹太居民》；18世纪；威尼斯科雷尔博物馆藏。

人们绝对没有把这种专为某一特定种族划分专门居住区的行为视为种族歧视，相反，人们认为这是一种特权。连那些在东方经商的威尼斯商人也是居住在独有的居住区内。为了安全，这些区域在夜间锁闭，于是，区域内的群众可以举行自有的宗教传统仪式，并施行相对独立的审判权。当然，居住在犹太聚居区内的犹太人同样享有上述特权。直到 1589 年，来自东方以及伊比利亚半岛的犹太人才被允许在这处犹太人聚居区附近的一座更为古老的铸造厂：维吉奥（Vecchio）犹太区定居。相比之下，诺沃犹太区（本意为新铸造厂）其实倒是历史更为久远的犹太区。

威尼斯人对犹太人的态度主要基于经济实用主义的考虑。与德国或西班牙的犹太人相比，威尼斯的犹太人从未因宗教极端分子

勒凡迪纳大会堂的避难所；被认为是安德鲁·布鲁斯托隆（1662—1732）的作品。

的对抗而身陷险境。然而，与威尼斯人共同生活也从未轻松过。犹太人必须缴纳非常高昂的税金和强制性的费用，他们被迫为访问威尼斯的高层代表团的食宿买单。信奉基督教的民众还有一些歧视性的风俗，比如在嘉年华上举行的“犹太人赛跑”，为了取悦大众，一些半裸的，甚至是肥胖的犹太人被强迫参加赛跑。为了迎合民众的口味，赛跑屡屡被裁定为犯规而不得不重复进行比赛。另有记载表明，威尼斯人还常以犯规为借口向犹太人投掷石块。与之相似的是，犹太聚居区内的生活条件异常艰苦，然而，犹太社区的居民仍在不断增加。到了16世纪末，有大约2000名犹太人居住在诺沃犹太区，而在世纪初的初创阶段，这里只有600名居民。随着时间的流逝，这里的房屋越建越高，原本比较高的楼层中间插入一层隔板，分隔成两层，导致房屋低矮，人们甚至无法直立。经过类似改造扩容过的建筑常常因为地基无法承受过度载荷而坍塌。

然而，威尼斯共和国给犹太人提供的保

德国大会堂；16—18世纪

特雷维斯大楼；18世纪

护完全抵消了所有这些不利因素。事实上，欧洲其他地方均无法让犹太人在如此长的时间内感到安全，也无法给予他们如此高的地位。在这里，基督教徒偶有的侵犯均被严肃处理，而犹太医生则是人们竞相聘用的对象；尽管他们需要支付格外昂贵的学费，但是他们被允许进入帕多瓦的威尼斯大学就读。尽管会有数不胜数的审查干预——尤以 16 世纪为甚——但是威尼斯仍是犹太书籍的印刷中心。许多基督教徒还会经常参观犹太音乐和舞蹈学校，犹太音乐家也会被邀请进入贵族宅邸进行表演。基督教和犹太教学者们经常通力协作，共同翻译古代文字和阿拉伯典籍。尤其是那些受过高等教育并且富裕的伊比利亚犹太人，他们与威尼斯家族的联系十分密切。1633 年，这些犹太人创建了最新的定居点：诺维希末犹太区。这个犹太区拥有更为舒适的公寓，甚至还有一些宏伟的宅邸，比如那些特雷维斯家族拥有的大楼。然而，随着威尼斯共和国的经济滑坡，犹太区同样每况愈下。到了 18 世纪，越来越多自由的犹太人离开威尼斯，犹太区开始走向衰败，曾一度兴盛的文化生活被限制在犹太教堂内举行，参与人数急剧衰减（威尼斯人称犹太教堂为会堂）。1797 年，在拿破仑焚毁了进入犹太区的大门之后，这些曾一度昌盛的居住区终于走向末路。由于生活条件太过恶劣，除了宗教因素之外，人们没有理由继续在这里生活。1848 年，犹太人终于得到了完整的公民权。当疯狂的纳粹分子开始统治意大利的时候，他们被划为信仰犹太教的意大利人。居住在威尼斯的犹太人也未能全数幸免，那些居住在犹太教区的犹太人遭受了更为深重的苦难。于是，那些在犹太区寻求了超过 300 年庇护的家族不可避免地陷入了可怕的覆灭命运。尽管大型的犹太社区已经不复存在，仍有一些从纳粹恐怖中幸存下来的犹太人回到威尼斯。犹太教区周边仍保留了一些具有犹太生活方式的热点区域，与以前相比，这些区域已大为缩小。尽管游客可能不会注意到，但是人们在这里仍能找到犹太烘焙店和屠宰点。不管怎样，现今幸福愉快的生活并不能缓和犹太区曾经历的伤痛，也不能照亮曾经的黑暗。

阿比特·布拉塔（Arbit Blatas）：《大屠杀遇难者纪念碑》（局部）；1980；威尼斯犹太区广场。

花园圣母院

1377 年，人们在一座花园里发现了一尊被认为具有神奇力量的圣母雕像。雕像被带到附近的圣克里斯托弗教堂，后者遂以花园圣母教堂而闻名，意大利语称其为“奥托圣母院”。这座教堂隶属于所谓的“由米丽亚迪(Umiliati)”修道教团，该教团在 1571 年解散。这座教堂坐落在威尼斯一处安静的街角，是城内最漂亮的哥特式风格教堂之一。其建筑年代可追溯至 14 世纪中叶，但我们却知道建筑师的姓名，他是来自帕尔马的弗拉·地贝里奥（Fra Tiberio），这一点在中世纪教堂中十分罕见。15 世纪，教堂经历了一次翻新，所用建筑材料均与始建时一致。门楼上层壁龛内的十二位先知像以前被认为是出自威尼斯雕塑家之手，然而，现在人们认为这是托斯卡纳艺术家的作品。

圣克里斯托弗雕像

教堂漂亮的大门和圆形天窗出自布恩家族在威尼斯的工作间，事实上，这些作品是在巴托罗缪·布恩死后16年才彻底完工的。古典主义形式（比如立柱）与老式的哥特形式（比如葱形拱）的结合是典型的巴托罗缪风格。至于大门的哪个部位出自布恩工作室，哪个部位是巴托罗缪在父亲死后独立完成，哪个部分是沿袭老门楼的建筑元素，我们已经很难分辨得出。圣克里斯托弗雕像同样被认为出自巴托罗缪之手，但颇具争议，如果与他为总督府的卡尔门创作的雕像相比，两个雕塑的形象并不相似。以前，人们认为这是马泰奥·瑞瓦尔第的作品，但研究结果推翻了这一说法。

内部装饰

与威尼斯其他的哥特式建筑相比，这座教堂明亮的内部空间令人格外惊讶。教堂里的立柱用希腊大理石打磨而成，显得特别纤细，这是因为它们只需支撑一堵轻质砖墙，而且与威尼斯许多教堂一样，这座教堂的屋顶是木质而非砖瓦。在英国基金会的资助下，花园圣母教堂在1970年代进行了修复，在今天看来，教堂里的众多绘画和祭坛显得古香古色，颇似一座完整无损的教堂。教堂里拥有乔瓦尼·贝利尼、西玛·达·科内利亚诺和雅各布·丁特列托等人的令人印象深刻的作品。

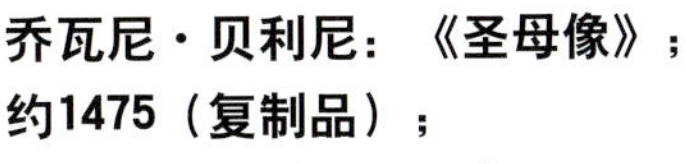

乔瓦尼·贝利尼：《圣母像》；约1475（复制品）；
木板画；75厘米×50厘米

瓦利尔（Valier）祈祷室（教堂左侧最后一间祈祷室）内有一幅贝利尼创作的精美的圣母像的复制品。原作在1993年被盗，美国的沃斯堡博物馆也拥有一副几乎完全一样的绘画，人们认为它是出自贝利尼或是他的画室的作品。

贝利尼成功地刻画出了鲜活的婴儿基督和圣母玛利亚温情的母爱，圣母脸上流露出的忧郁暗示她已预见到婴儿基督未来将要经受的苦难。

雅各布·丁特列托：
《献圣母于圣殿》（局部）；1552；
帆布油画；429厘米 × 480厘米

这幅《献圣母于圣殿》绘画最初被分成两半，在管风琴停止弹奏的时候合二为一，当做遮挡管风琴的外翼。人们不清楚它是在什么时候固定成一件作品的。它是雅各布·丁特列托在1550年代早期为教堂创作完成的第一件作品。令旁观者惊讶的是，三岁的圣母玛利亚不需要任何协助，独自攀登上了圣殿内高高的台阶，而高级教士在台阶上恭迎她的到来。陡峭、充满玄机、散发出微光的台阶带有一丝特殊的危险气息，而圣母独自拾阶而上的行为向旁观者清晰地传达出了神迹。画面下方的小女孩和母亲站在一起，她们注视着圣母玛利亚来到高级教士的面前。画面上刻画出并置的两个小女孩，让人很容易以为画面下方的是圣母，正是这一误解能够再次凸现出圣母非凡的成就。

黄金宫乔治·弗朗切蒂美术馆

都灵的音乐家兼收藏家乔治·弗朗切蒂在1894年买下了黄金宫，并于1916年将这座大厦和他的重要收藏捐献给了威尼斯政府（译注：原文如此，与47页描述不符）。1927年后，这座建筑和这些收藏品均对公众开放。尽管这座美术馆的收藏后来仍在不断增加，但是弗朗切蒂的原始收藏仍具有颇高水准。他的艺术收藏品不仅包括绘画和雕塑，还包括壁画、挂毯、陶器和家具。

提香：《朱迪丝》(公平女神)；1508—1509；
壁画（已剥离）；213厘米×346厘米

提香为德国仓库（见51页）创作的著名壁画仅存的部分如今被保存在黄金宫，另外，波代诺内（Pordenone）为圣斯特凡诺修道院创作的壁画和一些其他壁画也被收藏于此。这些作品均是在1961年的修缮工作中大白于天下的。提香和吉奥乔尼这两位年轻的艺术家因为德国仓库的绘画创作而名声大噪，在此之前，吉奥乔尼的作品只有少数人赏识，而提香更是无人知晓。威尼斯政府并未意料到人们对他们作品的热烈反应，相反，政府还禁止这座德国贸易大厦采用奢华的建筑装饰，只能选择最快速简单完成的壁画，以免使其在大运河沿岸的建筑中显得太过招摇。现在，那些被提香同时代的人们赞誉有加的壁画仅仅保存了一小部分。然而，就是这些少量的残留仍能让我们发现人物形象强大的可塑性，而这一点在提香之前的艺术家均未能做到。来自德国仓库壁画的一些人物形象在18世纪时，以雕板的形式保存下来，而幸运的是，我们现在仍能看到这些雕板。

扬·凡·艾克：《耶稣受难像》（扬·凡·艾克作品的仿制品）；15世纪；
木板画；45厘米 × 30厘米

艺术史学家长期以来认为这件作品并非原作，而是一幅由扬·凡·艾克（约1390-1441）创作群体中的某位画家创作的超高质量仿制品。扬·凡·艾克是15世纪最具天赋的荷兰艺术家，当时，他在意大利的名声同样辉煌。他是少数几位被意大利学者巴托罗缪·法丘斯（Facius）在他的诗歌中称颂的北欧艺术家之一，这些诗歌赞美了许多画家，并于1456年出版发行。很可能早在15世纪或16世纪时，这幅《耶稣受难像》便已来到意大利，这是因为当时的意大利收藏家十分热衷于收藏荷兰绘画。他们对广阔迷人的风景、细致入微的观察、细节刻画精美、色彩浓烈、散发出光芒的作品尤为青睐。那些暂时居住在荷兰的威尼斯商人和外交官常在回国时携带具有这类特征的绘画。

詹博诺（米盖勒·迪·塔代奥·博诺(Michele di Taddeo Bono)）：《圣母与圣婴》；15世纪早期；
木板蛋彩画

詹博诺（据记载，生卒年为约 1390-1462 年）属于 15 世纪早期威尼斯画家群，他们的构图风格仍然深受 14 世纪晚期“柔和”风格的影响。人们绝不会怀疑他与那位扬·凡·艾克画派里创作了《耶稣受难像》仿制品的自然主义艺术家是同时代的人。第一次检视詹博诺的作品，人们就会发现他没有采用在 15 世纪初期佛罗伦萨产生的中心透视法，也没有尝试随之而来的增加肖像人物可塑性的绘画技法。无论如何，我们从圣母玛利亚披肩的皱褶中露出的圣婴的左脚中可以看出詹博诺对人物可塑性的重视。然而，詹博诺仅仅零星地采用了形象建模方式，比如对圣母左侧披肩的刻画。他更多采用色彩渲染的方式塑造人物，依靠或浓烈或稀薄的蛋彩实现人物的可塑性。其绘画作品最吸引人的关键要素是他对色调无比精细的运用。这一点可以通过圣母的衣着、两位人物的肤色以及圣婴的头发处理上反映出来。

安德鲁·曼坦那：
《圣塞巴斯蒂安》；
1504—1506；
帆布油画；210厘米 × 91厘米

这件作品与安东尼·凡·戴克的《某位布里尼奥莱先生的肖像》是弗朗切蒂收藏品中最重要的两幅艺术作品，并构成了黄金宫美术馆的基石。安德鲁·曼坦那（1431-1506）有三幅圣塞巴斯蒂安绘画流传于世，分别是藏于维也纳的一幅小型画作、藏于巴黎的一幅大型祭坛装饰画和这件藏于黄金宫的帆布油画。人们认为这件作品是在1506年曼坦那死后在他的画室中发现的作品之一。曼坦那创作的人物形象具有非凡的、岩石般的可塑性，这一点在他的晚期作品中显得尤为突出。圣人的身体上布满了利箭，他极度痛苦的脸微微抬起，朝向天堂，看上去像是一座大理石雕塑。画面上刻画的珍贵的珊瑚和半宝石链悬挂在壁龛上，并隐向圣人脑后，使得圣塞巴斯蒂安像是站立在壁龛之前，而非壁龛里面。圣人的双臂用一根绳索反绑在身后，绳索深深地嵌入到他的肌肉里。曼坦那在刻画利箭和伤口中涌出的鲜血时展示出了不可思议的高超技巧，似乎是有意让观赏者对圣塞巴斯蒂安所遭受的痛苦感同身受。画面底部右侧有一根即将熄灭的蜡烛，蜡烛上缠绕的一条丝带上写有拉丁铭文，文字的意思是只有神灵是不朽的，所有其他一切终将灰飞烟灭。

安东尼·凡·戴克：
《某位布里尼奥莱先生的肖像》；1621—1625；
帆布油画；205厘米 × 125厘米

安东尼·凡·戴克（1599-1641）对威尼斯艺术推崇备至，提香对他的艺术风格的影响尤为重要。从1621至1625年，他在意大利逗留，其中大部分时间居住在热那亚。这一时期，他创作了一幅杰出的肖像作品，刻画了一位身着当时最典型的黑色丝绸外衣的仪表堂堂的男子。凡·戴克娴熟地掌握了如何在厚重、深色的材质上反射光线的绘画技术。乔治·弗朗切蒂是从热那亚的布里尼奥莱家族手里买下这幅画的。

弗朗西斯科·瓜尔迪：
《圣马可小广场》；
约1755或1770—1780；
帆布油画；45厘米×72厘米

目前的研究表明，这幅作品的创作年代有两个不同时期。另一幅同样藏于黄金宫的姊妹作品《圣马可小广场和图书馆一瞥》同样无法明确创作年代。一些作家认为它创作于1750年代，而另一些人则认为是在1770年至1780年间。尽管这幅作品是瓜尔迪创作的真实实景画之一——刻画真实的城市风景，不掺杂任何虚构的景象——但是，为了构图的需要，他仍具有一定的自由发挥空间，明显加重了建筑物的红色色调。于是，建筑物的红色与云彩的色调相互映衬，再加上建筑物长长的影子，烘托出了夏季傍晚宁静的氛围。

圣使徒教堂

圣使徒教堂是威尼斯最古老的教堂之一。早在公元 6 世纪，第一批来自大陆的避难者便在圣使徒教堂周围的区域定居，然而，这座教堂经历过无数的翻修工程，早已面目全非。文艺复兴风格的科尔纳罗祈祷室（卡泰丽娜·科尔纳罗最初是在 1510 年埋葬于此）和 17 世纪新建的巴洛克风格钟楼是教堂最值得一提的建筑，其中前者的穹顶使得人们从教堂外就能清晰地辨认出来，而后者是威尼斯在同一时期少有的几座钟楼之一。与城内绝大部分其他钟楼一样，这座钟楼用砖块建成，拥有一个漂亮的尖顶。它的设计师是安德鲁·蒂拉利，是 17 世纪末和 18 世纪初威尼斯的首席建筑师。

天花板

这座教堂曾在 1575 年彻底翻建过，翻建过程可能是出自阿里桑德罗·维特多利亚的设计。到了 18 世纪，教堂被再次翻新。1748 年，法比奥·卡纳尔和卡罗·加斯帕里创作壁画装饰天花板，刻画了门徒圣餐和最后的晚餐等场景。

耶稣会士教堂（圣母升天教堂）

圣母升天教堂位于威尼斯的北端，而许多威尼斯人只知道以其创立教会的名字命名的教堂名：耶稣会士教堂。这个名字足以用来描述这座教堂，耶稣会在与威尼斯政府的权利斗争中落败，只能在城市的边缘修建自己的教堂。16 世纪末，威尼斯政府与更加强大的教皇之间爆发了一场争夺威尼斯主教权的斗争，耶稣会站在了教皇一边。威尼斯人在抗争中始终坚定地认为他们拥有威尼斯高级教会职务任命的最终决定权，而教皇则试图收回这一权力。1606 年，威尼斯人驱逐了激烈地代表教皇的耶稣会士，而教皇为了实现他的意志，开除了威尼斯整个城市的教籍。争斗并未就此罢休：威尼斯居民不得将儿童送入著名的耶稣会学校就读，违者格杀勿论。直到1657年，耶稣会才被允许重返威尼斯。

在1715年至1730年间，耶稣会依照罗马式设计方案修建了一座宏伟的巴洛克式教堂。从一开始，建筑形式的选择便与耶稣会的宗旨一致，尽管此时他们已经丧失了教会职务任免的发言权。

内部装饰

教堂内部拥有一个强大的单一筒形拱顶中殿，其设计形式与诸如伊尔·杰苏（Il Gesu）教堂等耶稣会的罗马式教堂相似。教堂内部奢华的装饰格外引人注目，这是依照多米尼克·罗西的设计在1729年完工的。教堂的墙壁看上去像是用华丽的织物遮盖着，但是仔细观察之后，会发现这是用大理石雕琢而成。

提香：《圣劳伦斯殉难》（及局部）；
约1548–1559；
帆布油画；493厘米 × 277厘米

提香很可能是在他准备前往罗马之前的1546年接受马索洛家族的邀约为他们的墓葬祈祷室创作一幅祭坛装饰画的。然而，提香并未很快完成这幅作品。洛伦佐·马索洛（Massolo）希望提香创作一幅与自己同名的圣人的绘画（译注：洛伦佐与劳伦斯同名），悬挂在自己的坟墓之上，但是直到他在1557年去世，这幅作品仍未完工。提香大概是在第二年才将作品完成，1559年，这幅画总算悬挂到了祈祷室里，当时，这间祈祷室位于教堂右侧的第二间。

圣劳伦斯是教皇西克斯图斯二世最喜欢的学生，在瓦莱里安国王发动的迫害基督徒的运动中被谋杀。在教皇的指示下，劳伦斯将教会的财富分发给穷人，以免落入国王之手。在劳伦斯最终被瓦莱里安的走狗们抓获之后，他经历了在铁格子上烘烤至死的苦难。

提香采用一种极具魅力的方式演绎这一主题。国王的宫殿被当成画面的背景，左侧宏伟而精雕细刻的基座上竖立着一个异教徒的偶像，提香凭借曾在罗马逗留的经验而非刻画真实的古代场景，幻想出了一个古代罗马帝国的景象。这一点在雕塑身上尤为明显，这是一件至今无法断代的雕塑形象。为了烘托出火焰，提香选择了夜晚场景，黑暗与跳动的火焰让绘画蒙上了一股不祥的气息。地面的光照亮了圣人伸出的手臂，与天空中的天堂之光遥相呼应，预示着圣人即将解脱，得到拯救，进入天堂。

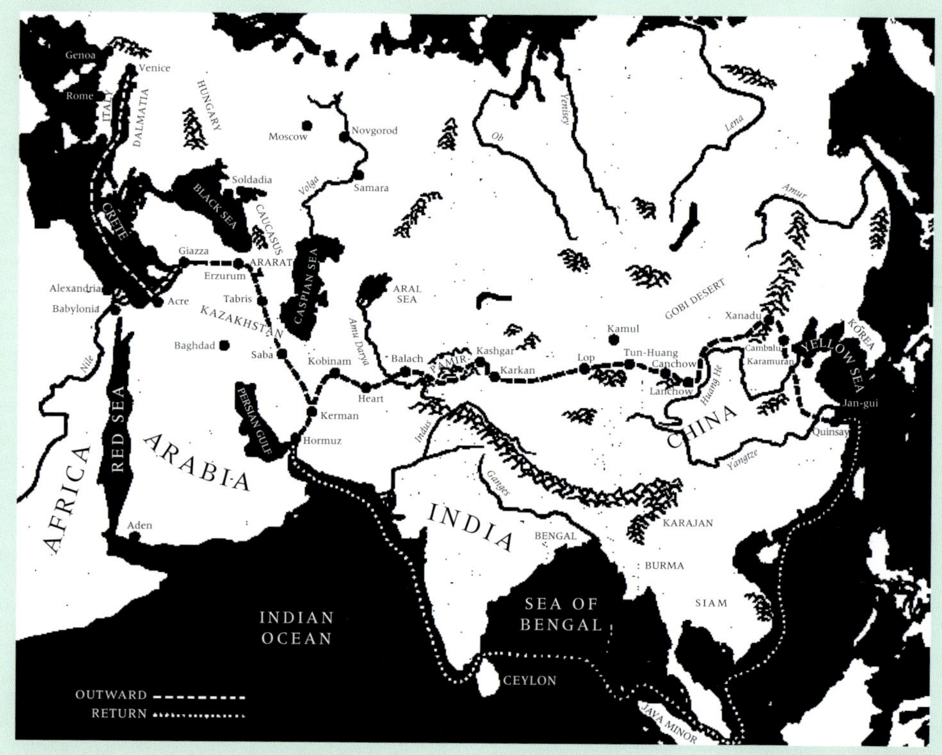

马可·波罗前往中国的路线

发现未知世界：马可·波罗（1254—1324）

在13世纪，威尼斯家庭常常经年累月得不到他们那些前往遥远陆地进行贸易的挚爱亲朋的任何消息。巨大的商船每年两次下水远洋，只有此时，威尼斯和威尼斯设在整个已知世界的贸易点之间才能够通信。然而，如果商人们是通过驼队前往东方的话，那么通信耗费的时间将更长，甚至当他们返回威尼斯时，家里寄出的信件仍未到达预订的目的地，而在更多的时候，人们无法收寄信件。在 1269 年的一个夜晚，波罗家族宅邸的大门被敲响，谁也没有想到，这竟是家族里失散多年的两兄弟回家了。尼科洛·波罗和他的兄弟马泰奥已经消失在东方的土地上长达九年。尼科洛的妻子在他离家之后不久便已死去，他的小儿子马可现在已经成长为一位年轻人。根据马可的叙述，家里没有人还认得出这两位瘫倒在门口的陌生人，大家均把他们当成乞丐，试图将他们赶走。在他们的冒险历程中，尼科洛和马泰奥沿着一条漫长而艰辛的路线，想要从黑海回到威尼斯，但是却通向了中国的蒙古帝国，并见到了可汗忽必烈。最后，可汗委托他们请求教皇派遣

《亚得里亚海的航海图》；威尼斯历史博物馆藏。这种只标示海岸线的航海图是近现代以前远洋船只使用的地图。

《波罗商队离开威尼斯》；选自藏于巴黎的法兰西国家图书馆的《东方见闻录》彩绘本；早于1413年1月；对开4r。

100名教士前往中国，这样他就可以将基督教信仰与本土宗教相比较。可汗的承诺是，如果成为上帝的子民更有价值，那么庞大的蒙古帝国将转变成基督教国家。带着这一具有历史重要意义的使命以及包括珠宝在内的珍贵材料，波罗兄弟回到了家乡。

按照最初的设想，波罗兄弟打算在将忽必烈可汗的要求呈报给教皇之后立即启程重返中国。事实上，他们毫不怀疑教皇对此要求会充满欣喜。然而，世界历史的进程却与之恰恰相反。教皇早已死去一年有余，新的教皇却因各方无法达成一致意见而迟迟无法选出。无论如何，兄弟俩必须出发前往中国了。这一次，尼科洛带上了他的儿子马可。对马可而言，这次旅程不单是一次冒险，同样也是他所需要接受的关键教育，这是所有出自伟大的经商家族的年轻威尼斯人必须经历的教育。当然，其中只有极少人有机会前往遥远的中国。前往中国的旅行以及参观忽必烈可汗朝廷成了马可心中永不能遗忘的经历。

波罗家族的三个人带着数名随从跟随着每年两度的威尼斯商船大进发离开了威尼斯，前往位于圣地的十字军堡垒：阿克雷，这也是威尼斯最重要的贸易枢纽之一。他们抵达阿克雷之后仍在等待来自新教皇的消息，最终一无所获，不得不再次出发前往叙利亚。到达叙利亚后，他们终于得到了一个消息，经过长时间的空缺之后，新任教皇格里高利十世终于被选出。尽管教皇并未派遣出要求的100名教士，但是他还是送出了两名教士和一些礼物带给忽必烈可汗。这个小型的商队经陆路由亚美尼亚的埃尔祖鲁姆（Erzurum）以及坐落在人们称为波斯的大不里士（Tabriz）、萨巴（Saba）和科曼（Kerman）等城市前往霍尔木兹港（Hormuz）。在霍尔木兹，他们期望能够找到一艘足以载他们前往中国的船只，但是，他们在当地找到的船只却不是用铆钉榫接，而仅仅依靠绳索相连。与故乡建造的船只相比，这里的船只吓破了这些威尼斯人的胆。霍尔木兹炎热残酷的气候让他们继续等待更好状况的船只的计划显得毫无意义，于是，他们决定继续经由陆路前往中国。毫无疑问，那两名只适合在修道院静修，而无法适应如此超长距离探险的教士早已脱离了这个小型的旅行队伍。尽管霍尔木兹本身距威尼斯已十分遥远，但是波罗家族的队伍仍然身处于欧洲商人旅行的范围里。现在，他们决定从一条欧洲人在相当长时间内没有走过的路线上行进。他们穿越了卢特（Lut）荒漠和现在被称为阿富汗的区域，最终抵达了帕米尔高原。波罗兄弟们很可能从古代地理学者的报告中粗浅地了解了这一区域的状况。事实上，亚历山大大帝王国的领土曾远至这里，这一点在中世纪时尽人皆

这幅图片经常用来表示波罗一家抵达中国的场景。事实上，这是商人在霍尔木兹港卸载货物的场景。选自藏于巴黎的法兰西国家图书馆《东方见闻录》彩绘本；早于1413年1月；对开14v。

国王并未在衣服上佩戴珠宝，而是直接佩戴在裸露的皮肤上。选自藏于巴黎的法兰西国家图书馆《东方见闻录》彩绘本；早于1413年1月；对开78页。

旅行者抵达马达加斯加。插图画家将大象描绘成非常小的偶蹄足动物。选自藏于巴黎的法兰西国家图书馆《东方见闻录》彩绘本；早于1413年1月；对开88页。

知。在高原的最东边就是没有人曾经想象过的新世界。这里是丝绸之路的起点，而丝绸之路早在罗马帝国衰败之后便已被西方彻底遗忘了。如果说他们行进路上遭遇到的各种文化从文明成就上看均与他们自身的文化相似或略差，那么他们即将踏上的土地就繁荣程度和文化财富上看，欧洲人从未曾梦想过。他们穿越塔克拉玛干大沙漠和戈壁荒漠，最终抵达充满神奇的中国首都北京。此时的蒙古族统治中国的时间仅仅历经两代，并将中国的权力中心从杭州（译注：原文错为汕头）迁至北京。尽管教士们并未随行，但是波罗家族的三口人仍然受到了忽必烈可汗的热情欢迎。如果我们相信马可的记述，那么在他的父亲和叔叔继续经商之后，年仅 20 岁的马可便开始在中国朝廷内谋职。他被任命为钦差大臣走遍了整个中国，并造访了东南亚的大部分区域。他的所见所闻在同时代的西方人眼里完全是虚构的胡言。他描述的杭州城有超过 500 万人口，城市的主干道宽度超过 40 米，拥有无数的市场；他描述了可汗所拥有的令人难以置信的财富；然而所有这些在西方人眼里无异于天方夜谭，好比是看到了一条类似蛇一样的奇异巨兽，它的脑袋边还长着两只虎爪一样荒诞不羁。当马可在 1298 年经由印度返回威尼斯的时候，立刻精准地发现了同胞们看待他的态度：没有人相信他说的任何一句话！尽管他反复口述他的见闻，但人们始终认为他是在胡编乱造。马可波罗被热那亚人抓捕之后，在狱中记录下了他的故事，人们因此嘲讽他为“百万先生”，他的姓名变成了吹牛狂的代名词。他的著作更多是以神话故事而非现实描述的文本出版发行的。然而，仍有极少人相信他的所见所闻。100 多年以后，正是他的《马可·波罗游记》激发了一名热那亚年轻人的雄心，他不仅立志找到一条通往阿拉伯的海路，还要找到一条通往印度的海路，他的名字就是克里斯托弗·哥伦布。

马可·波罗记载的各种不同的怪人（独腿人、脑袋藏在胸口的人以及裸体的野人），部分基于其他旅行家的描述。选自藏于巴黎的法兰西国家图书馆《东方见闻录》彩绘本；早于1413年1月；对开29v。

圣母奇迹教堂

与众多威尼斯的大楼和通道类似，圣母玛利亚的肖像被悬挂在邻近这座教堂的一所房屋的庭院中，其年代不晚于 1407 年。这类肖像的作用不仅是用来崇拜，还出于一个更为实用的目的。人们希望在圣母的注视下，在黑暗的街道、小巷和庭院中不会感觉害怕，不会抢劫同胞公民，不会当众大小便。这件特殊的圣母绘画被人们视为一个奇迹，自从 1570 年代晚期以来，便接受了教众们数不胜数的捐赠和奉献。为了供奉这幅绘画，教会决定在圣克莱尔修道院（已不复存在）的位置上修建一座教堂。从 1481 年至 1489 年，彼得罗·伦巴第和他的画室——包括他的儿子图里奥和安东尼奥——致力于这座小教堂的建设，将其装饰得像是一个迷人的珠宝首饰盒。伦巴第家族以精美的石雕工艺著称于世，他们运用石雕创造出了奢华的效果。

法勃尔·冯·乌尔姆是一名德国旅行家，曾在圣母奇迹教堂建成后不久参观过它，他推断，没有哪位德国统治者有能力建造这样一座教堂。教堂的门楼与教堂的其他部分一样，不仅用精细的石雕作品装饰，同时还覆盖上了一层昂贵的石板。不同颜色的大理石、绿色蛇纹石和红色斑岩让门楼显得宏伟庄重。装饰用的浮雕采用现代文艺复兴风格进行过做旧处理。所有这些建筑元素综合在一起令人回想起 13 世纪威尼斯的大理石表面装饰作品，伦巴第家族创立了文艺复兴早期建筑的威尼斯变种风格，与意大利中部地区的建筑相比，少了一些建筑元素，效果更为柔和。

尼科洛·迪·彼得罗：《圣母奇迹像》；15世纪早期

会让观众的目光投射在建筑元素上，而内部空间建筑元素扮演的角色远比外立面的更为次要。教堂内部只是零星地点缀了少数可移动的艺术作品，阿里桑德罗·莱奥帕尔迪（Leopardi）创作的两尊青铜雕像分别塑造的是圣彼得和安东尼·阿伯特。没有任何东西能够减损圣像的吸引力，整座教堂看上去就像是一个优雅的首饰盒，而不是一座厚重的建筑物。大理石和黄金为教堂的内部空间营造出欢庆的气氛，因此，圣母奇迹教堂成为现今威尼斯最受欢迎的婚礼教堂一点都不令人惊讶。

内部装饰

教堂的内部装饰同样以大理石覆盖。精雕细琢的木质天花板上绘制着先知们的半身像，横亘在教堂筒形穹顶中殿的上部空间。天花板绘画由皮尔·玛利亚和吉罗拉莫·彭纳吉（Pennacchi）、文森索·德拉·德斯特尔（Destre）、拉坦齐奥·达·里米尼（Lattanzio da Rimini）等人共同创作。只有教堂高耸的小型拱顶上配有一座三角穹圆顶。许多扇窗户点亮了供奉圣像的圣堂，使其比中殿更为明亮，引导人们的注意力自然而然地集中到祭坛之上。由壁柱和飞檐构成的建筑主题

祭坛柜（局部）

对细节的无限热爱与关注，令教堂内最小的表面上均得到装饰。祭坛柜不仅显示出了具有高度想象力的精美浮雕和古典式的修饰与设计花纹，就连柜子底座的主表面上也覆盖了一层花边状的金银丝作品。花样繁复的精美格子架的中心部位镶嵌着一块用绿色石料雕琢而成的圆盘。这块石盘精雕细琢，它的质地坚硬，是一件仅具装饰价值的小型艺术作品。

圣乔瓦尼·克里索斯托莫(Crisostomo)教堂

这座小型的教堂坐落在距离充满活力的里奥托地区不远的一条商业街上，它是由莫罗·科杜齐在 1497 年至 1504 年间修建的，也是这位重要的威尼斯建筑师最后的作品。教堂内部格局采用了希腊十字架的设计形式。这座相对较小未加修饰的教堂表达出了典型的威尼斯建筑设计的和谐感。科杜齐以及他的继承者们的建筑结构特征是采用暗灰色调来着重强调建筑的承重部分。

塞巴斯蒂亚诺·德尔·皮翁博（Piombo）：《圣约翰·克里索斯托莫与圣凯瑟琳、玛丽·抹大拉、露西娅、福音传道者约翰、施洗者约翰和西奥多在一起》；1509—1511；
帆布油画；200厘米 × 165厘米

这幅有关圣约翰·克里索斯托莫的祭坛装饰画是塞巴斯蒂亚诺·鲁西亚尼少有的几幅仍深受吉奥乔尼和提香风格影响的画作之一，他也被人们称为德尔·皮翁博（约 1485-1547）。不久之后，他离开家乡威尼斯前往罗马继续其职业生涯。画面上的这些实权人物看起来缺乏生气，有点像童话人物。

乔瓦尼·贝利尼：《圣克里斯托弗、杰罗姆和路易》；1513；

木板画；300厘米 × 185厘米

在教堂右侧的第一间祈祷室里，祭坛上装饰着一幅乔瓦尼·贝利尼的晚期绘画作品。与主祭坛上由塞巴斯蒂亚诺·德尔·皮翁博稍早前创作的装饰画（见409页）相比，这件作品清晰地显示出当时已经83岁高龄的大师在与年轻画家的竞争中丝毫不落下风。然而，贝利尼的参考作品并非是德尔·皮翁博的那幅画，他们两人均是从吉奥乔尼的作品中汲取灵感的。贝利尼认为画面中的人物应该表现出天真的表情，然而，他对光线的运用却让人物形象充满可塑性，更为明晰。这一点在深色厚重的衣物刻画上尤为明显。隐士杰罗姆与其他两位圣人相隔较远，后两位圣人站立在一道拱门之下的栏杆前。杰罗姆正坐在一座小山上研究经书，显得孤寂而专心，身后是广袤而荒芜的山地景观。在德尔·皮翁博的祭坛画上，风景多少显得有些多余，但是在贝利尼的作品中，风景却是绘画不可或缺的重要部分。它不仅传达出了孑世独立的感觉，还给画面前景处的两位圣人和欣赏绘画的旁观者传达出了一种彻底的宁静感受。

《坐在圣克里斯托弗肩膀上的圣婴》（局部）

这处细节显示出了画家在刻画成年人与儿童之间亲密关系时表现出的心意相通的巨大情感。圣婴坐在圣克里斯托弗肩膀上的场景与传说并不相符，在传说中，当圣克里斯托弗背着圣婴穿过河流时，他的肩膀上瞬间担负起了整个世界的重量。画面上，圣婴的身体微微后滑，双手紧紧抓住圣人的头发，眼神焦虑地望着侧面方向，看上去更像是一名无助而害羞的小男孩，而圣克里斯托弗则温柔地向上打量着圣婴。贝利尼通过对圣人和圣婴的深入刻画，表现出了一种细微的、发自内心的情感，观赏者需要仔细观察才能体会到这一点。

有关十二位圣女的荣耀和节日

圣母福摩萨教堂是威尼斯最古老的教堂之一，这里有首饰盒制造商同业公会供奉的祭坛，还有炮兵们供奉的祭坛。每年，总督和他庞大的随从队伍均会来到教堂朝拜他们的祭坛，为其带来莫大的荣耀。

在公元 10 世纪中叶，为了表彰炮兵们在打击海盗中的英勇表现，威尼斯总督会前往教堂，以示嘉奖。海盗们一系列的劫掠行为在多个方面严重损害了威尼斯人的居住感受。

在每年的 1 月 31 日，或是依据另一传统，在每年 2 月 2 日的圣烛节（圣母行洁净礼日），威尼斯的新娘均会前往奥利瓦罗（即如今的卡斯泰洛），接受主教对她们的婚姻的祝福。为了迎接这一盛典，新娘们将首饰放进首饰盒，随身携带，这也是首饰盒制造商供奉祭坛的原因。然而，在传说中的某一天，海盗们混入人群，现场观摩了祝福新娘的仪式。他们发动了令所有人惊愕的攻击，绑架了新娘和她们的首饰盒。正当大多数人因震惊和恐惧而呆若木鸡之时，强壮的首饰盒制造商们迅速展开追逃，他们成功地将新娘和首饰盒毫发无损地追回。在圣母行洁净礼日的 2 月 2 日发生了战胜海盗的事迹，因此威尼

圣母福摩萨（Formosa）教堂内景

斯人对圣母感激涕零。从此以后每年的圣烛节，威尼斯人会挑选出12位贫穷的美丽少女，她们没有嫁妆，很难出嫁，但是人们会满足她们所有的愿望，还会额外赠予她们一个装满珠宝的首饰盒。尽管现在的历史学家认为这个故事仅仅是一个传说，但是它却如此深入人心，在数个世纪以后，威尼斯人仍在这一天举行最为奢华的庆典。在中世纪，这个庆典灿烂夺目，令人喜出望外，并持续多日，而总督前往教堂朝拜首饰盒制造商的祭坛仅仅是庆典之中最后的一个小插曲。在庆典过程中，威尼斯全体市民均会参观赠予12位少女的礼物，她们被选中的原因可能是因为美貌和华丽的衣着，人们称她们为十二位圣女。在10世纪末，据说总督彼得罗·奥赛罗花费了他巨大财富的1/3资助这些圣女。每个贵族家庭或是居住在同一街道和区域内的贫苦百姓均以能够资助一名或多名圣女为荣，由于捐资的人们太过踊跃，往往需要靠抽签来决定捐资的资格。

捐资并非完全依靠个人。根据1303年的一条法令，圣马可教堂里数不胜数的财宝同样也可用于将圣女打扮得更为华丽光鲜。全城百姓都会走出家门，一睹十二位美人的芳容。她们会加入一个盛大的游行队伍，用一天的时间走遍整个城市。

游行从早上开始，起先是在卡斯泰洛的

《13世纪马赛克镶嵌画上穿着时髦的威尼斯女子》；威尼斯圣马可教堂藏。

一座圣公会教堂内举行教会仪式，随后，圣女们在主教和大批教士和僧侣们的陪同下登上小船，横渡潟湖前往圣马可教堂。到了圣

威尼斯圣马可教堂黄金围屏上的珍珠与宝石。与那些从圣马可教堂宝库中取出装饰年轻圣女的珍贵宝石类似。

马可教堂，总督亲自迎接，并举行另一场宗教仪式。此后，总督会登上他那艘闪着金光的大驳船，开始引领一场游船游行，带领圣女们沿着大运河穿过里奥托桥，经由德国仓库门前的河流来到圣母福摩萨教堂举行另一场弥撒。首饰盒制造商同业公会的祈祷室就坐落在这里。在随后的几天，圣女们仍然会身穿华丽的衣服在街道上巡游。这样的庆典不单会在贵族宅邸前上演，同样会深入到街边巷尾的贫民区域。圣女的到来会给人们带来幸运，因此，围绕着圣女们应该走完哪些街道，或是哪些区域需要做好最奢华的接待工作等问题常常是大家争论不休的话题。

有一首献给总督彼得罗·格拉代尼戈（1289-1311年在位）的诗歌描述了12位漂亮女子的惊鸿一瞥和庞大欢乐的人群。不单是威尼斯人前来观瞻，还有很多大陆的人们不断涌来。诗歌还提到，威尼斯女人们总是想尽一切办法试图将男人们粘在圣女身上的目光吸引到自己身上来。

总体而言，庆典的主题是浪漫的，因此促使庆典更为流行。就算是穷人中最穷的女孩，只要拥有美貌，就有可能受到人们的景仰，赢得财富和婚姻。许多年轻姑娘梦想着自己有一天也能获得命运的垂青，接受人群的欢呼。

然而，经历岁月的流逝，节日的性质发生了改变。宗教因素在年轻女子巡游的盛大背景之下显得越来越无足轻重。贫穷让她们变得脆弱，一位年轻的漂亮女孩摆脱生存困境的最容易的方式就是做妓女，而不是被选中成为12位圣女之一的渺茫机会，也不是被贵族看上，体面地出嫁这种小概率事件。人们并不清楚是否真有圣女靠做妓女谋生，但是根据1349年颁布的一条法令，我们得知当时的政府觉得有义务禁止人们虐待或猥亵圣女。这一法令的出台或许是为了阻止丑闻发生，还可能是想要减少人们花在圣女身上和举办庆典的大量金钱，最终的结果是，游行的队伍只是举着人偶走街串巷，而非圣女真人。这些木头人偶圣女的吸金能力大受限制，随着14世纪末威尼斯共和国经历了与基奥贾的战争陷入财政困境，圣烛节庆典最终在1379年停摆。但是总督在每年的这个中世纪最欢乐最灿烂的节日中前往圣母福摩萨教堂参观的习俗却一直保留到共和国终结的那一年。

威尼斯圣马可教堂里的黄金围屏（局部）：《披金戴银的王后艾琳》。

卡斯泰洛区和利多

卡斯泰洛区

卡斯泰洛在中世纪被称为奥利瓦罗（译注：意为橄榄园），因为这里曾有一座橄榄树花园。卡斯泰洛可能是得名于位于威尼斯东部的这一区域内一座早已不复存在的防御性建筑。卡斯泰洛区的最西边远至圣马可广场，具有典型的内城特征。卡斯泰洛区以兵工厂和工人定居点而闻名，是一个平民聚居区。该区域还有一些拿破仑时代保留下来的公共花园，19 世纪和 20 世纪早期建筑的房租相对便宜。以前，这里距威尼斯共和国的权力中心十分遥远，因此得以建立单独的主教辖区基地。由于该主教辖区与总督府和圣马可方形教堂距离甚远，因此它在威尼斯教会内并无权威。

圣扎尼保罗教堂（圣乔瓦尼·保罗教堂，内景）；见471页

安德鲁·德尔·维罗齐奥：《骑在马上的巴托罗缪·科莱奥尼》；1481—1494；见480页

圣母福尔摩萨教堂；见446页

圣乔治·德利·斯基亚沃尼会堂；维托雷·卡尔帕乔：钻研中的圣奥古斯汀；1501—1503；见439页

更多景点：

1 奎里尼·斯坦帕利亚大楼
2 布拉格拉(Bragora)的圣乔瓦尼教堂
3 圣乔治·德·格雷奇教堂
4 拉皮耶塔教堂(La Pieta)
5 双年展馆
6 圣彼得罗·迪·卡斯泰洛教堂

圣萨卡利亚教堂；见421页

圣马可大会堂；见459页

圣弗朗西斯科·德拉·魏格纳教堂；见481页

兵工厂(正门)；见484页

圣萨卡利亚教堂

圣萨卡利亚教堂离圣马可广场不远，在1810年威尼斯大多数修道院被解散之前，它是市内最具影响力的女子修道院之一。只有那些最重要的贵族家庭的女儿才有资格进入这里修行。它与政府的联系格外紧密，女子修道院的院长通常是总督的姐妹或近亲。自从829年成立一直到1797年共和国终结，总督和整个执政团成员每年都会前往这座与众不同的本笃派修道院参观，日期定在每年的9月13日，亦即教堂的奉献日。后来，参观日期延迟到复活节翌日。埃格斯蒂纳·莫罗西尼（Agostina Morosini）是女子修道院的院长，据说她是第一位为总督彼得罗·特拉多尼克（836/837-864）带上标志性红帽子的人。这顶红帽子被人们称为“总督角帽”，此后，各任总督均佩戴此帽以标明身份。然而，这顶帽子并未给特拉多尼克带来好运，在864年9月13日拜访过修道院之后，他便被一位政治对手谋杀了。

他的继任者重拾传统，在每年参观过修道院之后，留下来参加修女们为总督和城市官员们准备的盛大宴会。这种宴会看上去更像是亲友之间庆祝复活节的盛宴，毕竟在修道院修行的大多是来自统治阶层的女儿们，盛宴变成了家庭重逢。在后来的道德约束宽松时期，女子修道院变成了城内最顶级的宴请胜地，修女们在修道院内举办一种类似沙龙的活动。教堂里部分出自18世纪的装饰品如今藏于雷佐尼科大楼（见69页），从中可以看出，修道院是一处举行优雅谈话和精致宴会的绝佳地点。

女子修道院的显赫充分体现在门楼的外观上。15世纪中叶，修女们任命安东尼·甘贝罗着手修建门楼。1481年甘贝罗去世之时，他可能仅仅完成了第一层的施工。他的继任者是莫罗·科杜齐这位15世纪末16世纪初威尼斯最顶级的建筑师。甘贝罗修建的门楼仍以小型平整的形式为主，而科杜齐则在上层门楼中运用了少数大型拱窗和独立式的立柱。在一楼和上层之间的过渡层是一块由狭窄而平整的贝壳型壁龛组成的区域。从门楼的结构上我们可以清楚地看到第一代文艺复兴早期建筑师和第二代建筑师的区别，前者刚刚开始接触文艺复兴建筑形式，而后者则已完全掌握文艺复兴建筑的全部精髓。

乔瓦尼·贝利尼：《圣萨卡利亚祭坛装饰画》（附局部）；1505；
帆布覆盖木板画；500厘米×235厘米

教堂的内部装饰精美，反映出了建筑物的重要性。圣萨卡利亚教堂最著名的艺术作品是由乔瓦尼·贝利尼创作的祭坛装饰画，画面上圣母的左侧是圣彼得和圣凯瑟琳，右侧是圣露西娅和圣杰罗姆。这是贝利尼创作晚期的一幅作品，表现出了这位15世纪顶尖的威尼斯画家在应对新世纪的全新需求时，仍能创作出具有更强可塑性的艺术作品。画面上人物身着的长袍颜色亮丽，使人物体积显得格外宽大。贝利尼在圣母脚下的一张纸片上署上了自己的大名，纸片上还能看到折痕。在绘制的纸片上署名是贝利尼画室的典型做法。纸片旁边坐着一名音乐天使。这幅画仍被装在最初的画框里，令人难以置信的是，这个画框居然比绘画要大。这是因为拿破仑洗劫威尼斯后曾将祭坛装饰画带往卢浮宫，并将帆布剪去了一部分。后来，法国被击溃之后，这幅画重新回到了圣萨卡利亚教堂。

圣塔拉西奥祈祷室

安德鲁·德尔·卡斯塔尼奥：
《福音传道者路加和约翰》；1442；
壁画；176厘米

圣塔拉西奥祈祷室是以前教堂建筑的残留部分，紧邻现在的教堂，见证了前女修道院教堂悠长的历史和显赫的位置。圣塔拉西奥祈祷室曾是老教堂的哥特式唱诗班席，祈祷室的圆形拱顶是由包括安德鲁·德尔·卡斯塔尼奥（约 1421-1457）在内的佛罗伦萨艺术家于 1540 年代进行装饰的，刻画了福音传道者和上帝的壁画式肖像。人们并不清楚当初为什么没有选择本土艺术家，或许是因为人们认为本土艺术家不一定能掌握在湿润的灰泥上迅速绘画的高难度技术，毕竟威尼斯的空气中含盐量较高，不太适于壁画创作。然而，更为可能的原因是富裕的女修道院倾向于选择现代派艺术家创作托斯卡纳文艺复兴风格的作品。

安德鲁·德尔·卡斯塔尼奥：《上帝像》；1442；
壁画；176厘米

上帝的身边环绕着祥云、小天使和三角形的圣灵光晕，在圆形拱顶上俯视众生。佛罗伦萨的画家们把握住了仰视视角，娴熟地采用前缩法绘制上帝的身体。这一点在双手的刻画上尤为明显。艺术家利用光影对比刻画出了外套上的皱褶，使其显得格外具有可塑性。在15世纪中叶之前，还没有任何一位威尼斯画家能够做到这一点。卡斯塔尼奥为圣萨卡利亚教堂创作的壁画在1450年前后为威尼斯艺术家的创作指明了一个重要而全新的方向。

来自帕多瓦的画家安德鲁·曼坦那当时已经与贝利尼家族通婚，他一定深受过卡斯塔尼奥壁画的影响。曼坦那同样致力于运用光影的作用表现物体的可塑性，因此人们认为他是圣马可教堂马斯科利小教堂里的《圣母之死》壁画的设计者这一观点是有据可循的，而在以前，人们认为这件马赛克镶嵌画的作者是卡斯塔尼奥。无论如何，其他威尼斯艺术家也曾间接地从卡斯塔尼奥风格中获益良多。

一位贫穷的小提琴家、一个女子唱诗班和一个贵族政治世界：安东尼奥·维瓦尔第（1678–1741）

对于许多人来说，维瓦尔第明亮而宏大的音乐能激起敏感而柔和色调的景象以及威尼斯洛可可时期光辉景象的联想。有谁能想到，他的音乐却与威尼斯最大的孤儿院——皮耶塔孤儿院紧密相关呢？1678年3月4日，威尼斯发生了一场大地震，位于布拉格多拉的圣乔瓦尼社区和周边区域遭受严重破坏。就在这一天，理发师乔瓦尼·巴蒂斯塔·维瓦尔第的妻子卡米拉·卡利吉奥生下了他们的第一个小孩。年幼的安东尼奥·卢西奥·维瓦尔第十分孱弱，接生婆为他安排了紧急受洗仪式。后来，每当安东尼奥·维瓦尔第想要逃离神职工作艰辛的义务时，他总会回想起童年时糟糕的健康状态。他还有几个平凡的弟弟妹妹，其中有两位弟弟经常在入夜之后的威尼斯大街上行凶抢劫。根据这些情况，人们可以肯定这个家庭在威尼斯绝对算不上是富裕阶层。尽管他的父亲努力想成为一名音乐家，但是家庭状况并未因此而好转。安东尼奥注定要成为一名教士，部分是因为他的身体素质，更多是因为他降生时发生的大地震：他的母亲当时就立誓要将他送往教堂赎罪。来自穷苦家庭的教士因为缺乏关系网，得不到任何财务和社会地位的保障，而年轻的安东尼奥所具有的音乐才能却使其前途一片光明。

匿名画家：《安东尼奥·维瓦尔第肖像》；1723；石版画。

维瓦尔第的父亲同样是一位颇有天赋的小提琴家，几乎可以肯定是他手把手教会了他的天才儿子。得益于他不同凡响的音乐才华，安东尼·维瓦尔第在正式成为一名教士之后不久，于1703年9月在皮耶塔孤儿院的女子孤儿院谋得了小提琴教师的职位。这一职位似乎是专门为他设立的，于是，他很快便彻底放弃了教士身份。

依照现在的标准，在一所女子孤儿院里担任小提琴教师职务并不是一份特别吸引人的工作。开始阶段40金币的年薪，最终可以达到100金币年薪的条件相当普通。然而，人们绝对不要低估这一职务带来的音乐机会。除了皮耶塔之外，威尼斯还有三处机构保留了这类女子合唱团和管弦乐队，分别是行乞教会、无药可治的人组成的机构和临终关怀机构。他们构成了威尼斯音乐领域永久而知名的一部分，他们相互竞争，并与圣马可教堂的乐队展开竞争，以期获得公众的喜爱。自16世纪以后，威尼斯开始以合唱音乐名扬天下，而孤儿合唱团则成长为个中翘楚，开始，只有圣马可合唱团属于一流合唱团，到了17世纪早期，孤儿合唱团纷纷跻身一流团体。起初，皮耶塔仅以女子合唱团出名，后来，随着维瓦尔第的执教，这里涌现出了一支优秀的管弦乐队。当年女孩们演奏的许多乐曲得以保

皮耶塔圣母教堂。如今，这座教堂仍被当成音乐厅。

文森索·科罗内利：《来自一所威尼斯孤儿院的女孩》；雕板；威尼斯科雷尔博物馆藏

留至今，这些乐曲的难度表明她们都是杰出的音乐家。维瓦尔第持续不断地为他的学生们创作新的音乐杰作。这些作品大多是宗教音乐，但其中也包括不少协奏曲。

孤儿们想从唱诗班中脱颖而出成为音乐家的愿望非常强烈。起初，她们被分成两组：一组是不懂音乐或缺乏天赋的单纯的学生，另一组则是合唱团成员，她们接受的是第一流的音乐教育。后者在类似修道院的孤儿院里拥有更大的自由度，其中的佼佼者甚至被允许离开孤儿院，在外面聆听别人演奏她们的艺术作品。由于她们的姓常常无人知晓，因此，她们就以自己的名字加上她们的声线类型或弹奏的乐器作为她们的全名。

在18世纪，人们参观威尼斯女子孤儿院最重要的一项活动便是出席她们的音乐会。由于音乐是威尼斯无以伦比的特色之一，所以她们还有机会经常在来访的国宾面前展示自己杰出的才能。除了令人难以置信的音乐才华之外，还有一些让她们的音乐会更受欢迎的元素存在，首先，音乐会的主角全是非常年轻的女孩，其次，她们身穿非常朴素的衣服，不加任何修饰，只是在头上戴了一朵花。她们中最年长的不过20岁，那些已经皈依教门的身穿红色长袍，其他人则穿白色长袍。曾有不止一位听众这样评价过，姑娘们美妙的音乐和纯净的歌声是世界上所有生灵里面最接近天使的。尽管有报告表明孤儿院的高墙之内发生类似修道院里发生的虐待事件比较少，但是这一点很难证实，尽管如此，孤儿院的名声仍然相对清白。归根结底，音乐是孤儿院的灵魂所在。通过举办音乐会，女孩们为孤儿院带来了可观的收入。18世纪，音乐爱好者从欧洲的四面八方来到威尼斯，就为聆听她们的歌声。吸引众多游客的不单是因为嘉年华中有无数的新歌剧上演，还因为这里有机会听到用昂贵的乐器演奏的全新器乐，最后，至少人们还可以将新学会的一些音符曲调当成纪念品带回家。安东尼奥·维瓦尔第是观众瞩目的焦点人物。人们赞美他是伟大的小提琴演奏大师，当他的名为《和谐的灵感》协奏曲精选集在欧洲出版发行的时候，他的名字成了每个人茶余饭后谈论的焦点。当人们在皮耶塔聆听了维瓦尔第的曲目之后，往往会热衷于出席这位著名的作曲家举办的特殊的协奏曲音乐会。孤儿院从没有付给他可观的报酬，他在孤儿院的职位也

《维瓦尔第的第237号协奏曲》；1717；专为德累斯顿宫廷唱诗班的指挥约翰·乔格·皮森泰尔（Johann Georg Pisendel）所作。

并不稳固。事实上，他还曾一度被短时间解雇过。最终，对于赤贫的教士们而言，歌剧成了更好的收入来源，因此，维瓦尔第开始逐渐增加歌剧的创作。他甚至曾在短暂的时间里离开威尼斯前往曼图亚朝廷，充作唱诗班的指挥。然而，所有这些均未曾给他带来欢乐，就算是当他成为收入最高的作曲家的时候也是如此。维瓦尔第经过若干次往返曲折历程，还是回到了相对有保障的皮耶塔。但是，1730 年代末的威尼斯已经开始追求新的音乐形式，就连孤儿院也开始相应地减少他的薪水了。归根结底，管弦乐队的宗旨在于为孤儿院赚钱，尽管前来欣赏的游客仍对他青眼有加，但是威尼斯人却不再欣赏他了。维瓦尔第再次尝试从尊敬他的资助者那里寻求快乐，于是，他在 62 岁的时候移居到维也纳。好心的国王查理十一世为他带来了快乐，但是，与此同时，他却感到了疲乏。事实上，国王在他到来之后不久便驾崩了，而作曲家本人也病入沉疴，并于 1741 年 7 月 28 日在穷困中病逝。就在同一天，他被当成一名贫穷的教士安葬在维也纳的一处贫民墓地：斯皮塔勒墓地。这座墓园在 19 世纪关闭，从此，维瓦尔第的坟墓下落不明。

弗朗西斯科·瓜尔迪：《女孤儿音乐会》；1782；帆布油画；67.7厘米×90.5厘米；慕尼黑古代艺术博物馆藏。

圣乔治·德·格雷奇教堂

这座教堂的名字表明它服务于生活在威尼斯的希腊社区，它的钟楼已经倾斜到令人担忧的程度了。早先希腊统治的疆域的大部分均处于威尼斯的影响之下，因此到了1453年，当土耳其人征服了拜占庭王朝之后，许多希腊人前往威尼斯寻求庇护，人们对此丝毫不会感到意外。1470年，威尼斯政府允许希腊人在市区内举行正宗的东正教仪式。16世纪初，教皇和希腊教会的关系重修于好，因此，教皇里奥十世在1514年允许希腊人建设自己的教堂。伦巴第负责设计的教堂于1539年开始动工，1571年，教堂以及穹顶全部完工，而此时，教皇对希腊东正教会的态度却产生了戏剧性的改变。然而，威尼斯的元老院的宗教政策却极为宽容，教皇禁止东正教会的禁令在威尼斯并未得到贯彻，这里成了希腊人进行礼拜仪式的唯一场所。

增添新的建筑。如今，这座椭圆形的教堂仍被用于举办音乐会。

拉皮耶塔教堂（圣母探访教堂）

这座教堂被人们简称为拉皮耶塔教堂，隶属于威尼斯一所最著名的孤儿院，后者位于与教堂相邻的建筑内。1346年，这座教堂以“被遗弃者之家”的名义开始动工修建，受到了教皇和总督的格外保护。在每年的棕枝全日，总督和他庞大的随从队伍均会前往拉皮耶塔孤儿院参观，聆听在此接受音乐训练的女孤儿合唱团的演唱。18世纪，著名的作曲家兼小提琴演奏家安东尼奥·维瓦尔第（见426页）曾在此任教。1741年，出于自身音乐传统对良好的声乐传播特性的需求，乔治·马萨里开始为教堂

布拉格拉的圣乔瓦尼教堂

这座教堂太过古老，人们已无从知晓为何教堂的名字内有“布拉格拉”四个字，或许这一词语出自威尼斯的早期方言，因为它与意为“市场”的“布拉戈拉”和意为“卖鱼”的“布拉戈拉雷”读音接近，或许表明在这座教堂门前的小型广场上曾经有过一个鱼市场。它是一座典型的15世纪之后威尼斯哥特式风格的教区教堂。

西玛·达·科内利亚诺：
《耶稣受洗》；1493—1494；
木板画；210厘米×350厘米

这座教堂拥有无以伦比的祭坛装饰画。其中最精美的是西玛·达·科内利亚诺创作的这幅《耶稣受洗》，其主题在于表现教堂的保护神：施洗者圣约翰。画面背景处的山峰和城堡与西玛的家乡：科内利亚诺的风景极为相似。

圣乔治·德里·斯基亚沃尼会堂

亚得里亚海的东海岸处于威尼斯的影响范围之内。威尼斯人动用武力和条约征服了生活在这里的斯拉夫人（Slavs），后者曾作为海盗，严重威胁着威尼斯的贸易。威尼斯人把他们称为“斯基亚沃尼人”，他们来威尼斯经商或充当廉价劳工。到了15世纪中叶，很少有本地人愿意继续从事船夫的职业，因此，斯基亚沃尼人取代他们成为船夫。正如古代经常发生的那样，出于偏见，斯拉夫人不允许驾驶威尼斯人的船只，一如以往，只有本地居民才会被挑选出来，获得这一报酬丰厚的限制性职位。然而，随着越来越多的商人从大陆迁移到威尼斯，这样的合适人选越来越难以找到。

亚得里亚海东海岸的居民不仅身强力壮，还具有十分丰富的航海经验。1451年，他们得到许可，可以联合起来组成一个商会。他们选择圣乔治、圣特立冯和圣杰罗姆作为商会的保护神。从这座中规中矩的建筑上可以清晰地看出，斯拉夫人并非富裕的族群。它始建于16世纪初，由阿森纳的建筑师乔瓦尼·德·赞负责建造。

维托雷·卡尔帕乔：
《圣乔治的胜利》；1502—1507；
帆布油画；141厘米×360厘米

斯基亚沃尼商会委托维托雷·卡尔帕乔（约1455-1525）为他们的聚会场所绘制若干幅有关基督和他们的保护神的生平场景的绘画。到了19世纪，收藏家们重新开始对所谓的“文艺复兴前”的13至15世纪画家感兴趣，卡尔帕乔亦包括在其中。他的绘画色彩丰富，讲究细节表现，充满浪漫主义幻想，至今仍具有十足的魅力。

《圣乔治的胜利》是卡尔帕乔创作的三幅有关圣人生平故事和屠龙传说的绘画之一。根据传说的描述，有一条恶龙生活在利比亚的西兰（Silene）城外的大海中，靠着人和动物的活祭生存。当国王漂亮的女儿被勒令献祭的时候，圣乔治依靠十字架的符号打败了恶龙，并用渔叉刺入它的身体。被释放的公主将她的腰带缠在恶龙的脖子上，圣乔治带领着动物和获释的公主凯旋回城。为了报答圣乔治的救命之恩，国王和王后接受了基督教的洗礼。

在这幅作品中，画面的中央表现了圣乔治得胜回城的场景。他高举着利剑，准备最后屠杀恶龙。画面的左侧是国王和王后以及获救的公主。他们的右侧身后还有一个乐队在为这个欢乐的场合伴奏助兴。这是一幅具有典型卡尔帕乔创作风格的作品，画面上充满着具有异域风情的各色人物形象以及想象出来的建筑物。绘画的草稿表明他的构图异常精确，尽管最终完成的画作上具有他的学生的手笔。

维托雷·卡尔帕乔：
《耶稣在橄榄山上》；1501—1503；
帆布油画；141厘米 × 107厘米

维托雷在刻画圣人传奇的画作中描绘了丰富的细节，并在画面前景处安排了富有创造性的场景，但是当他在刻画耶稣在橄榄山上的主题时，画面却不加修饰。卡尔帕乔真实地刻画了山峦景象，画面上的耶稣在山边祈祷，而他的信徒则睡在他的脚下。在其他同一主题的画作中，信徒们大多是以坐姿表现出来，他们在守望的时候陷入沉睡。然而在这幅画中，他们却显得是酣然入睡，并不需要保持警醒，他们在上帝最需要的时候用最舒服的姿势入睡了。卡尔帕乔在这幅夜景作品中展示出了高超的用光技巧。耶稣的脸部、身后的岩石以及橄榄树的枝丫均被笼罩在神圣的光芒之中。

维托雷·卡尔帕乔：
《书房里的圣奥古斯汀》；1501—1503；
帆布油画；141厘米 × 210厘米

圣奥古斯汀并不是商会的保护神，这幅画刻画了他

端坐在书房里，提笔给圣杰罗姆写信的精妙瞬间。他在信中请求杰罗姆帮助他完成有关天堂中被神赐福者的论文。与此同时，圣杰罗姆已经死去，并出现在圣奥古斯汀的幻觉中。他要求奥古斯汀放弃他的写作计划，因为凡人没有资格评判天堂里的事物。这幅作品通过刻画圣奥古斯汀来表明圣杰罗姆的死亡，是刻画圣杰罗姆生平场景最为巧妙的终结篇。这个故事曾在15世纪和16世纪时广为人知，有时候故事中还会出现奥古斯汀收到回信的情节。卡尔帕乔运用引人入胜的细节描述了中世纪后期的书房布局。书房里众多包装华丽的书籍表明圣奥古斯汀是一名学者。画面左侧墙面上少数几个艺术收藏品同样让人兴趣盎然。书房两侧的大型烛台提供的光亮足以让主人公在入夜后仍能阅读书籍。书籍堆放在奥古斯汀的书桌上，陈列柜中摆放着各式小物件。

威尼斯的狂欢节

1979 年，痴迷于剧院和文化娱乐的威尼斯年轻人提出了想要复活威尼斯狂欢节的想法，在 18 世纪末期拿破仑禁止举办狂欢节之后，威尼斯的狂欢节就再无往昔的绚丽色彩和强大活力了。作为一名新的统治者，拿破仑害怕面具下面潜藏的颠覆性力量。现在，在圣灰星期三（译注：复活节前的第七个星期三）的前一周，无数身着盛装的威尼斯人在圣马可广场和各条小巷内活蹦乱跳地巡游。威尼斯现在的狂欢节与其他各种形式的狂欢节全然不同，数个世纪以前的华服款式激发了人们的想象力，创造出了超级有趣的华丽衣装，使得狂欢节得以不断创新发展，散发出多姿多彩的迷人魅力。

彼得罗·隆吉：《化妆舞会上的蒙面威尼斯人》；约1757；威尼斯奎里尼·斯坦帕利亚图书馆藏；威尼斯的贵族成员在化妆舞会上非正式聚会，并参与小赌以怡情。

威尼斯冬季的柔和色调为狂欢节渲染出了浪漫的气息。此时此地，这里没有喧嚣的音乐，没有裸露的皮肤，人们也不会因过度兴奋而手挽手跳舞。当人们尝试着与戴着面具的人说话时，会发现对方很可能并不是威尼斯本地人。街道上的狂欢是属于游客的节日，人们或许只能在广场上或私人宴会上碰到地道的威尼斯人。如今的狂欢节与 18 世纪的并无关联，只有各式面具仍保留了旧时的风貌。

在威尼斯共和国时期，狂欢节可能往往持续一整年，至少游客们看到的情况是这样的。然而，威尼斯官方规定的狂欢节仅限于从 12 月 26 日至来年的圣灰星期三。匿名戴着面具的游戏是 18 世纪威尼斯人日常生活和社交活动中不可或缺的组成部分。

加布里埃尔·贝拉：《执政团接见国使》；早于1792年；帆布油画；威尼斯奎里尼·斯坦帕利亚图书馆藏。

在威尼斯，类似“包塔（Bauta）”等特殊的面具或化妆方式并不属于盛装范畴，人们持续佩戴，习以为常。“包塔”包括一顶黑色的面纱，遮盖头发、耳朵和脖子；外加一顶黑色的三角帽，通常还包括一个白色的面具遮掩脸部的上半部分。而盛装则是在“包塔”之外还需要穿上一件名为“塔巴罗（Tabarro）”的长袍。人们不分男女、无论贵贱，均可以身穿“塔巴罗”。在诸如总督就职或接待来自海外的外国贵宾等特殊的场合，人们必须身穿这种长袍。根据规定，无论在何种场合之下，人们在进行晚祷之后必须头戴面具。而教会则规定，人们在特殊的圣日以及12月16日至26日之间不允许头戴面具。

威尼斯人戴面具的风尚为他们带来了许多好处，也带来了不少自由，对许多外国人而言，戴上面具的生活简直就是天堂般的生活，免除了遭受歧视的待遇。而在欧洲的其他城市，

加布里埃尔·贝拉：《在圣斯蒂芬节上的蒙面游行》；早于1792年；帆布油画；威尼斯奎里尼·斯坦帕利亚图书馆藏。

人们的衣着就能清楚地表明他们的社会地位，而在威尼斯，面具模糊了人们的社会界限，打破了男女之间的藩篱。普通公民仅靠身穿用昂贵织物缝制而成的盛装便能让自己觉得变成了富裕的贵族，而贵族阶层倍受尊重的成员亦可不被认出便出入城内众多的茶肆酒坊，享受平民粗俗的快乐。妇女则可以毫无阻碍地自由走动（她们甚至可以在长外套的遮盖下穿上长裤）。在洛可可时期备受推崇的浪漫以一种从未被幻想过的方式表现出来。在面罩的保护之下，人们可以在光天化日之下安排秘密约会。身穿相同服装、头戴相同面具的人们依然有凸显个性的机会，他们可以用精美的布拉诺花边装点“包塔”，也可以用纯丝绸面料缝制“塔巴罗”。年轻女子更喜欢在狂欢节之余佩戴另一种独特的面罩，这种名为“莫雷塔”的面罩并不完全遮挡住头发和皮肤，能够更好地反映出她们的女性吸引力。这是一种用黑色丝绒缝制的椭圆形面具，透过面具内层位于牙齿部位的纽扣连接佩戴在脸部。由此，戴着面具的女子不能说话，只能依靠手势表达意思，使得调情过程更显诱惑。一种名为“泽纳莱（Zenale）”或“泽黛莱（Zendale）”的披肩通常与这种面具同时出现，它是一种小型的彩色披肩，用来垂披在脑后。由此，威尼斯人习惯于整年佩戴面具，但是仅在狂欢节的时候才穿上盛装，展示出灿烂多元的传统文化。

有关这种有趣的服饰最初的记载出现在1268年。威尼斯共和国的狂欢节绝不是一个安静的节日，相反，它是一个嘈杂鲜活的快乐节日。一些人用纸质衣服和动物皮毛装扮成野人模样，唱着城里流行的下流歌曲；一些男子打扮成女人的样子与路过的陌生人搭话；而打扮成“婴儿”模样的人则成群结队站立在街头巷尾，用稚子童言讨论着政治话题和当时的丑闻；还有一些所谓的“马塔奇尼（Mattacini）”并不说话，他们携带着灌满玫瑰香水和其他香水的鸡蛋，投掷到美女身上，而等待那些声名狼藉的人的是发臭变质的鸡蛋。另外，人群中还有许多面具是与即兴喜剧中的人物相关，而服装则模仿不同的职业和民族，其中包括刻板的英国人、絮絮叨叨的布拉诺女人、发狂的梅毒患者以及医治邪恶瘟疫的医生等等。

在某些特定的日子里，比如狂欢节的第一天：12月26日，戴着面具的人群会聚集在圣斯特凡诺广场，自1647年以后，人们则在圣马可广场相聚。富人们拿出他们最贵

乔瓦尼·格里温布罗西：《威尼斯的定居者》；18世纪；威尼斯克雷尔博物馆藏。

加布里埃尔·贝拉：《圣马可小广场上的濯足星期四庆典》；早于1792年；帆布油画；威尼斯奎

尼·斯坦帕利亚图书馆藏。

重的衣服和珠宝，因为只有这一天，禁止人们在公众场合炫富的法令才会临时失效。人们戴着面具在广场上四处溜达，尽情欣赏着多姿多彩的服装，相互观望打量。到了晚上，那些从 12 月 16 日起开始关闭为圣诞节营造安静气氛的剧院和赌场重新开放，享乐的一年重新拉开了序幕。威尼斯狂欢节的另一个高潮是在圣马可小广场上举行的“濯足星期四”节日庆典。为了纪念战胜阿奎莱亚的主教，铁匠同业公会会宰杀公牛。这些公牛代表着阿奎莱亚的主教，它们被总督宣判死刑，肉被分发给穷人、执政团成员和服刑犯。广场上每年均会拉起一根钢丝，一名来自兵工厂的勇敢工人会走过钢丝，在总督府的阳台上向总督献上一束鲜花。分别生活在圣尼克罗区和卡斯泰洛区的尼科洛蒂人和卡斯泰拉尼人势同水火，他们卖力地展示自己的技巧，奋力搭建人塔，期望在勇气和力量上压倒对方。到了晚上，他们带领人们跳起摩尔人的舞蹈：这是一种表现摩尔人与基督教徒战争的舞蹈；随着焰火点燃，一天的狂欢就此结束。平时合法的“包塔”装扮在狂欢节期间显得异常普通，社会各阶层之间没有等级差别，富人和穷人在一起走街串巷共同庆祝，精明的元老院把狂欢节当成一次有效宣泄社会不安情绪的机会，他们宣布，所有戴着面具的人一律平等，绝无贵贱之分。

圣母福摩萨教堂

同许多带有教堂的广场一样，圣母福摩萨教堂周围的区域是威尼斯最早的定居区域之一。根据传说，圣母于639年在奥德尔佐主教圣马格努斯（Magnus）面前显圣，她并未化身为一位年轻的少女，而是变身为一位年纪稍长、身材丰满的妇人（福摩萨在意大利语中的意思即为身材丰满）。圣母要求圣马格努斯在岛上白云飘过的地方修建一座教堂。1492年，莫罗科杜齐被任命在11世纪残破的教堂旧址上重新修建一座新教堂。建筑师很可能是基于老教堂完成了自己的设计，另外，还仿照圣马可大教堂的中心部分建造了教堂的穹顶。这是一座典型的威尼斯十字形圆顶教堂，其方形平面图上带有三座半圆形的后殿祈祷室。教堂内部清晰的结构形式与外部流畅的圆柱状后殿相互呼应。

门楼

教堂的门楼建设花费了卡佩罗家族不少财富。当时，富裕的家庭会出于教会的利益，花钱资助维护一个公共场合，以纪念家族中的著名成员，这种行为非常普遍。除了极为特殊的情况，威尼斯共和国不允许人们私立雕像，因此这种资助教会的行为相当重要。另外，由于一条不成文的荣誉准则规定，家族宅邸不允许像在别的城市那样建得过于奢华。因此，这些家族在建造教堂门楼的时候极尽奢华之能事，将其建成带有纪念碑功能的宏伟门楼。与其他门楼相比，卡佩罗家族的门楼略显中庸。1542年，政府允许他们将文森索·卡佩罗将军的雕像和骨灰盒放置在门楼上，俯瞰教堂前的河流。教堂面向小广场的一面在1604年之后陆续安置了多位不同家庭成员的胸像，旁边的钟楼也是在17世纪时增建的。

奎里尼·斯坦帕利亚大厦

奎里尼·斯坦帕利亚大厦坐落在圣母福尔摩萨教堂后面的一座小型广场中，现在，它是同名基金会的办公场所。1869年，乔瓦尼·奎里尼·斯坦帕利亚伯爵将这座家族宅邸及其家具、大量绘画收藏和极具价值的图书馆遗赠给威尼斯市政府。另外，奎里尼还将家族持有的其他土地所有权用于建立服务于公众的基金会，并扩充图书馆。大厦二层的图书收藏面向学生和教师开放，而艺术收藏则作为博物馆面向公众开放。按照1869年伯爵遗赠给市政府时的约定，大厦内的展厅和房间必须维持当时的面貌。在此之前，他的家族在大厦内的居住时间长达350余年。

入口

大厦的一楼和入口处在1960年代由20世纪顶级威尼斯建筑师卡洛·斯卡尔帕（1906-1978）重建，他是意大利战后建筑的奠基人之一。混凝土、青铜、大理石和砖块是他擅用的建筑材料，利用这些材料，他创造出了令人吃惊的对比效果。将冷冰冰的灰色混凝土和沉静平滑的大理石、暖色调的青铜以及暴露在外部的淡红色砖块一起混用，令房间散发出独特的魅力。依照斯卡尔帕的设计，整个地下室被重新布置，人们在户外就能看到室内的状况，并能激发出人们想要进入参观的欲望。与此同时，游客们在不知不觉中便被指引到各个展厅。由于大厦门前的圣母福尔摩萨河与大厦之间仅仅隔着一个小广场，河水常在高潮位时在小广场上泛滥，因此，建筑的结构性重建工作充分考虑到了这一不利因素。

彼得罗·隆吉：《婚礼》；
早于1755年；
帆布油画；62厘米 × 50厘米

奎里尼·斯坦帕利亚大厦拥有威尼斯艺术史上各个时期的绘画作品收藏，其收藏重点是18世纪加布里埃尔·贝拉（1730-1799）和彼得罗·隆吉（1702-1755）的作品。贝拉采用一种精确的历史主义风格刻画出了威尼斯人的生活。两位杰出画家所刻画出的威尼斯人的生活场景均是以七种圣礼为基础，《婚礼》即为其中之一。这幅绘画描绘的是牧师祝福新人结合的瞬间。画面上主要人物均是年轻人（包括牧师、仆从和新人），他们与左侧的老人和背景处依靠立柱睡着的老人之间形成了对照。举行婚礼的教堂内部空间除了右侧的立柱之外显得空无一物，整个场景完全聚焦在婚礼本身。画面上笼罩着淡棕色和奶白色的色调，只有新娘的橙红色裙子显得格外醒目，衣饰上的粉色调看上去似乎映红了她温柔的面颊。画面上出现的两位奇怪的老年角色让我们不禁猜想到这或许是一场不被亲人认可的秘密婚礼。

雅各布·帕尔玛·伊尔·维吉奥：
《宝拉·普留利和弗朗西斯科·奎里尼》；1528；
木板油画; 82厘米 × 72厘米、85厘米 × 73.5厘米

这两幅作品刻画了弗朗西斯科·迪·朱安·尼克罗·奎里尼·斯坦帕利亚和他的妻子：宝拉·普留利·迪·赞·弗朗西斯科。他们于1528年4月28日结婚，这一天也可能是大厦新的建筑工程开始动工的那一天。新人订婚之后，他们的肖像画便开始创作，往往在正式结婚之前，画作便已完成。然而，这幅新娘的绘画却并未彻底完成，这一点从她手臂和手掌上的寥寥几笔油彩便可看出。这是因为画家雅各布·帕尔玛·伊尔·维吉奥（乳名为雅各布·内格雷迪，1480-1528）在他们成婚三个月之后的7月30日便去世了。

弗朗西斯科和宝拉的肖像均被放置在带有简朴柱头的半露壁柱之后的一个圆形壁龛前。令人吃惊的是，新娘的形象看上去要比新郎的形象距离观众更近一些。现在，人们仍无法解释两幅肖像的人物大小并不匹配的产生原因（另外，宝拉的肖像比她的丈夫的肖像略微偏高），或许是因为弗朗西斯科的肖像完成后被新郎收归己有，导致帕尔玛在为宝拉作画的时候只能凭记忆估计画面的构图设置。

塞巴斯蒂亚诺·邦贝利：
《杰罗拉莫·奎里尼作为圣马可教堂检察官的全身肖像》；约1669；
帆布油画；236厘米 × 161厘米

塞巴斯蒂亚诺·邦贝利：
《杰罗拉莫·奎里尼作为圣马可教堂检察官的全身肖像》；约1684；
帆布油画；236厘米 × 161厘米

塞巴斯蒂亚诺·邦贝利（1635-1719）是当时最好的肖像画家。他曾被当时意大利所有权贵家族邀约，离开威尼斯为他们绘制肖像画。杰罗拉莫·奎里尼的这幅著名肖像是巴洛克时期的典型代表作。这位年轻的威尼斯官员身穿的华丽官袍令人肃然起敬。

奎里尼家族是威尼斯最古老的贵族家族之一，他们的昵称斯坦帕利亚得名自希腊的一个岛屿，奎里尼家族在1522年前一直是这座岛屿的封建领主。他们的影响力持续到共和国的覆灭，这一点从共和国各顶级行政机构里悬挂的众多家庭成员的肖像画就可以看出。

乔瓦尼·巴蒂斯塔·提埃坡罗：《来自多尔芬家族的一位检察官兼海军将领的肖像》；1749—1750；
帆布油画；235厘米×158厘米

在19世纪晚期，人们认为这幅作品描绘的是检察官乔瓦尼·奎里尼的肖像。由于它并未被列入任何古老的艺术品清单之中，很可能是在19世纪中叶从多尔芬家族手中流落到奎里尼家族手中的，因此，人们现在认为它是多尔芬家族某一成员的肖像。另外的佐证是，在19世纪20年代末期，提埃坡罗还曾为多尔芬家族绘制过十幅大型的罗马历史场景画。与邦贝利的肖像相比，提埃坡罗的优势一眼可见。画面上更为清晰的红色调、建筑结构背景图案和比较低的视角均令人望而生畏，画面人物手上戴着的白手套表明他很可能就是在梅特里诺战役中英勇战斗导致左手负伤的丹尼尔·多尔芬五世。

卧室

奎里尼·斯坦帕利亚大厦不仅包含了一些精美的艺术收藏，同时还包括许多带有典型的18世纪威尼斯宅邸装饰风格的房间，让人们得以了解当时的生活状况。这间卧室里摆放着具有洛可可晚期风格的装饰品和涂漆家具、绘画以及一件尤为华美的挂毯。这件挂毯表现了贵族的户外娱乐场景，贵族们在夏天来到乡村别墅度假时便会出现类似的娱乐场景。

加布里埃尔·贝拉：
《圣马可广场上的圣体游行》；
早于1792年（？）；
帆布油画；95厘米 × 147.5厘米

这幅作品向观众展示了 18 世纪威尼斯生活的另一种宝贵的生活场景。奎里尼·斯坦帕利亚大厦拥有 67 幅加布里埃尔·贝拉的绘画，描绘了威尼斯的节日、游戏、游行以及贵族和政府生活的方方面面。他的绘画技巧几乎可用“幼稚”两字形容，画面上的建筑明显比人物画得要好。这幅画表现了圣体节游行的场景。我们看到广场上架起了一座大型的带顶棚木质拱廊，为游行队伍中的众多参与者提供遮挡烈日的地方。

彼得罗·隆吉致力于精细地刻画单独的事件，并常将绘画背景放置在华贵的大厦内部；包括瓜尔迪和卡纳莱托在内的绘画大师则致力于描绘威尼斯的建筑；而贝拉则擅长于刻画威尼斯生活的细节。他的作品颇具艺术性，但却并不具有很高的艺术水准，是研究威尼斯风俗和传统的第一手资料。

彼得罗·隆吉：《潟湖猎鸭》；
约1760年；
帆布油画；57厘米 × 74厘米

《潟湖猎鸭》是隆吉的代表作之一，并在他的不少作品中反复刻画同一场景。这件作品是一幅刻画人类类型的肖像画。画面上尤为引人注目的是站在船尾的仆人，他的脸部表情丰满，颇具个性。隆吉同样成功地塑造了潟湖的大雾天气，水面平静如镜，混沌的阳光照亮了大雾，令空气显得潮湿，呈现出金色的光芒。隆吉的当代艺术家认为他缺乏构图理念，导致画面上留有异乎寻常的空白，但是却强化了多雾的秋日清晨太阳跃出海平面时的孤寂氛围。

乔瓦尼·贝利尼：
《圣母献圣子于圣殿》；约1460；
木板画；82厘米 × 106厘米

乔瓦尼·贝利尼创作的《圣母献圣子于圣殿》是15世纪最伟大的威尼斯绘画杰作之一。他是在深入研究过他的姐夫：安德鲁·曼坦那的同一主题绘画（现藏于柏林）之后精心绘制而成的。圣母按照犹太教传统，带着她的头生子来到圣殿，并将圣子呈现给高级祭司。除了通常均出现在这一场景中的人物——圣母、祭司圣西缅、先知哈拿以及约瑟夫和他的仆从之外，贝利尼还在画面右侧额外刻画了两名年轻的男子。而曼坦那的绘画也曾刻画了一名身份不明的年轻男子，而这些人均未曾在传统绘画上出现过。

圣马可大会堂

圣马可大会堂宏伟的入口门楼上带有三座高耸的圆形山墙和奢华的彩色大理石浮雕及镶嵌装饰，表明它是威尼斯六个最重要的大型商会之一的大会堂。大会堂教堂的门楼和圣乔瓦尼·保罗道明会教堂、巴托罗缪·科莱奥尼的骑士雕像一起构成了乞丐河前最亮丽的风景线。在狭窄的运河河道上，闪着蓝色光芒的船只穿梭往返，它们是威尼斯的急救船。自 19 世纪以后，这座从前的会堂变成了一座医院。

大会堂始建于 1260 年，最初位于圣克罗齐教堂旁边。到了 1437 年，在圣乔瓦尼·保罗道明会教士的许可下，大会堂在道明会教堂的旁边得到了一块建筑用地，于是，大会堂的新建工作很快得以展开，算上内部建筑和装饰在内，大会堂最终于 1470 年代建成。杰出的建筑师巴托罗缪·布恩和安东尼奥·里佐均曾为大会堂修建立下汗马功劳。但是在工程完工后不久的 1485 年 3 月 30 日，大会堂建筑毁于一场大火。几天之后，宗教当局决定对圣马可大会堂进行重建，重建周期为两年，当局为此每月提供 100 个杜卡托金币的重建资金。另外，大会堂还为新建筑筹集到了 2000 杜卡托金币的财政支持。彼得罗·伦巴第和他的儿子们此时刚刚完成圣乔瓦尼福音大会堂的大门装饰工程，他们被委任负责重修大会堂。重建工作的花销增长迅猛，因此工程的完工日期一再推迟。随后，大会堂执事会解除了这位建筑大师的职务，未经周折便委任了另外一名顶级建筑师：莫罗·科杜齐来完成剩下的工程。科杜齐主要负责建造三座高高耸立的圆形山墙，到了 1495 年，在大火发生十年之后，这座门楼终于重修完成。

拥有大会堂的老式协会曾享有声誉，它选择城市守护神圣马可为协会的守护神。在中世纪和文艺复兴时期，该协会的成员包括众多威尼斯最受人尊重的公民，因此拥有巨大的影响力。而修建大会堂耗费的巨资同样令人匪夷所思，除了修建门楼开销巨大之外，会堂内部的装饰同样耗资无数。内部装饰工程从 15 世纪晚期一直持续到 17 世纪早期，会堂里收藏了一些昂贵的绘画，其中包括出自贝利尼画室的绘画以及丁特列托创作的圣马可生涯组图。绝大部分绘画作品现在藏于学院美术馆。

图里奥·伦巴第：治愈阿尼努斯，1487—1489

图里奥是伦巴第最具天赋的儿子，他负责为门楼最底层雕刻一组以圣马可的传奇故事为主题的透视浮雕。在这一页的插图上我们可以看到治愈亚历山大港的补鞋匠阿尼努斯的场景。补鞋匠坐在地上，一脸愁苦，朝圣人伸出被尖钻刺破的手。这些浮雕看上去就像是大会堂墙面上打开的窗户，令人联想起当时许多威尼斯宅邸的内部装饰画。这一点在图里奥·伦巴第（约 1455-1532）同时代画家的作品中表现明显，他很有可能是先将构思绘制在画布上，然后再加工成浮雕。相对于绘画的一蹴而就，浮雕显然比绘画更耗费时间。图里奥试图在浮雕作品中营造出人物身处不同景深的空间效果，两位主要人物形象格外突出于墙面，而那些位于背景处的人物形象则非常平坦，仅仅是一些略微突出的浅浮雕。通过这种方式，他创造出了透视效果。

图里奥·伦巴第：《阿尼努斯受洗》；1487—1489

阿尼努斯被治愈之后，便要求圣马可为他施洗。这位以前的补鞋匠后来变成了一位传教士，并最终成为亚历山大港的第一位主教。这两块浮雕均出自圣马可的传说故事，大门两侧的两座石狮体量巨大，人们在很远就能看到。也只有在远处才能显出浮雕的透视效果和可塑性。图里奥·伦巴第通过拟态伪装和肢体语言表达情感的能力令同时代艺术家大受启发，另外，他对古典雕塑知识的掌握程度也让人们赞叹不已。由于他的风格深受古典主义影响，因此艺术史学家们经常认为他曾经到过罗马学习古典艺术作品。如果他没有掌握古典主义雕塑的广泛知识，就不可能创立如此独特的雕塑风格。人们确信他曾拥有过一尊古典主义头像，他时常对其进行研究，并将其当成雕塑原型。无论如何，图里奥·伦巴第对同代人的影响十分巨大，帕多瓦学者庞波尼乌斯·果里卡斯（Pomponius Gauricus）在他的论文《论雕塑》（约 1504）中就曾深入研究过他的雕塑作品。

黑死病

瘟疫是古代最令人恐惧的疾病之一，中世纪的欧洲曾大面积遭受瘟疫肆虐。不论是以前还是现在，这一动物疾病的主要传染区域一直是如今亚洲中部的荒原，尽管它还可以在人类之间传播。当鞑靼人在黑海沿岸城市卡法围攻威尼斯人和热那亚人的时候，将已经变成黑色的尸体抛越堡垒的高墙，而威尼斯人和热那亚人并不清楚这一行为将要导致的严重后果。于是，在威尼斯人返回故乡的船上，将已被感染的黑色老鼠和身上的跳蚤从东方带到了欧洲。直接叮咬过病死老鼠的跳蚤因此将黑死病细菌传染给了人类。由此，黑死病最早在港口城市爆发，并拉开了席卷欧洲的恐怖征程。从1348年至1352年，黑死病几乎在欧洲的每个角落爆发，甚至连冰岛也未能幸免，夺走了超过两千五百万人口的生命，大约相当于整个欧洲人口的三分之一。黑死病在威尼斯的第一次爆发使其人口减少了一半以上。所有试图阻止瘟疫蔓延的方法均告失败，尽管人们知道这种瘟疫是由人类相互接触传播的，但是其具体的感染原因一直未能找到。直到1894年，人们才搞清楚致病的病原体（如今可以通过抗生素治疗），并彻底了解了传染方式。

丁特列托：《圣洛赫》；1583—1587；藏于威尼斯圣马可大会堂。在大瘟疫流行时期，人们对圣洛赫格外尊崇。

在15世纪初，威尼斯人决定实施一项可以在短期内抑制瘟疫蔓延的战略措施。他们规定每艘来自感染区域抵达威尼斯的船只必须在船上待够40天才能进入市区。然而，这一计划的作用十分有限，因为当时的人们并不知道黑死病可以通过与动物的直接接触传播。自14世纪以后，一些相对独立的地区反复遭受瘟疫的折磨。最容易爆发瘟疫的地方是港口和大城市，还有一些贸易通关城市。因此，与东方贸易量巨大的威尼斯具有极大的瘟疫爆发风险。在1348年至1630年间，威尼斯每隔20至50年就要遭受一次黑死病的肆虐。然而，我们并不能完全确定每次瘟疫的爆发都是黑死病造成的，因为当时的人们错误地把一些严重的疾病也当成黑死病。瘟疫以多种形式出现，但以结核性瘟疫和淋巴结鼠疫等病症为多。结核性瘟疫主要通过人际之间传播，其症状为黑色带血的痰液、呼吸衰竭以及皮肤变成蓝色，患者通常在数日之内便告不治。而淋巴结鼠疫的病原体则经由跳蚤叮咬入侵人体的淋巴结，其后，淋巴结开始肿胀，转变成令人痛苦不已的大

乔瓦尼·格里温布罗西：《威尼斯的居民之大瘟疫医生》；18世纪；藏于威尼斯克雷尔博物馆。

疮，其直径可达 10 厘米。大疮可能会破裂，迸发出血液和脓水。在这种情况之下或是人工将淋巴结打开，挤出脓血之后，病人尚有一丝生还的希望。然而，一旦病原体侵入循环系统，则会导致肺结核或小血管弥漫性出血。正是这种弥漫性出血能将人体变成黑色，黑死病因此而得名。另外，还有一些并不致人死命的轻度瘟疫曾流行过。如果人们从瘟

汉斯·马卡特（Makkart）：《佛罗伦萨瘟疫大流行》（第二部分）；1868；帆布油画；103厘米×204.5厘米；施韦因富特·乔治·谢弗收藏馆藏。马卡特笔下刻画出了人们面对瘟疫时的可怕景象，其目的并非仅仅着眼于佛罗伦萨，而在于描绘七宗罪或是瘟疫本身。

疫中幸存下来，将在此后很长一段时间内获得免疫力。当时的医生在面对上述所有情况时，很难确诊是哪种瘟疫类型，也就很难做到对症下药。

1575 年，当威尼斯出现第一例感染者时，当时的城内医生和医疗当局并不确定这是否是另一次瘟疫爆发的前兆。由于病因一直得不到确诊，为了避免影响正常贸易，当局宣称该病例并非瘟疫。然而，病例很快便开始迅速增长，这次淋巴腺鼠疫大爆发成了威尼斯历史上最严重的瘟疫之一。由于幸存者的数量相较于其他类型的瘟疫要多一些，他们留下了许多描述染病经历的材料，历史上也留存了不少清楚的病历，因此我们得以明确地知道这次瘟疫的流行时间是在 1575 年至 1577 年间。

早在医生确诊这些病例真的是瘟疫之前，医疗卫生当局就已开始着手隔离病患。当瘟疫全面爆发之时，患者被集中到刚建好的瘟疫医院就诊，或是自行在家隔离。只有医生和护士才能进出瘟疫医院，医生们身穿防护服，这种服装曾在狂欢节上反复出现，提醒人们注意瘟疫的凶险。防护服包括一件遮盖整个身体的长外套，头部用帽子加以保护，并佩戴上一种鸟形面罩，面罩上有一个长长的鸟喙，鸟喙里填充着香草，以阻挡患者散发出的恶臭气味；人们认为这些香草还具有消毒的功效。尽管城内治疗病患的医生比较充足，但是护士却格外短缺。政府命令将所有妓女带往瘟疫医院充作护士，而她们的那些负责埋葬死者、焚烧遗物并确保所有病患均被有效隔离的男同事们则由政府从市内关押的囚犯中征召，政府许诺一旦疫情结

束，他们便会被免罪释放。另外，政府还以高价从大陆招聘了不少不怕死的贫民乞丐，这些人还有可能是带着想从死人身上偷些东西的念头来的。由于这些护工抱着必死的念头，因此人们很难想象到瘟疫医院里发生的种种令人作呕的丑行，他们狂捞油水、腐败堕落，是无恶不作的虐待狂。另一方面，瘟疫医院里也有一些践行自我牺牲的人充当护工。大瘟疫刚刚全面爆发的时候，所有染病的和疑似染病的人均被送往城内的两座瘟疫医院，其中，那些病入膏肓的人被送往老瘟疫医院，而那些并未完全显露出瘟疫症状的人则被送往新瘟疫医院。当人们意识到两座医院太小，容不下越来越多的患者时，一些经过隔离的船只便充当起了额外的医疗场所。这些船只均有保安把守，并配有充足的教士、医生和食物。船上主要收治那些不幸染病的富人，有些人形容这些船只简直是病患与死亡的海洋中的欢乐岛屿，晚上，这里常常传出各种声音，夹杂着歌声和祈祷声。船上还允许亲属前来照料，那些痊愈的病人还会举行欢庆典礼来庆贺逃离苦海。与之相对的是老瘟疫医院的状况，垂死的病人被幽禁起来，这里完全是一个令人沮丧的地方，到处是灰尘和恶臭，护工们冷若冰霜，充斥着骇人的自杀和发狂，根据当时的文献记录，这里几乎与地狱无异。在新瘟疫医院，尽管人们并未完全丧失希望，但也类似于在经历炼狱。随着瘟疫横行的时间越来越长，医疗条件变得越来越糟糕。从 1575 年 7 月至 1576 年 2 月，有大约 3500 人去世，而随后的一年却有 46000 人死亡，这一数目接近威尼斯总人口的 1/4。早已无法掌控局势的威尼斯政府成员置穷人和病人于不顾，纷纷逃离威尼斯。宗教是唯一留给人们希望的力量源泉，在 1576 年瘟疫肆虐的鼎盛期，执政团公开立下誓言，只要威尼斯逃离出瘟疫的魔爪，他们就将兴建一座还愿教堂。从 1577 年 2 月开始，越来越少的人感染瘟疫，到了夏天，瘟疫彻底在潟湖群岛上销声匿迹。为了庆祝人们得救，安德鲁 · 帕拉迪奥留在威尼斯开始在朱代卡岛上建造救世主教堂，时至今日，这里仍然是人们为感谢上帝在 1577 年大瘟疫中拯救人们的游行终点。威尼斯还有一座教堂的建立与其有着相似的原因。安康圣母教堂是在 1630 年至 31 年间侵袭威尼斯的最后一次大瘟疫流行过后兴建的。许多威尼斯人仍然在每年的 11 月 21 日安康节前往安康圣母教堂参观礼拜，感恩活动要整整持续一个星期。在这最后一次瘟疫中，32% 的威尼斯人被夺走了生命。从此之后，威尼斯再未遭受过任何瘟疫大流行。

救世主教堂是为纪念1575年大瘟疫结束而修建的一座还愿教堂。

圣扎尼保罗教堂（圣乔瓦尼·保罗教堂）

在方济各教会进入威尼斯的同时，创建于13世纪初的第二个行乞教会：道明会也来到了威尼斯。总督雅各布·提埃坡罗（1229-1249）同样给他们批了一块土地，这块土地距离城市的权力中心圣马可广场足够远。而道明兄弟会用来建筑教堂的土地距离方济各教堂更远，数个世纪以来，两个教会之间针对宗教教义一直争论不休。另外，这两个教会不允许在同一个区域内互相争夺慷慨的捐助者，行乞教会只能依靠公众的施舍。圣扎尼保罗教堂是一座十字形建筑，与方济各教会的弗拉里教堂几乎同时动工。教堂从1234年开始兴建，直到1430年才完工。威尼斯人称呼这座哥特式教堂为"扎尼保罗"，这是"圣乔瓦尼·保罗"的典型缩写。这座教堂崇拜两位公元3世纪的罗马殉教者圣约翰和圣保罗。

门楼

在1458年接受了一笔丰厚的遗赠之后，道明会的教士们得以重新修建一座宏伟的入口大门。大门使用到的六根希腊大理石立柱来自托尔切洛。由于整个门楼需要彻底重建，因此老门楼拆除后暴露在外的砖块被保留下来了，看上去教士们曾打算不久之后在砖块的表面铺设一层薄薄的大理石板。这座精美的大门拥有尖顶拱等哥特式建筑元素，饶有兴味的是，它却是一座拥有文艺复兴现代元素的建筑，其中最引人注目的典范便是精雕细琢的门檐。

唱诗班席（外观）

圣乔瓦尼·保罗教堂的唱诗班席是威尼斯最漂亮、最重要的哥特式教堂建筑的典范，在整个威尼斯，这样的建筑寥寥无几（另一个典范则是方济各会弗拉里教堂的唱诗班席）。两个教会之间的明争暗斗在他们的教堂设计中发挥了重要作用，他们均有极为广泛的地域基础，并因此深受别的地区的建筑风格的影响。道明会委任的建筑大师都不是来自威尼斯，而是来自艾米利亚·罗马涅大区。

内部装饰

无论如何，道明会仍需要与威尼斯人的传统作斗争。他们坚决不允许自己的教堂拥有一个敞开式的屋架，而这种结构在威尼斯十分常见。他们采用典型的哥特式筒形拱顶取代敞开式屋架，而方济各会的教堂恰好也采用了同样的方案。尽管教堂内采用了宽大的圆形支撑结构，但是由于道明会教堂的位置处在松软的沼泽地上，因此在大陆常用的砖石拱顶太过沉重，于是，人们想到了一个典型的威尼斯式解决方案，拱顶装配上抹了一层灰泥的木质系梁，制造出了篮状效果，从下往上仰视，颇有石头拱顶的样子。而巨大的木质横梁也额外增添了结构的稳定性。通过这些手段使得支撑立柱之间的距离可以更宽一些，教堂的内部空间显得格外宽敞。自从1682年将唱诗班席位搬离之后，这座教堂再未经历任何建造工程，因此，教堂内部更显宽阔。同其他许多教堂一样，这里仅在特殊情况下才会举行大型的修道会。

圣扎尼保罗教堂里的总督墓

行乞教会的教堂是最受欢迎的墓葬地点。修道士们的代祷和祈祷为人们带来了在末日审判时得到更好判决的希望。兄弟会成员们的正直以及安贫乐道的品质在临死时最能反映出来，有钱人从修道士们那里花高价购买墓地和安魂弥撒仪式，这就确保了修道士们可以很好地履行代祷和祈祷的使命。

道明会是宗教裁判所的支持者，期望国家步入良好的社会道德秩序。在其他城市，他们比方济各会更乐于维护当局的权威，而后者则更受普通民众的欢迎。在威尼斯，保持与统治者的密切联系尤为重要，毕竟所有的教会事物最终仍掌控在政府手里。随着与当局关系的日益密切，道明会将行乞教会的财务优势与权力紧密地结合在一起。于是，圣乔瓦尼·保罗教堂变成了最重要的埋葬总督的教堂。

总督安德鲁·文德拉明墓（1478）；见476页

总督彼得罗·莫契尼格墓（1476）；见474页

总督托马索·莫契尼格墓（1423）；见475页

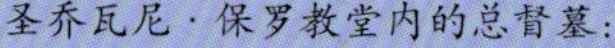

圣乔瓦尼·保罗教堂内的总督墓：

1 总督艾维瑟·莫契尼格墓(1577)
2 总督彼得罗·莫契尼格墓(1476)
3 总督贝尔图乔(1658)和西尔维斯特·瓦列尔(1700)之墓
4 总督米盖勒·莫罗西尼墓(1382)
5 总督莱昂纳多·雷佐丹墓(Loredan)(1521)
6 总督安德鲁·文德拉明墓(1478)
7 总督马可·科尔纳墓(1368)
8 总督塞巴斯蒂亚诺·费尼尔墓(1578)
9 总督帕斯夸里·马利皮耶罗墓(Pasquale Malipiero)(1462)
10 总督托马索·莫契尼格墓(1423)
11 总督乔瓦尼·莫契尼格墓(1485)

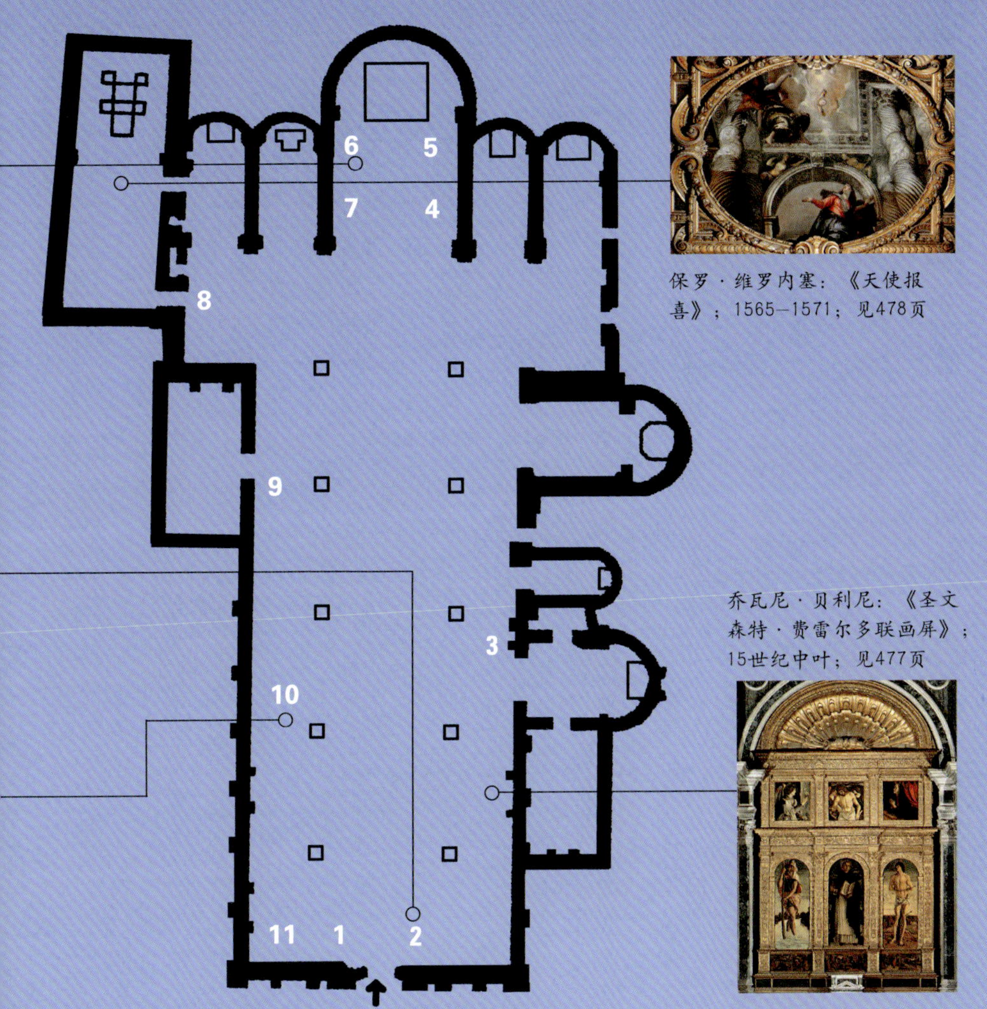

保罗·维罗内塞：《天使报喜》；1565–1571；见478页

乔瓦尼·贝利尼：《圣文森特·费雷尔多联画屏》；15世纪中叶；见477页

彼得罗·伦巴第：总督彼得罗·莫契尼格墓；1476年后

由彼得罗·伦巴第工作室创作的彼得罗·莫契尼格（1474-1476 年在位）墓完全没有展现躯体死亡的场景。这位死去总督的雕像身穿铠甲，骄傲地站立在自己的棺椁之上。他身边站着两名小男孩，其中左边的那位手持盾牌，盾牌上刻有莫契尼格家族的徽章。石棺上雕刻着描绘总督执政生涯中两次丰功伟绩的浮雕，其中左侧是莫契尼格亲自征服士麦那（Smyrna）的场景，右侧是法马古斯塔（Famagusta）被移交给卡特丽娜·科尔纳罗女王，并最终被纳入莫契尼格统治的威尼斯共和国版图的场景。在两侧的壁龛里雕刻的明显是许多位武士，人们并不清楚他们是否是基督教圣人，还是暗指莫契尼格军队美德的古代军官。坟墓上方的耶稣空墓上采用浅浮雕的方式雕刻了三位女子的形象，其顶部中央位置是救世主单独站立的雕塑。由此，这座坟墓所表现的中心主题是对复活和来生的信仰。

彼得罗·迪·尼克罗·伦巴第和乔瓦尼·迪·马尔蒂诺·达·费耶索莱：总督托马索·莫契尼格墓；1423

1423年，出自莫契尼格家族的另一位总督的坟墓完工了。然而，这座坟墓并非出自威尼斯雕塑家之手，而是由佛罗伦萨雕塑家完成的。这两位艺术家在坟墓上留下了签名，他们深受多纳泰罗的影响，人物雕塑的形象带有明显的多纳泰罗风格。角落里的士兵形象与多纳泰罗的杰作《圣乔治》一模一样，后者是多纳泰罗为佛罗伦萨的圣米盖勒教堂创作的。然而，这座带有大型华盖顶和众多美德人物雕塑的坟墓的设计者却是威尼斯人。另外，这座坟墓并非是纯粹的文艺复兴风格作品，尽管当时的威尼斯雕塑家均带有文艺复兴风格。它是典型的从哥特式风格到文艺复兴风格的转型期风格，而这才是15世纪末威尼斯流行的风格。

图里奥·伦巴第：总督安德鲁·文德拉明墓；约1495

这座坟墓是在大约1495年前后雕刻而成的，最初，它并非被安置在圣扎尼保罗教堂，而是在1812年才从侍奉圣母教堂搬迁至此的。与莫契尼格墓一样，它同样出自伦巴第工作室。坟墓的大部分是由伦巴第家族中最杰出的艺术家图里奥·伦巴第创作的。与彼得罗·莫契尼格墓相比，这座坟墓的质量明显更高，浮雕更为精美，人物形象更为柔和，与此同时，还显得格外具有活力。在这件由伦巴第工作室创作的晚期作品中，死者形象重新以仰卧的方式出现。坟墓的整体结构是古典式的凯旋门结构，棺椁旁边站立的年轻人脸上表露出来的对死者的心痛营造出了一种可以用不同方式进行解读的含义。石棺上方的圆拱内雕刻的美德女神形象浮雕正在为世间的罪恶祈求宽恕，而逝去的总督则跪倒在圣母面前。

乔瓦尼·贝利尼：《圣文森特·费雷尔三联画屏》；约1465

这座祭坛装饰屏是由圣·文森特·费雷尔兄弟会出资创作的，乔瓦尼·贝利尼是否是凭一己之力独自完成的这件作品至今仍存争议，不少人认为劳罗·帕多瓦诺也曾参与创作。

圣文森特·费雷尔是一位14世纪后期西班牙的道明会教士，他曾努力阻止因选举教皇而导致的教会分裂。他以残酷而绝不妥协的忏悔苦修而著名，因此，他在法国和西班牙的忏悔旅程中鼓舞了不少苦修派教众跟随其身后。他的绝不宽恕的言论令其树敌颇多。1419年，他在前往布里塔尼的路途中去世，随后立刻出现了一些将他选为守护圣人的兄弟会组织。他们虔心于更为极端的苦修行为，并致力于将他追封为圣人，到了1458年，他被封圣。于是，威尼斯道明会就在他们的教堂里矗立起了一件刻画这位新晋圣人的祭坛装饰屏。

保罗·维罗内塞：《天使报喜》；
1565—1571；
帆布油画；340厘米 × 435厘米

玫瑰经圣母小教堂最初曾拥有一些 16 世纪威尼斯艺术的引人入胜的收藏品。这里是玫瑰经兄弟会所在地，该兄弟会成立于 1575 年，崇拜圣母的玫瑰经，是为纪念四年前的 10 月 7 日勒班陀海战胜利而成立的，而这一天正是纪念圣母的节日。由于这一次海战对威尼斯共和国具有不可估量的政治意义，因此，这座教堂拥有丰富的雕刻和鎏金天花板。这里除了有雅各布·丁特列托著名的《基督上十字架》之外，还有多梅尼科·丁特列托、帕尔玛·伊尔·乔瓦尼和弗朗西斯科·巴萨诺等人的作品。

1867 年夏天，由于小教堂左侧唱诗班席翻修工程，教堂内最重要的绘画作品：提香的《殉道者圣彼得遭刺杀》以及乔瓦尼·贝利尼的《圣母像》被搬离教堂，现在悬挂在原先位置的均为复制品。

就在当年的8月16日，一场令人措手不及的大火不仅焚毁了小教堂里的艺术珍宝，还彻底烧坏了提香的杰作。到了19世纪末，在小教堂的重建工程中，原本放置在由米丽亚迪教堂的保罗·维罗内塞的天花板绘画被移至这里。

由此，那些16世纪的重要艺术作品被陈列在一幅壮观的天花板绘画下面，教堂的建筑令人印象深刻，与阿里桑德罗·维特多利亚和杰罗拉莫·坎帕尼亚的祭坛装饰画一起点缀着这座16世纪末期的小教堂。

总督椅；17世纪

这把华丽的椅子上覆盖着奢华的织锦，它是总督参加圣乔瓦尼·保罗教堂的宗教仪式时的宝座。这座教堂是总督引领的节日游行队伍穿越整个城市之后的最后一站。圣扎尼保罗教堂同时还在一位威尼斯统治者死后扮演过极其重要的角色。为去世的总督举行的盛大游行在这里达到高潮，而这位总督的遗体便被安葬在教堂里。

可教堂前，以纪念在他的指挥下为威尼斯共和国赢得的数不胜数的战争胜利。威尼斯人出于遗赠的金钱的考虑，没有拒绝他的愿望。然而，在圣马可广场上为一名来自贝加莫的外国人建立一座纪念像是不可想象的，就连总督都没有公开的雕像。在科莱奥尼死后，精明而颇具商业头脑的威尼斯人展现出了既遵守遗嘱又不吃亏的一面。安德鲁·德尔·维罗齐奥被任命为雕塑师，他创作的雕像会矗立在圣马可大会堂前面（而并非圣马可大教堂前）。这位佛罗伦萨人解决了制作大型骑士雕塑的技术难题，根据16世纪编年史作家马林·撒努斯多的记录，雕塑建成后，威尼斯人蜂拥而至，欣赏这件令人惊叹的杰作。阿里桑德罗·莱奥帕尔迪负责雕塑的铸造，并修建纪念碑，就连刻有他名字的底座也是出自这位威尼斯艺术家的手笔。不容质疑的是，雕像本身仍是维罗齐奥独自完成的作品。

安德鲁·德尔·维罗齐奥：
《巴托罗缪·科莱奥尼骑士像》；
1481—1494

雇佣兵队长巴托罗缪·科莱奥尼在他的遗嘱中要求建造一座他的骑士像安放在圣马

圣弗朗西斯科葡萄园教堂

圣弗朗西斯科葡萄园教堂的名字的含义是建在葡萄园里的圣弗朗西斯教堂，之所以取这个名字，是因为这座教堂在中世纪的时候就矗立在一个老葡萄园里。1253 年，颇有势力的齐亚尼家族将这块土地当成礼物送给方济各会，后者在这里修建了在威尼斯城内的第二座教堂。然而，这座教堂至今仍被弗拉里教堂的华丽所掩盖。雅各布·桑索维诺在 1534 年开始对这座新建筑开始装修，但依然未能改变其从属地位。教堂明亮而均衡的构造比例，凸显出了其具有的威尼斯文艺复兴全盛期的风格。在修建门楼（右图显示了一部分）的时候，桑索维诺已年近八十，无力承担这项工程，这时，另一位冉冉升起的建筑新星安德鲁·帕拉迪奥接手了工程。这座教堂和圣乔治·马焦雷教堂一起展现出了帕拉迪奥过人的艺术能力。圣弗朗西斯科葡萄园教堂看上去过于平坦，与圣乔治教堂相比并不引人注目。尽管它的建筑细节精益求精，但是在周围建筑的映衬下，它显得毫不起眼，人们在稍远一些的地方就注意不到它的存在。或许安德鲁·帕拉迪奥选择平坦式结构的原因在于这个地方比较狭窄。教堂巨大的神庙式门楼与圣乔治·马焦雷教堂的门楼相仿，看上去像是一座小型的复制品，但却远不如后者那样能够被人们从老远的地方看到。

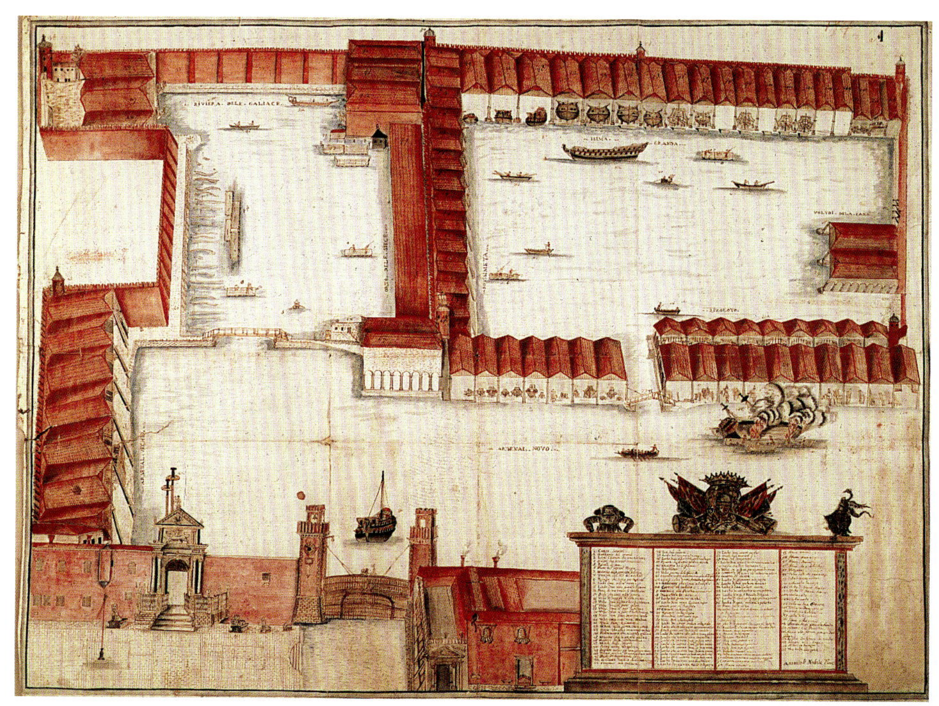

兵工厂

自从中世纪以来，威尼斯的战船和商船均是在名为兵工厂的巨型国家造船厂里制造出来的。1570年，由于与土耳其人的海战需要大量战船，兵工厂每两个月就能制造出100艘船，这一点显示出了极高的生产力水平，在前工业化时期的欧洲闻所未闻。威尼斯人能够如此迅速地制造出如此大量的战船的原因在于中世纪以后高度流水化作业的工作模式得到了极大发展。人们甚至可以认为他们是在流水线上工作，工作的每个环节均是在兵工厂的不同建筑内完成的，各个环节之间环环相扣，严丝合缝。包括建造船身、填补缝隙、缝制风帆、捻绳、装配武器弹药、提供补给在内，所有的工作均是在兵工厂里完成的。兵工厂的面积超过 25 公顷（60 英亩），有大约 16000 名工人，就算不是当时世界上最大的制造单位，也是基督教世界里最大的制造单位。在 14 世纪早期，意大利伟大诗人但丁将兵工厂里忙碌的奔走、噪音、灰尘以及炽热的温度比作是地狱。

入口处的瞭望塔

为了避免遭受攻击，尤其是为了防止特工刺探威尼斯造船和制造军火的秘密情报，兵工厂的四周被高大的石墙环绕。从陆地侧进入兵工厂的运河入口处耸立着建于 1574 年的高大瞭望塔，人们从交通汽艇上就能一睹其雄姿。在高墙后面是一派建筑景观，在现在的游客的眼里，这里看上去像是 19 世纪工业时代的建筑。然而，其中大部分建筑并不是那时修建的，而是建于 16 至 18 世纪之间。其中最引人注目的是名为“塔纳”的捻绳房，这是一座巨大的捻绳房，制造长长的绳索。

入口

由于兵工厂对威尼斯的重要性难以言表，到了1460年，安东尼·甘贝罗为它建造了一座与之相匹配的宏伟大门。它的立柱与罗马的凯旋门相似，是以波拉的古典式拱门（建于公元1世纪）为模型制造的。波拉属于伊斯特利亚，后来被威尼斯人统治。于是，兵工厂的大门成了威尼斯第一座按照古典主义风格建造的建筑结构，满足了文艺复兴时期对建筑物模仿古典主义的主要要求。随着时间的流逝，入口处添加上了威尼斯在海战中取得胜利的雕塑，使其逐渐变成纪念威尼斯军事力量的场所。大门上的圣马可之飞狮雕塑是在始建期间完成的，陪伴在它身边的古典主义雕塑竖立在大门两侧，均是17世纪和18世纪的作品，与它的风格迥异。

圣彼得罗·迪·卡斯泰洛教堂

就算在现在，卡斯泰洛也远谈不上是威尼斯的权力中心。圣彼得罗教堂周围既没有熙熙攘攘的贸易喧嚣，也没有大型的宅邸宫殿，但却有一些简朴的居住区和依照威尼斯人的审美观点建造的大量绿地。这座威尼斯主教教堂从1091年开始便矗立于此，从1451年之后，这里的威尼斯大主教事实上已经完全失去了对总督的宗教权威力量。与圣马可大教堂的辉煌灿烂相比，这座巨大的教堂显得非常寒酸。它大约在1594年至1596年间完工，是由一名并不出色的建筑师弗朗西斯科·斯梅拉尔迪建造的，最初的建筑设计可能出自安德鲁·帕拉迪奥。

双年展展览中心

自1895年后，威尼斯每两年会召开一次国际性的现代艺术展览。从1907年开始，展览的举办场所是位于最东边的公众花园里的展览馆。这些公众花园现在是市政公园，是在拿破仑的命令之下于1810年设计修建的。为了建造花园，许多教堂、修道院和一座服务于穷苦水手的医院被夷平。这块位于威尼斯岛最东边的角落在很久以前便是花边女工、渔夫和普通水手的居住地。这座让人们流离失所的公园就像是威尼斯的一处外来区域，只有在每两年举办一次的双年展开幕之后才会吸引游客的到来。不同国家的展览馆分布在公园的不同区域，因此，人们在参观双年展的时候对建筑历史也能有所了解。其中最令人感兴趣的建筑是格利特·利特维尔（Gerrit Rietveld）于1954年修建的荷兰馆，和阿尔瓦·奥尔托（Alvar Alto）在同年修建的木质芬兰馆。20世纪威尼斯最重要的建筑家卡洛·斯卡尔帕建造了委内瑞拉馆。1930年代末期建造的德国馆是纳粹表现主义建筑令人震惊的代表作。

双年展中心区域的国家馆

1 西班牙
2 比利时
3 荷兰
4 意大利
5 芬兰
6 匈牙利
7 巴西
8 奥地利
9 波兰
10 埃及
11 前南斯拉夫
12 罗马尼亚
13 希腊
14 以色列
15 美国
16 北欧国家
17 丹麦
18 捷克/斯洛伐克
19 法国
20 英国
21 加拿大
22 德国
23 日本
24 俄罗斯
25 委内瑞拉
26 瑞士
27 由卡洛·斯卡尔帕修建的毁于1950年的书籍展馆废墟

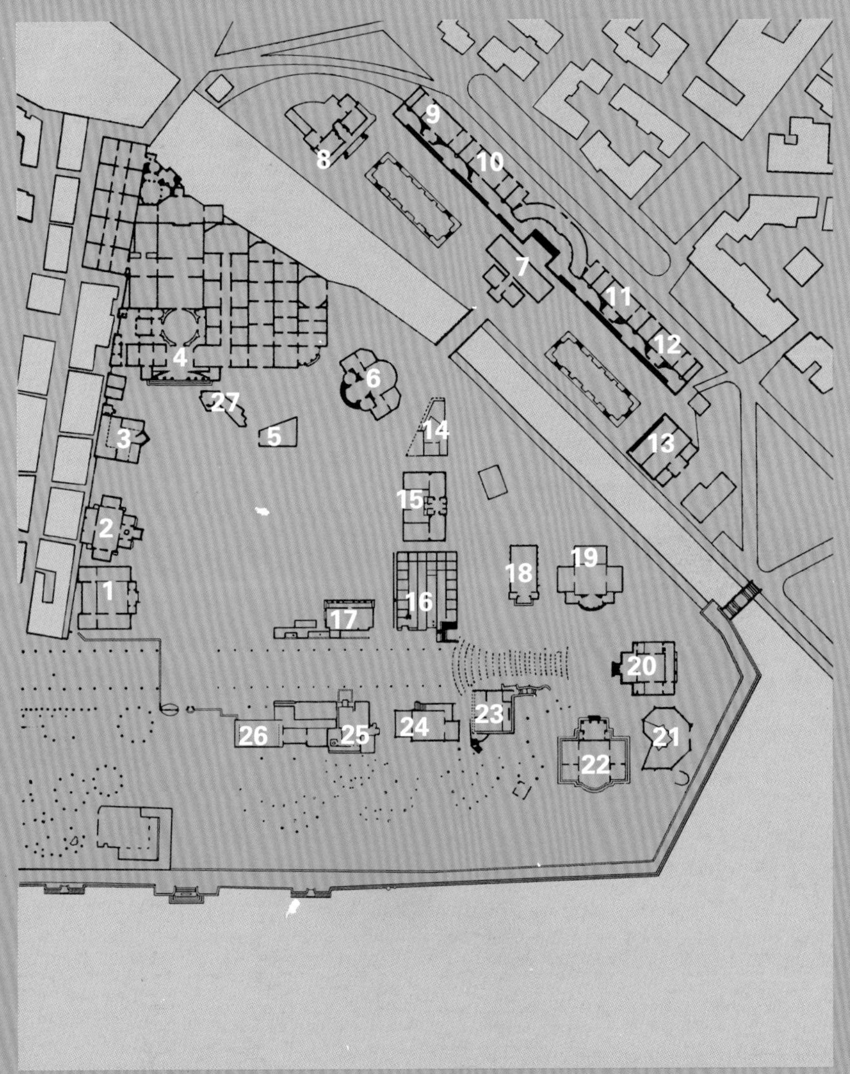
9
10
8
7
11
12
4
6
27
14
3
5
13
15
2
18
19
1
16
17
20
23
24
26
25
21
22

利多

威尼斯横穿潟湖的狭窄沙洲是意大利最早的时尚海边度假胜地之一。从1860年开始，富有而漂亮的欧洲人和美洲人便来到这里享受暑假。时至今日，包括德斯巴恩斯酒店和精益酒店在内的许多优雅的、建于1900年前后的美好年代酒店仍能见证当年的辉煌。长达12公里的威尼斯海滩由此变成了时尚的海滨生活的象征，甚至在意大利语中，“利多”一词就是“沙滩”的同义词。现在，这里洁白细腻的沙滩仍然让游客惊叹不已。在夏天，这里除了能偶尔看到国际航班飞过之外，仅有从文德拉明·卡拉基宫搬至利多的威尼斯赌场，但是却仍然繁华无比。

RESTAURANT

圣米盖勒岛

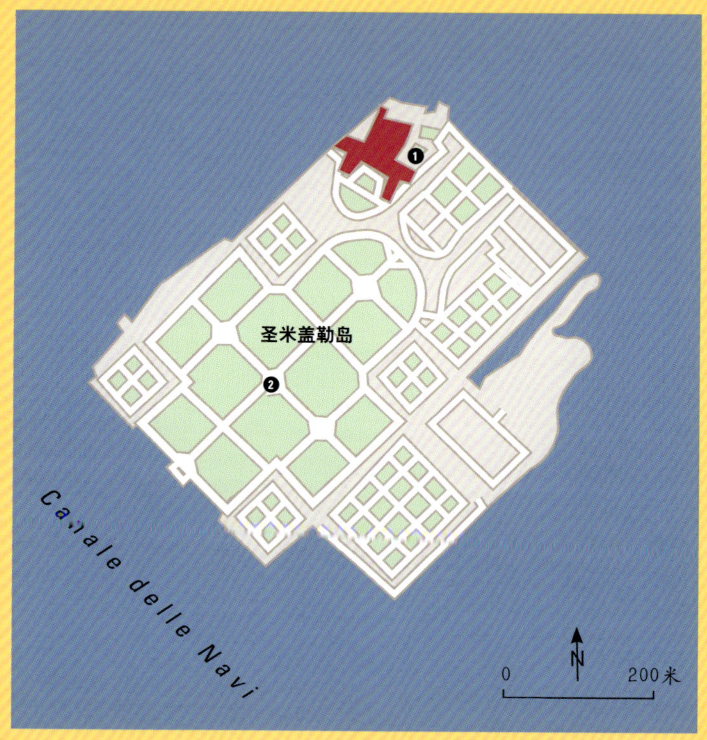

1 圣米盖勒岛教堂
2 圣米盖勒墓园

圣米盖勒岛教堂

就算是在很远的地方，游客们也能看到圣米盖勒岛教堂纯洁无暇的白色正面部分熠熠生辉。这座教堂具有与众不同的由伊斯特利亚石灰岩建造的简朴门楼，它是威尼斯的第一座文艺复兴式教堂。莫罗·科杜齐在1469年开始为卡马尔多利教士们修建他职业生涯的第一座教堂。带有奢华装饰的六边形艾米利亚纳（Emiliana）小教堂始建于1530年，其光彩似乎盖过了教堂平淡无奇的门楼。

圣米盖勒墓园

如今，圣米盖勒岛不再是一座修道院，与其他许多修道院一样，它是被拿破仑关闭的。拿破仑还命令威尼斯人放弃内城的陵园，将死者埋葬在紧邻圣米盖勒岛的圣克里斯托弗罗·德拉·佩斯岛上。事实上，在城内教堂周围埋葬死者并不卫生。由于水位过高，威尼斯城内的坟墓不能挖掘太深，因此，根据有些前往威尼斯的游客记载，陵园散发出令人恶心的臭味。另外，敞开式的教堂广场上常有泉眼，尤其是在泉眼没有正常密封或是海水高潮位时，坟墓可以污染整个城市的供水。在圣克里斯托弗罗岛陵园挤满了坟墓之后，人们填实了这两个岛屿之间的运河，于是，圣米盖勒岛也被用作陵园。陵园的布置是典型的意大利式，拥有纪念墙、埋葬点和一处类似公园的区域，还有一些十分昂贵的陵墓，它们依照威尼斯人古老的殡葬文化采用现代方式建造而成。由于威尼斯只有这一处墓地，所以非天主教徒也可以葬在这里。除了本地人之外，圣米盖勒陵园里还埋葬了一些把这座潟湖城市当成第二故乡的重要艺术家和作家。

文艺复兴晚期的建筑不同，但是却装饰了藤蔓和几何图形等纹饰。建筑的承重部分与建筑的其他部分在颜色和材质上均有不同。科杜齐设计的墙体均十分薄，让整座建筑显得轻巧而玲珑，这是这位建筑师的作品的典型特征。事实证明，科杜齐的教堂设计格外正确，因为这一区域的土壤极为松软，无法承受过重的建筑结构。

内部装饰和唱诗班席

初看教堂的内部，色泽明显偏暗。一条深深凹进的走廊阻碍了视线，教堂留下了大量被水淹没过的损害痕迹，这表明它急需一次翻新工程。仔细审视一下，人们能在建筑结构上看到精美的文艺复兴早期纹饰，立柱的柱头并未仿照古典主义的范例，这一点与

艾米利亚纳小教堂

艾米利亚纳小教堂是那些始建于16世纪早期非常漂亮并精雕细琢的威尼斯建筑的最好例证，它是那一时期威尼斯唯一的圆形建筑。这座六角形的小教堂拥有扭转纹饰的立柱和富于装饰的假门，还有与其他威尼斯文艺复兴时期建筑共同拥有的珠宝盒式特征。来自贝加莫的建筑师对建造这种类型的建筑格外擅长，他们运用了文艺复兴式的建筑结构，但却使用了大量的纹饰，

使其看上去更接近于威尼斯哥特式建筑。仅仅在1530年，也就是建筑师古列尔莫·贝加马斯卡完成这座建筑的30年之后，雅各布·桑索维诺便不得不开始着手建筑的翻新工程。当时，这座由乔瓦尼·艾米利亚纳的遗孀玛格丽塔·维图里出资建造的建筑面临着坍塌的危险。小教堂的石质圆形屋顶相对于柔软的土壤太过沉重，于是，直至今天，严重的损坏仍持续发生。在教堂内部，科杜齐在负责采光的宏伟的穹窿上运用了一种在威尼斯非常普遍的视觉骗局：圆形屋顶的内部其实是平的。在外面看到的圆形屋顶十分高大，但是它其实是用木质框架支撑的薄铅板外壳。

穆拉诺，布拉诺，托尔切洛

穆拉诺

人们在威尼斯主岛上定居的时候，穆拉诺岛是威尼斯潟湖内同时被来自大陆的避难者定居的岛屿。随着威尼斯的崛起，穆拉诺岛作为独立岛屿的资格便不复存在了。威尼斯人在岛上兴建玻璃制造工厂，并建造大量夏季度假别墅和宽广的花园。无论如何，岛屿仍享受到了威尼斯统治下相对宽松的政治环境。穆拉诺岛拥有自己的政府和委员会，一些古老的家族还有代代相传的黄金册页，享受着与威尼斯贵族相似的特权。穆拉诺的经济力量与威尼斯的经济息息相关，其收入主要来源于威尼斯的支柱产业——玻璃工业。可能是罗马人将玻璃制造工艺带到了穆拉诺岛，不管怎样，穆拉诺花样繁多的玻璃制品在若干世纪以来一直是最重要的出口产品。现在，人们仍能在一些玻璃制品厂看到吹制玻璃器皿的复杂工艺。许多玻璃制品厂生产传统形式的玻璃复制品，也有一些闻名世界的公司持续生产由艺术家和设计师设计的全新而现代的玻璃制品（价格十分昂贵）。岛上的玻璃博物馆值得一游。

圣母多纳托教堂；见506页

穆拉大厦；见505页

圣彼得罗 · 马尔蒂雷教堂；见503页

其他景点：

1 玻璃艺术博物馆

2 特雷维桑大厦

I. 穆拉诺
Campo Sportivo
Fond. Sebastiano
Canale San Donato
Fond. Sebastiano Venier
C. S. Bernardo
C. Brusa
Campo S. Donato
Canale degli Angeli
Campo S. Bernardo
C. d. Conterie
Fond. Randi
C. Vivarini
Ponte Vivarini
Fond. Cavour
Canale Ponte Lungo
Fond. Navagero
Campo S. Stefano
C. dietro Orti
Calle Bartolini
Fond. Serenella
Fond. dei Vetrai
Fond. Manin
Viale Garibaldi
Fond. S. Giovanni d. Battuti
Canale S. Giovanni
0
200米
N

圣彼得罗·马尔蒂雷教堂

现在岛上的教区教堂是一座始建于1348年的道明会修道院教堂。在经历了一场恐怖的大火之后，修道院教堂几乎被彻底重建，直到1511年才完工。教堂的外立面由砖块和星星点点的白色装饰细节构成，展现出了威尼斯行乞教会教堂的典型特征。在1808年拿破仑的统治下，教堂与修道院同时被关闭，它们的艺术宝藏全数被盗。

内部装饰和唱诗班席

教堂的内部装饰令人惊叹，尤其是它明亮的空间。阳光从大窗户投射进来，照亮了三个宽大的信众席区域。当这座教堂在1813年重新开放的时候，艺术作品从其他被关闭的教堂中汇聚到圣彼得罗·马尔蒂雷教堂。尽管如此，这座教堂仍显得空旷，这显然是因为曾经浓墨重彩装饰过的绝大部分建筑内容早已遗失，其中就包括许多白色水晶枝形吊灯，它们曾经由漂亮的铸铁链悬挂在唱诗班席上方连接中庭立柱的木质横梁上。木质横梁的作用在于平衡上方墙体的推力，而圆拱则用于桥接相对间隔较远的立柱。圣器收藏室里悬挂着一幅描绘施洗者圣约翰生平场景的挂毯。在右侧走道上悬挂着一幅雅各布·丁特列托创作的绘画《耶稣施洗》。

乔瓦尼·贝利尼：
《巴尔巴里戈装饰屏》；1488；
帆布油画；200厘米 × 320厘米

在总督阿戈斯蒂诺·巴尔巴里戈（1486-1501 年在位）生前，这幅乔瓦尼·贝利尼的作品悬挂在他的宅邸中。总督死后，这幅绘画被遗赠给圣母天使教堂，后来又被移至圣彼得罗·马尔蒂雷教堂悬挂。

总督巴尔巴里戈在圣母面前跪倒祈祷，圣马可将右手轻轻地放在他的肩上，看上去是他指引着总督来到圣母和圣婴面前。圣母梦幻般地注视着远方，或许她正聆听着两位天使的歌唱，而婴儿基督则赐福给年迈的总督。站在总督阿戈斯蒂诺·巴尔巴里戈对面的是圣奥古斯特。不同寻常的是，并不是与总督同名的圣人将他引荐至圣母面前，而是圣马可。这幅绘画清楚地表明作为国家统治者的在位总督的地位在共和国保护圣人之下。与圣马可相比，总督本人的保护圣人圣奥古斯特则隐藏在圣母身后，由此，不同人物的职责和地位有了严谨的划分，而总督一职要比平民百姓享有更高的神级地位。

这幅绘画的构图十分均衡，它强调了画

面左侧总督跪倒区域的色彩和动作，而王座上的圣母的色彩则与圣马可的色彩相映成趣。

在画面的右侧，圣奥古斯特身穿浅色长袍站立着，他的身旁则是敞开式的阿尔卑斯山脚下的风光。画面左侧的情景截然不同，那里全是茂密的树林。左侧浓密的色调与右侧开放式的风景形成了鲜明的对比。艺术家充满自豪地在画面上留下了签名和创作日期。

穆拉大厦

这座 15 世纪的大厦是一个威尼斯家庭的夏季居所。虽然它在 16 世纪曾经整修过，但是它漂亮的尖顶窗表明它是哥特式大厦的最佳代表。与大陆上的别墅相比，穆拉诺的大厦更易于人们接近。这里有充足的空间建造大型的花园，而这在威尼斯十分罕见。

圣母多纳托教堂

圣多纳托小广场上曾矗立了一排 14 世纪的大厦，后来在 1815 年全被夷平。然而幸运的是，这座教堂被保留下来。它是潟湖里最古老的教堂之一，建成年代可以追溯至公元 7 世纪人们大量定居岛上的时候。后来，人们用它向圣母玛利亚致敬。但是在 1125 年，人们将西西里的圣多纳托斯的遗体迁移至这里，由此，他便成了教堂的第二位守护圣人。在圣马可大教堂建成后不久，这座教堂开始施工整修，变成如今的形态，成了多变的威尼斯 - 拜占庭风格的重要代表。尽管在 19 世纪它经历了多次整修，但是不同寻常的教堂后殿仍值得一看。这是一座两层的六边形建筑，上层是教堂的旁听席。教堂的内部仅剩下少数历经数个世纪不断演进的原始装饰仍然幸存。教堂内拥有一片奢华的地板马赛克镶嵌画，是 1140 年建成的，由大理石和彩色玻璃浆拼贴而成。在众多的装饰艺术珍品中，动物被当成美德的化身。主要在美国基金会的资助下，破损严重的马赛克镶嵌画在 20 世纪 70 年代得到修复。

布拉诺

布拉诺的色彩斑斓的小房子让它仍保留着迷人的小渔村特点。每到周末，这里是威尼斯一日游旅客的最佳游览地，他们在这里游走，到本地餐馆品尝刚打捞上来的鲜鱼。而在工作日，布拉诺则非常安静祥和。曾几何时，布拉诺的小渔村曾以出产的花边而名扬整个欧洲。

布拉诺的花边曾是像穆拉诺的玻璃一样的重要出口制品。然而到了 18 世纪，出产自法国的廉价物品主宰了市场。直到本世纪一间花边缝纫学校的建立，这门古老的手工艺才得以在布拉诺复活。学校的第一位老师是一名 70 岁的妇女，她从她的母亲和祖母那里学会了这门手艺。真正的布拉诺花边至今仍全靠手工制作，因其稀少，所以特别昂贵。

FONDAMENTA
CAVANELLA
65

托尔切洛

早在威尼斯尚未成为地中海区域最强大的贸易城市之前，位于潟湖北部的托尔切洛岛却早已是一个文明中心。这座岛屿特别值得一游，因为这里有最早的定居点的重要遗址。圣母升天大教堂建于拜占庭国王赫勒克留（Heraclius）统治下的639年，后来变成了一个主教管制区域，它是现存最具价值的活化石建筑。

圣母升天教堂

目前我们看到的这座建筑始建于公元9世纪至11世纪，是潟湖内最古老的教堂。门楼始建于9世纪，在11世纪再度加高。大教堂旁边是一座11世纪小礼拜堂的遗址，后来在19世纪被修复。根据传说，圣马可的遗体正是在这里第一次来到威尼斯的土地上。在传说中，搬运他的遗体的人正在熟睡的时候，他启动神迹，使得搬运的船只以不可思议的速度横渡地中海。

内部装饰

沿袭多个世纪的教堂内部结构朴素得令人吃惊。敞开式的屋架、亮丽的大理石立柱、还有 11 世纪建成的墙壁马赛克镶嵌画，这些构成了人们对教堂的印象。唱诗班席和后殿主体部分与中殿信众席之间隔着一道建于 11 世纪的圣像屏。圣像屏用拜占庭式大理石装饰屏制成，放置在细长的大理石立柱之间的下部空间，带有动物浮雕（包括孔雀、狮子和鸟类）。圣像屏的上面是圣母和十二位门徒的系列绘画，均出自 15 世纪威尼斯艺术家之手。后殿堆砌着供教士们站立的大理石台阶，而主教宝座被放置在后殿右侧。马赛克镶嵌画同样描述的是圣母和十二使徒的画像，尽管它早在公元 7 世纪便已存在，但是目前我们看到的装饰后殿上半部分的是出自 13 世纪，而有关使徒的部分则是 12 世纪的作品。后殿保存有一段铭文，讲述的内容与 7 世纪教堂建立的历史有关。右侧唱诗班席上的马赛克镶嵌画同样值得一看，它完成于 12 世纪末期至 13 世纪早期，展示了站在大天使加布里埃尔和麦克之间的耶稣赐福的场面，他的上面还有圣人奥古斯特、安布罗斯、马丁和格里高利。与同一时期的其他马赛克镶嵌画一样，这里的作品可能也是出自拉文纳艺术家之手。在教堂入口处内墙上还有《最后的审判》和《神救世人》等创作于同一时期的令人印象深刻的马赛克镶嵌画。

圣福斯卡教堂

托尔切洛大教堂只是一座庞大的宗教建筑群的一部分。这座岛屿在公元 5 世纪和 6 世纪开始有人定居，与后来构成威尼斯的绝大部分岛屿的定居时间一致。在那时，托尔切洛岛的前途似乎更为光明，这一点从当时的宏伟建筑就可以看出。尽管从公元 9 世纪开始，托尔切洛岛便开始走下坡路，但是直到 3 个世纪之后，它才随着威尼斯的崛起而变得无足轻重。由此，那些建成于中世纪早期的重要建筑才得以一直保持原貌。在大教堂的右侧矗立着圣福斯卡教堂，这是座始建于 11 世纪至 12 世纪的中心布置式建筑，很可能是对更早的 7 世纪教堂的重建。它与圣马可小礼拜堂和浸礼堂一起构成了环绕大教堂的建筑群。教堂中殿的外立面装点着狭窄的双立柱和精心布置的砖块，以及花样繁多的檐壁。这座结构优美的小型教堂采用了希腊十字架式布局，带有一个扩展式的唱诗班席，建筑这座教堂的目的是供奉来自拉文纳的殉道者圣福斯卡的遗骸。

恶魔桥

在托尔切洛岛上，有一座没有栏杆的低矮桥梁横跨在一条小运河上。当地的居民觉得它外形太过怪异，因此称它为恶魔桥。以前，类似的桥梁在威尼斯处处可见，威尼斯各区居民曾有一个传统的游戏，不同的对手之间尽力用拳头将对方从这样的小桥上推入水中。然而，随着时间的流逝，这种没有栏杆的小桥逐渐从威尼斯城内消失殆尽。

附　录

名词解释

Albergo（意大利语，意为旅馆、住所），威尼斯兄弟会会堂专用术语，指兄弟会委员会装饰华丽的聚会大厅。

Al fresco（意大利语，意为“在湿表面上”），湿壁画，在新鲜的湿灰泥表面创作的绘画，与之相对的是在干灰泥表面创作的干壁画。

Allegory（源自希腊语的“讽喻”，意为“借喻或打比方”），用物理实体来描述抽象概念，通常运用人物形象或情景等方式。

Al secco（意大利语，意为“在干表面上”），干画，干灰泥上的壁画，与之相对的是在湿灰泥表面创作的湿壁画。

Altarpiece（源自拉丁语的“祭坛”），祭坛装饰屏，常用于装饰中世纪祭坛。起初是黄金或雕塑人像，后来亦加入了绘画。祭坛装饰屏可以仅包括一幅绘画，也可以包括多幅装饰屏。它常被放置在祭坛之后，或是与祭坛背部连为一体。

Annunciation（源自拉丁语的“报告”），天使报喜，根据《路加福音》（第一章 26-38 节），大天使加布里埃尔告诉圣母玛利亚，她即将诞下耶稣。天使报喜是中世纪和文艺复兴时期的艺术作品运用最广泛的主题之一。

祭坛装饰屏

Antiquity（源自法语的“古代”以及拉丁语的“古老的”），指古希腊古罗马时期，始于公元前 2000 年前早期希腊人定居时期，终于西方的罗马皇帝罗慕卢斯·奥古斯都的统治被推翻（约公元 475 年）和东方的公元 529 年国王查士丁尼关闭柏拉图学院。

Apostle（源自希腊语的“信使，倡导者”），耶稣从广大信众中挑选出来继承他的事业并宣讲福音的十二门徒之一。

Apotheosis（源自希腊语，意为“神化，美化”），将普通人抬举到神灵地位。

Apse（源自拉丁语和希腊语，意为“连接，拱形圆顶”），祭坛上方带有半圆形或多边形底座以及半拱顶部的壁龛。当壁龛与主堂或为神职人员预留的唱诗班席相连时，亦被称为唱诗班席。在回廊、耳堂或侧廊里也有小型的侧殿。

Arcade（源自法语和拉丁语，意为“弓，狩猎武器”），由立柱支撑的拱门或拱廊。

Arch（源自拉丁语，意为“弓”），一种墙体上的拱形承重孔洞，由壁柱或立柱支撑。一座拱门的最高点上有拱顶石，被称为拱冠。拱门的高度是从拱冠至拱墩线（墙体、壁柱或立柱和拱门之间的砖石线）之间的距离。拱门的内部表面被称为拱腹，而外表面被称为拱背。

Architrave（源自希腊语的“开始，精通”和拉丁语的“横梁”），支撑件（比如立柱等）之间的主梁，支撑上层结构。可被划分成三个水平部分。

Atrium（源自拉丁语，意为“前厅”），教堂敞开式的前院，三面或四面被柱廊或拱廊包围，其中心位置常有一口水井。这个术语亦被用来代指教堂的门厅。

Attic（源自拉丁语，意为“阁楼”），建于飞檐之上，由整齐的立柱或壁柱支撑的低矮阁楼，常用来遮掩屋顶覆盖面。在巴洛克风格的建筑中，阁楼是一种半高的带窗楼层。

Attribute（源自拉丁语，意为“附加物”），艺术作品中用来表明人物身份的事物，或是用来表明人物的符号，通常与人物生平事件有关。

通过过梁连接的两个立柱

Augustinian order：奥古斯丁修会，这是中世纪行乞教会的成员，他们遵守来自希波的圣奥古斯丁（354-430）的著作中摘取的律令。该修会成立于 1256 年，并在 14 世纪和 15 世纪的众教会协会的大融合中迅速发展壮大。随着基于真正的人本主义理念的文艺复兴人文主义的普及，许多早期宗教改革运动的支持者均成为奥古斯丁修会的成员，其中包括修会的创建成员马丁·路德（1483-1546）。该修会的主要使命是教育。

Aureole（源自拉丁语，意为“金色的，精美的，喜爱的”）；环绕在人头上或整个人体上的光环。

Bacino di S. Marco（源自意大利语，意为“圣马可海盆”），威尼斯的海湾，建有总督官邸的圣马可小广场面向该海盆，并形成了大运河的入海口。

Baldachin（意大利语，意为“华盖”），笼罩在王座或床上的布料华盖，或是游行时用柱子顶着的华盖；在建筑上是指王座、主教宝座、祭坛、灵柩台或讲道坛和雕塑上方的木质或石质装饰天花板。这个名词取自从巴格达进口的用金线刺绣而成的昂贵丝绸，并用于意大利游行队伍中的第一个游行华盖。

栏杆

Balustrade，用栏杆搭建而成的屏障或护墙（垂直状，常用水瓶状的短柱支撑横梁）。

Baptistery（源自拉丁语和希腊语的“沐浴之地”和“游泳池”），常为八边形中心对称式独立的教堂建筑，用作举行洗礼仪式。洗礼池常建在主教教堂的西侧，并用来崇拜施洗者圣约翰。

Baroque（源自葡萄牙语，意为“鹅卵石”），始于矫饰主义晚期（约1590），终于洛可可风格早期（约1725）的欧洲风格类型。该术语源自金匠作品，他们使用“巴洛克”来描述不规则形状的珍珠。

Basilica（源自希腊语，意为“国王的大厅”），通常是朝向东方带有中殿和两个或四个较低侧廊的教堂。另外，还可以在中殿和为神职人员保留的唱诗班席之间加上一个耳堂。最初，长方形教堂是古希腊的公共建筑或是罗马式的集市和法庭，后来，它变成了早期基督教聚会大厅。这个名词起源于执政官巴赛勒斯（Basileus），他是雅典集市里的最高裁决官。

Bay，一座建筑（比如教堂等）的正常细分结构。在古典主义建筑中，分割间可以通过使

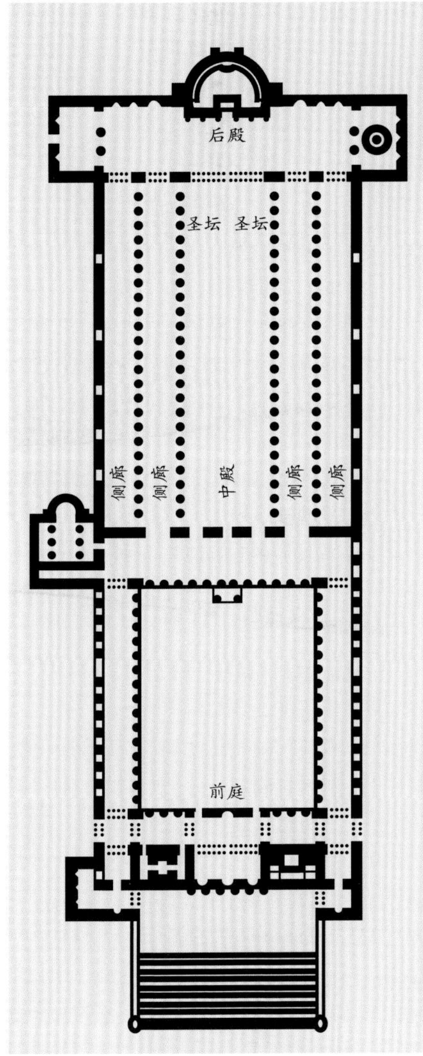

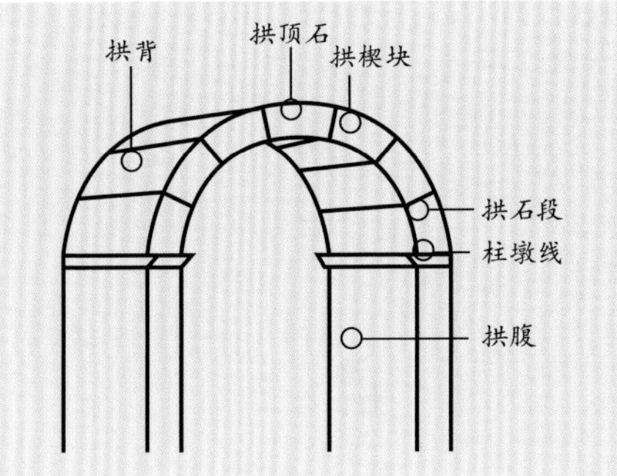

用不同的建筑柱式、拱顶、屋梁或横梁加以区分。

Bessarion, John（约 1403-1472）（约翰·贝萨里翁），尼西亚（Nicaea）主教，在 1439 年成为红衣主教。1439 年，他在佛罗伦萨议会上主张东西方教会统一，提案失败后，他变成了一名对抗土耳其人的激烈拥护者。

Biennale（源自拉丁语，意为“两次”和“年”），威尼斯双年展是世界性的艺术展，始于 1895 年，每两年在威尼斯的公共花园内举办一次，从 1932 年开始，与国际电影节同期进行。

Bishop（源自希腊语，意为“监督人”），一个高级教会职务。在基督教早期，主教是一个教区的领袖，后来，作为传道者的继承人，主教变成了主教辖区或主教管区内所有教士们的领袖。主教致力于传播教义、执掌祭司和牧灵工作，他们头戴主教冠，手戴一枚金戒指，并携带一根牧杖。

插图

Bucintoro，威尼斯总督的礼仪驳船或帆船，由 200 名桨手划船。布辛托罗被用来在耶稣升天节那一天装载总督至开放海域，以便于他将一枚戒指抛入海中，象征着威尼斯嫁给海洋。

Bust（源自法语，意为“半身像”），包括头部、肩部和胸部的人像雕塑（通常放置在基座上）。

Campanile（源自意大利语，意为“钟”），独立式的教堂钟楼。

Campo（源自意大利语，意为“田野”），威尼斯人称呼城市广场的术语，通常指教堂的前院或大楼之间的小块区域，广场通常有一面正对运河。

Capital（源自拉丁语，意为“小脑袋”），立柱或壁柱的头部。常用树叶、花朵、人物形象或某种纹饰修饰。

Chapel（源自中古拉丁语，意为“小披风”），教堂内的一种小型独立式房屋，或是一种没有教士，但是具有专门用途的小型教堂，比如浸礼堂或丧葬堂。该词源自巴黎王宫内的一间小型祈祷室的名称，自 7 世纪始，来自图尔的圣马丁（公元 316/317-397 年）的披风便被供奉于此。

Cherubim（源自希伯来语，意为“小天使”），智天使，在《旧约全书》中，与炽天使一样同属于高阶天使，是天阶随从中的圣乐团。在《新约全书》中，他们同时也是耶稣仪仗队的一部分。在基督教艺术中，智天使有两类：一类是复合像，四扇翅膀上分别带有人类、狮子、公牛和老鹰的脑袋和眼睛；另一类是小天使，拥有人类的脸庞和四眼四翼。这两类也常被赋予六扇翅膀，这样一来就很难与炽天使区分开。智天使源自东方远古时期的人脸带翼兽。

Choir（源自拉丁语，意为“圆舞，一队歌手和舞者”）；教堂内一处地势较高、与众不同的区域，专为神职人员或唱诗班成员祈祷用。自从加洛林王朝以后，该术语用来表示中殿在十字架之后的扩展区域（中殿与耳堂的交界位置），包括后殿（半圆形穹顶式的墙体扩展区域）。

Choir screen，内坛围栏，亦被称为圣坛屏，神职人员采用围栏或画屏严格地将用作歌唱或祈祷的唱诗班席分隔开。常采用绘画或雕塑进行装饰。（另见 Iconostasis 词条）。

Condottiere（源自意大利语，意为“领导者”），14 世纪至 15 世纪意大利军队或雇佣军的领袖。

Confraternity（源自拉丁语，意为“兄弟”），协会，亦被称为兄弟会，自中世纪早期以后，指天主教会普通的信众团体，最早仅包括教士和神职人员，但是后来也包括了世俗人员。其目的在于提升邻里之间相亲相爱的关系。

Consiglio dei Dieci（源自意大利语，意为“十人委员会”），威尼斯在 1310 年成立的颇具影响力的政治审查委员会。其成员由威尼斯贵族众议院：大议会临时选举产生。

Cornice，檐口，墙面上伸出的横条，用来区分建筑的水平区域。

Courtesan（源自法语和意大利语，意为“朝臣”），朝廷里的交际花，显赫的贵族绅士们的情妇，时尚而优雅的妓女。

Crossing，教堂内中殿与耳堂交叉的地方。

Cruciform-domed basilica，指教堂的主结构是十字架形式，并有一个或多个穹顶，相邻空间也可以具有或大或小的穹顶（比如威尼斯的圣马可大教堂），或是被筒形拱顶覆盖。这种教堂布局是由拜占庭式教堂建筑发展而来，在东正教中流传甚广。

Crypt（源自拉丁语和希腊语，意为“地下通道，储藏室”），地下宗教或丧葬区域，通常位于教堂唱诗班席下方，为神职人员预留。

钟楼

Cycle（源自拉丁语和希腊语，意为“圆圈”），具有共同主题的一系列艺术作品。

Dante Alighieri（1265-1321）：但丁·阿里吉耶里，意大利最杰出的作家。1302 年，他因政治活动被他的故乡佛罗伦萨驱逐出境。他最著名的作品是《神曲》，包括三个主要部分：《地狱篇》，《炼狱篇》和《天堂篇》，是在他生命的最后十年用托斯卡纳方言完成的。

Doge（源自拉丁语，意为“领导者”），总督，威尼斯（697-1797）和热那亚（1339-1797）的最高行政长官名。

Dolce，Lodovico（1508-1568），路多维克·道斯，威尼斯作家和艺术学者。他的主要作品是《与大画家阿雷蒂诺的对话》，其中包括最早的提香（1485/1490-1576）的传记。

Dome，在圆形、方形或多边形房间顶上安置的采用正则曲线制成的屋顶或天花板。方形平面可以通过若干种方式与穹顶的圆形基底相结合：帆库圆顶的基底在方形平面上形成了一个虚圆；三角穹圆顶是将一个虚拟的帆库圆顶水平切割，剩下部分构成方形平面的四个支点，上面再安装上圆形穹窿；由于切割下来的部分均为球面对称的三角形，因此被称为“三角穹”；波西米亚穹顶与帆库圆顶一样，其穹窿部分均比方形平面部分要小。

Dominican，道明会（源自拉丁语，意为“宣道兄弟会，是一个宣讲教义的行乞教团”），由圣道明（1170-1221）于 1216 年在图卢兹创立的行乞修道会，其宗旨是通过宣讲和教育来传播和保卫《福音书》。1232 年，教皇指派道明会履行宗教裁判所的职责，负责审判不信教的人。

Doric colume，多利克柱式的垂直部分（属希腊建筑系统范畴）。它的特点是没有基座，带有尖锐的肋脊和狭窄的柱体，不加雕琢的柱头带有刻环，圆角成型（凸圆线脚），方形的顶部厚板（圆柱顶盘）。

Festoon，花彩装饰物，是一种雕刻装饰花样，常是由花朵、月桂或水果组成的悬挂式花环。

Franciscan Order（源自拉丁语，意为

檐壁

古代样式:

走狗波纹式

曲折式

锯齿式

罗马样式:

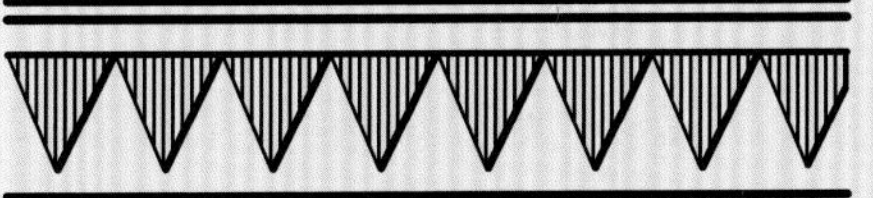

尖锐锯齿式

棋盘式

凹槽式

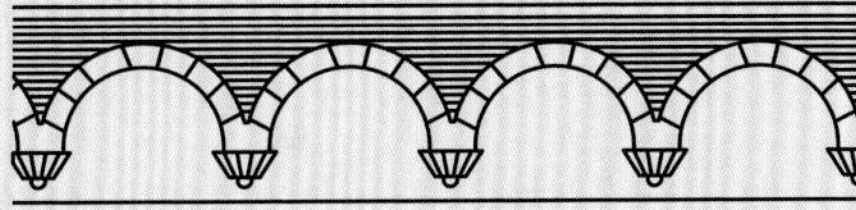

半圆拱式

交叉拱式

钻石键结式

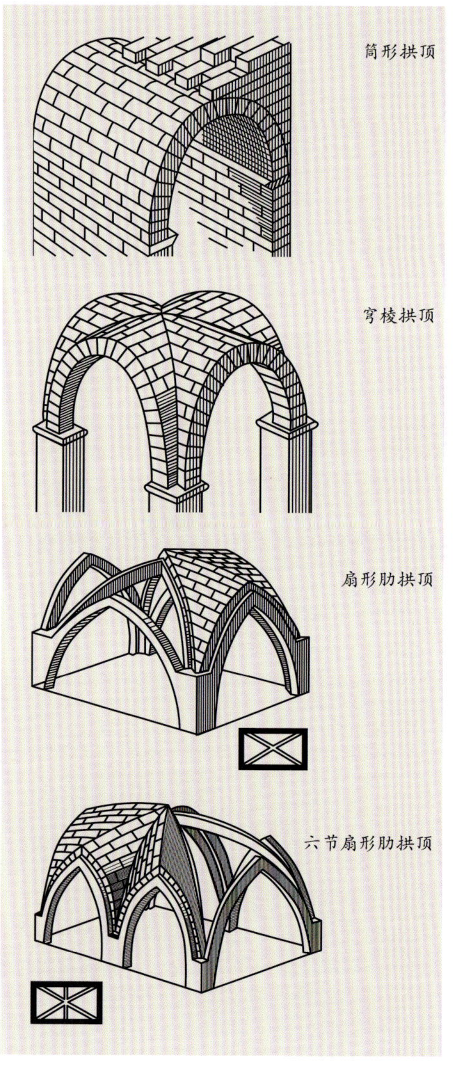

“方济各会，小兄弟会”)，是阿西西的方济各（1181/1182-1226）于1209年创立的托钵行乞修道会，其宗旨在于禁欲和赤贫，是中世纪最狂热的圣母崇拜教会。他们将自己的教会置于圣母的保护之下。

Fresco（源自意大利语，意为“新鲜的”)，一种在墙面上作画的方式，是将颜料涂抹在湿润的灰泥上。由于灰泥能够快速干燥，因此，画家一次仅在能够在一天之内完成的墙面上作画。与在干燥的灰泥上作画的干壁画相比，在适宜的气候条件下，湿壁画更具耐久性。

Frieze（源自中古拉丁语，意为“边缘，镶边”)，一种雕刻或绘制的水平装饰带，用来装饰、划分或修整墙面。

Gothic（源自意大利语，意为“野蛮的，非经典的”)，是一种中世纪的建筑和艺术风格，大约在1150年发端于法国北部。它在法国流行至1400年前后，在其他地方则一直流行到16世纪早期。这一名词来源自一个日耳曼部落：哥特人。建筑上的哥特式风格的具体特征包括尖拱（顶部分叉）和穹棱拱顶（两座大小一致的圆筒拱顶垂直交叉）、外部附加飞扶壁（用来吸收拱顶和屋顶对墙面形成的压力的拱门和窗间壁）。哥特式建筑带给人们的整体印象是其向上的动感，以及镶块式的墙体和窗户。最基本的哥特式建筑是大教堂。雕塑是建筑最不可或缺的重要部分，其特点在于刻画出自然形态以及理想化的，通常被拉长的人体和长袍。哥特

圣像

风格主要的视觉作品包括祭坛绘画、插图和彩花玻璃。

Groin vault，穹棱拱顶，两座尺寸完全一致的圆筒拱顶垂直相交，其屋顶常是半圆形或分段式。如果拱顶的相交部分是肋棱状，则演变成了扇形肋拱顶。

Hall church（源自希腊语名词，意为“属于上帝的”），一种中殿和走廊等高、共用同一屋顶、没有高侧窗的教堂。厅堂式教堂通常没有耳堂，是德国哥特式建筑的共同特点。

Heresy（源自希腊语，意为“选择思考方式”），最初在古代，该术语用来表示选择某一特定领域知识。在基督教思考方式中，它表示与统治教条相左的信仰。

High altar，教堂内的主要祭坛或中间祭坛，通常位于后殿内或紧邻后殿之前。

Icon（源自希腊语，意为“图画、描绘、肖像”），一种东正教堂内的小型便携式绘画。其形制及色彩均被严格限定。对圣像的狂热崇拜发端于对待死亡的态度，历经多个世纪的演变后，圣像描绘耶稣、圣母和圣人们。

Iconography（源自希腊语，意为“图画，描绘”），教授绘画的要旨、意义和象征，尤指基督教艺术。源自对古代肖像画的研习。

Iconostasis（源自中古希腊语，意为“图画，站立”），圣像间壁，一面用圣像装饰的隔断墙，在希腊东正教堂中，用来将教堂大厅与圣所隔断（另见内坛围栏词条）。

Illumination，手绘的装饰性插图或是手稿中的图片。

Incrustation（源自拉丁语，意为“用树皮遮盖”），镶嵌装饰，一种用彩色磨光的石料覆盖的装饰，常用大理石或斑岩石板在墙面或地面上镶嵌成花样，有时也指宝石镶嵌在金属上。

Inquisition（源自拉丁语，意为“审查，

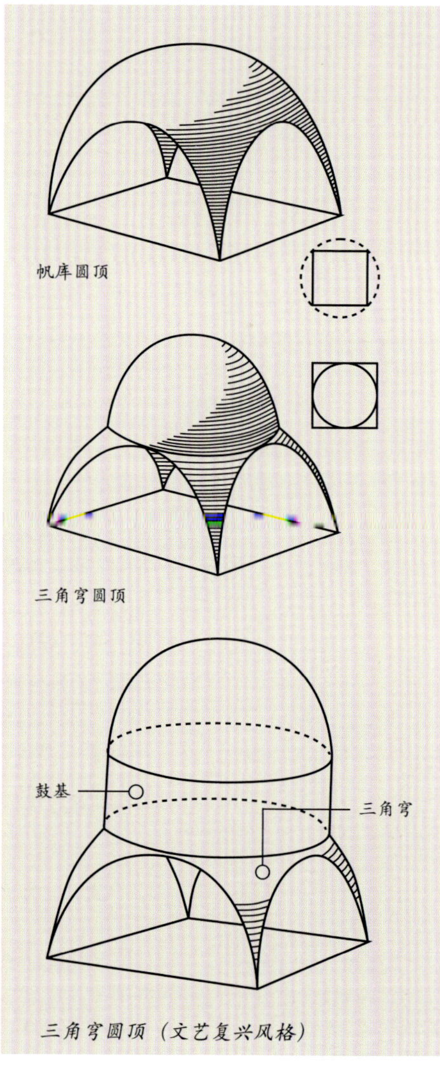

研究”），中世纪教会审判异端邪说和不端行为的机构。自 1231 年后，开始设立教皇的审判官（常为道明会和方济各会教士）。教皇格里高利九世（1227-1241）于 1234 年将宗教裁判所划归教皇机构（圣所职位），后来，其职责被扩展，裁判的范围包括巫术、魔法和占卜等领域。

Interior，内部装饰，一座建筑或房间内部的艺术呈现。

Intrados，拱腹面，墙洞的垂直内表面，常指拱门、窗户或大门的内表面。

Lantern（源自拉丁语和希腊语，意为“灯”），天窗，一座穹顶或圆顶上的圆形或多边形窗式结构。

Latin cross（源自拉丁语的“十字形”），拉丁十字架式，指十字架的水平线下方部分比其他三个部分均要长很多，是中世纪西方教堂最常用的平面设计方式。

League of Cambrai，康布雷联盟，教皇朱利叶斯（Julius）二世（1443-1513）、国王马克西米利安一世（1459-1519）、阿拉贡的费迪南德（1452-1516）和法国的路易十二（1462-1515）以及一些意大利城邦国家于 1508 年至 1510 年为对抗威尼斯而结成的联盟。

Linear perspective（源自中古拉丁语，意为“视觉科学”），线性透视法，是指将三维物体刻画在平整的表面上的方式。费利佩 · 布鲁内莱斯基（Brunelleschi）（1376-1446）在 15 世纪早期发展出了一种采用科学和数学方式表达的透视表现法。对于观察者而言，所有平行线均汇聚到中心消逝点上。通过采用精确的缩短视线和按比例缩小的方法描绘物体、风景、人物和建筑，能够在二维绘画平面上传达出三维的虚拟视觉效果。

Liturgy（源自希腊语，意为“公共服务，上帝崇拜”），礼拜仪式，在罗马哥特式教堂和东正教堂内举办的公众宗教崇拜仪式。

Loggia（源自意大利语），凉廊，由立柱和间壁支撑的敞开式拱廊或大厅。

Madonna with the Cloak，刻画圣母玛利亚用她的披风庇护信众的绘画。这一保护性的姿态源自世俗世界，当一名父亲在收养儿童的时候，总是采用将儿童归拢至自己披风之下的姿势。一些地位高尚的人，尤其是贵妇们，常为受到迫害的人提供庇护，并为他们请求宽恕。这种庇护行为在绘画中演变成了圣母的行为。

Manuscript，手稿。中世纪时，手稿通常是在修道院的文书房内抄写完成的，常用插图或花边装饰。

Medallion（源自法语，意为“大奖章”），带有圆形或椭圆形框架的绘画或浅浮雕。

Mendicant orders（源自拉丁语，意为“行乞”），托钵修道会，一种追求禁欲生活方式和不占有任何财产的修士或教士修会，最早是为对抗教会逐渐世俗化而在13世纪创立的。他们格外醉心于精神关怀、讲授和传教工作。托钵修道会包括方济各会、嘉布遣会、道明会、奥古斯丁会和加尔默罗会。

Molo（意大利语，意为“突堤”），莫罗码头，威尼斯总督府前的沿河步道。大运河另一侧的步道被称为斯基亚沃尼河畔。

Mosaic（源自拉丁语和希腊语，意为“沉思、艺术、艺术行为”），马赛克镶嵌画，一种用多彩磨光石料、石块、粘土或玻璃片组合而成的装饰性或象形性的装饰作品。马赛克镶嵌画在古代常用来装饰地板，但是到了公元5世纪和6世纪，随着玻璃马赛克的出现，其工艺水平在意大利（罗马和拉文纳）达到巅峰，同样被用来装饰壁画和天花板。

Narthex（源自希腊语），前廊，早期基督教和早期拜占庭方形教堂的狭窄前厅。

Nave（源自拉丁语，意为“船”），中殿，教堂最西端（门楼）与十字交叉点（中殿与耳堂相交的部分）或为神职人员预留的唱诗班席之间拉长的部分。中殿可以是一个单独的空间，也可以包括数条走廊，比如方形教堂的中殿即是如此。

Neoclassicism（源自法语和拉丁语，意为“最高阶层”），新古典主义，1750年至1840年间的一种基于古代古典主义（公元前5世纪至公元前4世纪的希腊）的建筑和艺术风格。

Niche（源自法语，意为“壁龛”），墙体里

马赛克装饰画

半圆形、长方形或方形的凹进部分，在顶部合围。

Obelisk（源自拉丁语和希腊语，意为“小沙嘴”），方尖碑，一种顶部逐渐变细的方形石质立柱，其顶部有小型金字塔。在埃及，它代表着太阳神，自从文艺复兴以后，它被用作通用的纪念碑样式。

Ogee arch，葱形拱，又称为波斯拱，源自1300年前后，由四条圆弧构成，其中两条圆弧的虚拟中心位于拱门内部，另两条圆弧的虚拟中心位于拱门外部，由此构成的曲线开始是凸出的，后来变成凹进式的。

Pala（源自意大利语，意为“片状物”），一种绘制或雕刻出的祭坛绘画或装饰。（另见祭坛装饰屏词条）。

Panel painting，木板画，一种在木板上或稍小一些的铜板上的绘画。最早出现于12世纪，在帆布油画出现之前曾广为流传。

Pedestal，基座、桥墩、石柱或雕塑的底座或底层结构。

Pediment（可能源自拉丁语），三角墙、门楼或墙体之上的古典主义风格山墙，带有直边或弧形片段，曾被文艺复兴风格、巴洛克风格和新古典主义风格建筑效仿。与最古老的山墙一样，它采用底部敞开或顶部敞开方式，因此三角墙的中间部分要么不存在，要么格外突出。山墙的三角面部分（三角墙包围的区域）常被装饰。

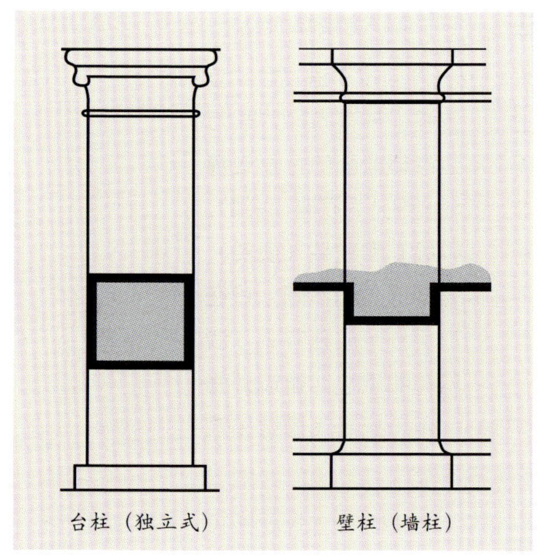

Pendant（源自法语，意为“悬挂”），垂饰，一种对应人或物的附属物。

Pendentive（源自法语，意为“帆拱”），三角拱，拱顶的一部分，其形状为曲面三角型，用作将圆顶安置在方形平面上。

Pendentive dome，三角穹圆顶，一种圆顶形式，是在虚拟的帆拱经过水平切割后留下的部分之上安置一座圆形穹顶的圆顶类型。切割后的三角形部分被称为三角拱。

Perspective（源自中古拉丁语，意为“透视艺术”），透视法，将三维物体刻画在平面上的方法。它将物体或人物在现实中的样子利用视觉透视的方法尽量精确地复制下来。

Piano nobile（源自意大利语），主楼层，建筑内的主要楼层，位于一楼之上，客厅位于主楼层。

Pier（源自拉丁语，意为“立柱”），支柱，带有方形、长方形或多边形横断面的垂直支撑体。它可被细分为底座（底部）、主轴（中段）和柱头（顶部）。根据位置和形式的不同，它在建筑内亦可划分成独立式、嵌入式、角柱和墩柱（建筑外面的支柱，用于抵消飞檐给建筑带来的推力）。

Pieta（源自意大利语和拉丁语，意为“怜悯、同情、虔敬”），圣母怜子图，一种刻画圣母将耶稣身体揽入臂弯哀悼场景的绘画或雕塑。

Pietra d'Istria（意大利语），产自伊斯特利亚半岛的石料。

Pilaster（源自意大利语和拉丁语，意为“立柱”），带有底座、主轴和柱头的长方形立柱，常依附于墙面，用来分隔墙体。柱体表面常有垂直沟槽。

Pillar（源自拉丁语），立柱，亦被称为石柱，一种具有圆形、方形、长方形或多边形横断面的垂直支撑体。它可被细分为底座、主轴和柱头，其特点在于具有不同的柱体设计形式（比如多利克式、爱奥尼亚式和柯林斯式）。根据使用条

圣母怜子图

件和设计不同，它可以是独立式的，也可以是墙体或建筑结构的一部分。

Pointed arch，尖拱，一种哥特式建筑风格里带有垂直导向的特征元素。与罗马式圆拱相比，它的顶部分叉，并有尖锐的顶点。

Polychrome（源自希腊语，意为“许多色彩”），多色调的。是单色调的反义词。

Polyptych（源自希腊语，意为“许多皱褶”），多联画屏，由多件画板组成的祭坛装饰画，通常包括至少两个侧翼。适合用来刻画众多不同主题。另外还有带有两块画板的双联画屏和带有三块画板的三联画屏。

Portal（源自中世纪拉丁语，意为“前厅”），大门，建筑装饰性的入口。西方大门的原型是罗马的凯旋门（一种独立式的拱门，用来尊崇将军）。

Portico（源自拉丁语，意为“柱厅，大厅”），柱廊，通常是一个用立柱支撑的敞开式门廊，位于建筑主入口之前。常以三角墙为特色。

Presbytery（源自希腊语，意为“长老会”），为神职人员预留的位于中殿靠近祭坛侧的抬高区域。（另见唱诗班席词条）。

Procurators' Offices（源自意大利语，意为“行政官邸”），威尼斯圣马可广场上行政长官的官邸。老行政长官官邸建于 1414 年至 1520 年，位于南侧的新行政长官官邸建于 1528 年至 1640 年。

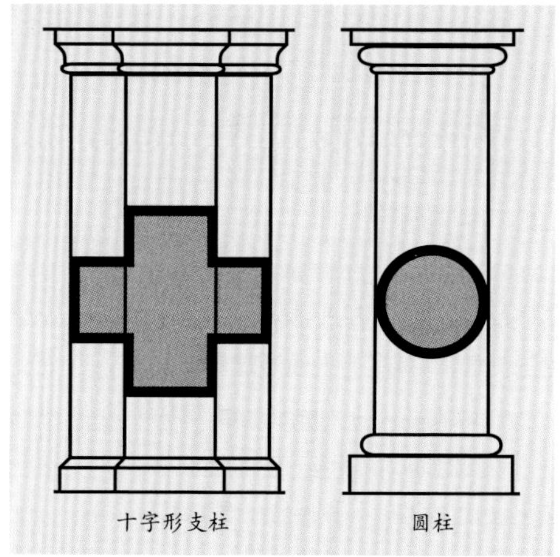

Quadratura（源自中古拉丁语，意为“一分为四，四边形”），在墙面上或天花板上绘制建筑元素的绘画，能造成空间扩大的视觉假象。

Quadriga（源自拉丁语，意为“四个，枷锁”），四马二轮战车。在建筑领域，四马二轮战车自公元前 4 世纪开始出现，成为一种装饰性元素。

Quatrefoil（源自拉丁语，意为“三，叶子”），四叶饰，哥特式艺术中的一种装饰图案，由四片相同的圆形三叶草剪切图案构成。

Quattrocento（源自意大利语，意为“四百”），意大利语表示 15 世纪的词汇。

Radiography（源自拉丁语和希腊语，意为“光线，白色，拖曳”），X 射线检测。这是一种用来分析绘画的科学方法，尤其是多用于揭示绘画底层和后来添加的部分。

Refectory（源自中古拉丁语，意为“重新创造”），修道院中的餐厅。

Relics（源自拉丁语，意为“遗骸”），格外受人尊崇的圣人的遗骨或部分遗骨，或是他们生前使用过的物件。

Relief（源自拉丁语，意为“抬升”），浮雕，采用雕刻或铸模等方式制作出的画面。根据深度的不同，浮雕可分为浅浮雕、半浮雕和高浮雕。

Renaissance（源自法语，意为“重生”），文艺复兴时期，15 世纪和 16 世纪源自意大利的文化和风格时代（其晚期，即 1530 年至 1600 年，亦被称为矫饰主义时期）。这一术语来源于乔治·瓦萨利（1511-1574）于 1550 年在硬币上铸上的“renascita（重生）”一词，他最初用这个词语代指中世纪艺术的消逝。在人文主义思想的影响下，受过高等教育的全能型人才提出的首要理想是遵循古典主义传统，力促人文、世界和自然呈现出新面貌。这就将绘画和雕塑从一门手艺转化成为创造性艺术，给艺术家带来了更高的社会地位和更强的自我认知。艺术与科学相互连通，相互影响，比如将数学计算运用于透视法或引入解剖学知识。建筑是以维特鲁威（Vitruvius）（约公元前 84 年）的理论为基础，以运用古代建筑元素为特征，并出现了一种特定的宫殿和宅邸建筑方式。典型的建筑设计是一种集中式的建筑样式，它具有等长的中心轴线。

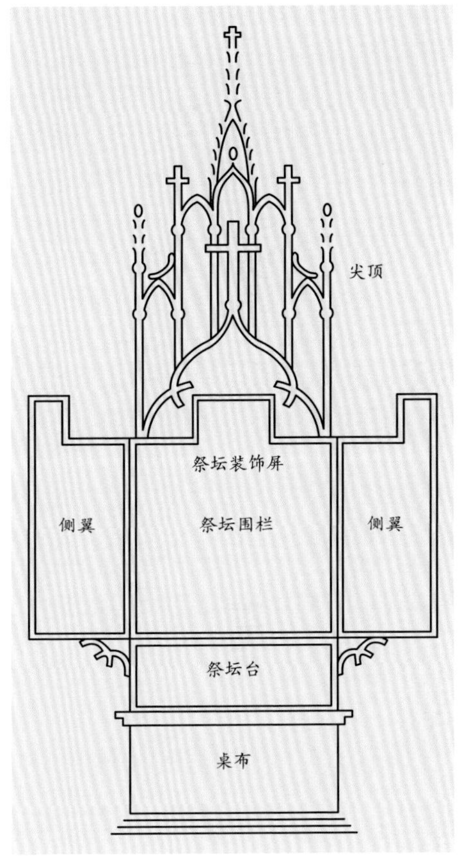

Replica（源自法语，意为“回复，重复，仿照”），由艺术家或他的画室对艺术作品的精确复制品。

Retable（源自法语和拉丁语，意为“后壁”），祭坛装饰屏，一种雕刻或绘制的祭坛装饰屏，固定在祭坛后面，或是祭坛背部。

Rib，肋条，是一种用于加固拱顶穹窿（边缘部分）的凸出带状塑形结构。

Rococo（源自法语，意为“巨石，洞穴、贝壳工艺品”），1720/1730 年至 1770/1780 年间的欧洲艺术和建筑风格。其特点为一种着重强调轻率、运动、细节和浅色调的装饰风格。

Romanesque（源自意大利语，意为“罗马式”），是在 19 世纪早期引入法国的术语，用来描述西方世界在中世纪早期建筑中运用到的古罗马建筑形式（拱门、立柱、石柱、穹窿）。罗马式风格时期从大约公元 1000 年（从法国开始，德国和英国则从 11 世纪中叶开始）一直持续到 13 世纪中叶（在某些地区）。在 12 世纪中叶的法国中部，它被早期哥特式风格取代，而在英国则是在 1200 年前后。这种风格在各地均受到了本地特色和风格元素的影响。罗马式建筑在勃艮第、诺曼底、意大利北部和托斯卡纳得到了充分发展，它对教堂建筑的影响是最关键的，其最典型的特征是附加上独立式的结构元素，并清晰地运用了圆筒和正方体等几何形式。

Roof cornice，屋顶飞檐，墙体和屋顶之间凸出的水平带状结构。

Rotunda（源自意大利语，意为“圆形”），圆形建筑，采用集中式圆形平面结构的圆柱状建筑形式。亦指建筑物内部的圆筒状房间。

Rustication（源自拉丁语，意为“粗糙的”），外立面仅用经过粗加工的方形石块搭建的石屋。

Sacristy（源自中古拉丁语，意为“神圣的”），圣器室，教堂内的一间小屋子，教士们在屋子里更衣，并储藏各式礼拜器皿。

Sannazaro，Jacopo（1456-1530），雅各布·桑纳扎罗，意大利诗人，他的小说《世外桃源》是欧洲第一部基于古代经典田园诗而创作的田园小说。

Sarcophagus（源自希腊语，意为“肉食者”），石棺，精雕细琢的木质、金属、粘土或石质棺材。

Scapular（源自中古拉丁语，意为“披肩”），无袖法衣，一些修道会的法衣的一部分，比如本笃会或道明会，包括遮盖教士前胸和后背的两片布料，通常穿于主法衣之外。

Schism（源自希腊语，意为“裂缝”），分立教会，由于教义或其他事物的不同而将一个教会正式分裂为两个教会或是彻底退出原教会成立新教会。1378 年至 1417 年间西方教会由于有两位分别在罗马和阿维尼翁的教皇而导致分裂，这就是所谓的“西方教会大分裂”。

Scholasticism（源自拉丁语，意为“隶属于某一学派”），经院哲学，基于亚里士多德逻辑学以及对《圣经》和早期基督教父们的著述进行教条式的训诂所形成的一种中世纪神学和哲学体系。

Scorcio（源自意大利语，意为“前缩透视

穿着披风的圣母

法”)，是极端视觉主义者在绘画与制图过程中缩小所刻画物体的方法。

Scuola（源自意大利语，意为“学派”），起源于中世纪兄弟会苦修成员和学徒的社团，通常由同一民族或同一商会的成员构成。该术语亦是威尼斯人称呼犹太教堂的词汇。

Secular building/architecture，用于世俗而非宗教用途的建筑，与宗教建筑相对应。

Sepulchre（源自拉丁语，意为“坟墓”），用于埋葬人类遗体的精美建筑结构，通常均为独立式结构，比如墓堂和陵墓。教堂和修道院中均能发现大量坟墓和纪念碑。

Serenissima（源自意大利语，意为“最为宁静的威尼斯共和国”），自中世纪以来用来描述这座潟湖城市的宏伟和庄严的术语，这一术语充分表现出了威尼斯人的自豪感。

Sfumato（源自意大利语，意为“用烟雾遮掩”），渲染法，通常认为是莱昂纳多·达芬奇（1452-1519）发明的绘画技巧，色调和色彩相互缓缓渗入，营造出一种或柔和或朦胧的轮廓的绘画形式。

Signoria（源自意大利语，意为“贵族”），自中世纪晚期之后，意大利城市共和国的统治委员会或政府组织。通常被一个单独的家族把持。

Spandrel，三角拱腹，是一种三面区域。拱门的三角拱腹是方形框架下的圆拱部分。悬垂的三角拱腹包括若干个球面三角形，圆顶通过这些球面三角形与方形的平面设计相连。

Still life（源自荷兰语、法语和意大利语，意为“静物”），经过艺术排列的无生命物体的图像表现，比如花朵、水果、书籍、容器和死去的动物等。静物画作为单独的绘画门类出现于14世纪，并在17世纪荷兰绘画中达到全盛期。

Tambour（源自阿拉伯语，意为“鼓”），鼓室，

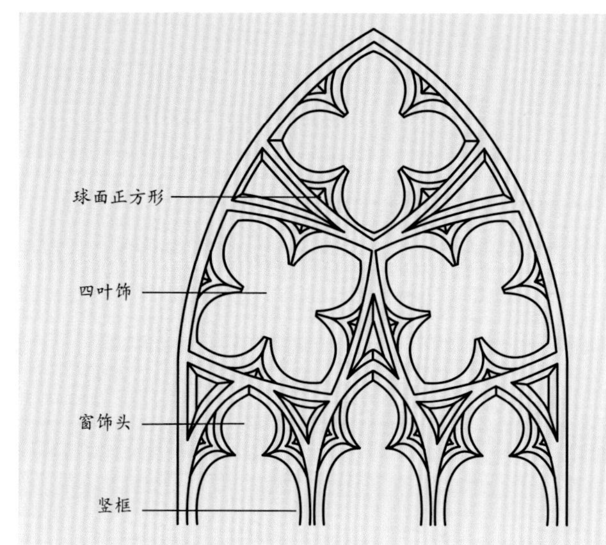

此能够使湿式绘画成为可能。因此，通过运用多层次平行线条可以取得极佳的阴影效果和合并效果。湿蛋彩和干蛋彩的色差导致绘画后期添加的色调很难达到相似的效果。

Temple façade，在古典主义建筑中依附在建筑上或与建筑分离的一种建筑结构或柱廊，通常由立柱支撑三角墙构成。

Tenebrists（源自意大利语，意为“昏暗，黑暗”），指一群因采用明暗对比法绘画而联合起来的后巴洛克风格艺术家。

承载一座穹窿或圆屋顶的圆筒状建筑元素。鼓室上常开有窗户，用来提升空间的高度。

Tabernacle（源自拉丁语，意为“小帐篷，小木屋”），圣体龛，建筑上一种由立柱和斜坡顶构成的装饰性结构，主要用来放置雕像，通常位于哥特式建筑的飞檐（建筑外立面上用来吸收拱顶和屋顶的推力的台柱）上。另外，它也是供奉圣体的神龛。

Tempera（源自拉丁语，意为“正确混合，测量”），一种采用鸡蛋、石灰或酪蛋白（散装牛奶里的蛋白质）等粘合剂混合的彩色颜料粉末的绘画技法。这种颜料比油彩要干的快，因

Terraferma（源自拉丁语，意为“稳固的领土”），指威尼斯全盛期曾统治过的意大利北部大陆区域。

Thermal window（源自浴场一词，比如罗马的戴克里先浴场），气窗，主要由安德鲁·帕拉迪奥（1508-1580）引入威尼斯和威尼托的一种教堂建筑里的窗户类型。气窗是以古典主义的半圆形半月窗为模型，用两根细柱将其划分成三个窗格。

Tondo（源自意大利语，意为“圆的”），一种圆形的绘画或浮雕。

Tracery，花饰窗格，哥特式建筑中用来划

分大型窗户的几何形装饰，类似罗盘的样子，后来也被用来分隔三角墙、墙体和其他建筑表面。

Transfiguration（源自拉丁语，意为“变身”），耶稣在三位传道者面前的华丽变身，亦指刻画这一场景的艺术作品。

Trefoil（源自拉丁语，意为“三，叶子”），哥特式艺术用到的装饰性主题，包括三条完全一样的三叶草形弧线。

爱奥尼亚式柱头的涡形装饰

Triumphal arch（源自拉丁语，原意为“凯旋游行”），源自公元前2世纪的独立式拱门，其通道用来向帝王或将军表达敬意。

Tunnel vault（源自中古拉丁语，意为“筒”），圆筒拱顶，一种半圆形或断续的圆形天花板形式，有时，它也可以是尖顶或新月形。

Tympanum（源自希腊语，意为“鼓皮，手鼓”），正门上方的拱门部分或三角墙包围的部分。

Vanishing point，采用线性透视法的图像中平行线汇聚的中心点。

Vault（源自拉丁语，意为“转变”），拱顶，一种弧形天花板，通常采用楔形石块搭建而成。与圆顶不同的是，拱顶同样也存在于长方形的房间里。由墙体或立柱构成的拱座吸收了拱顶的压力与推力。

Vedutista（源自意大利语，意为“观看，展望”），实景画家，是指那些严格按照真实的风景或城市景色作画的风景画家。这些绘画与虚拟风景画相对应，后者的风景是想象中的，城市景色则描绘了虚拟的建筑物。

Virtues（源自拉丁语，意为“美德”），基督教道德准则吸纳的四种柏拉图式美德：节制、坚毅（勇气和力量）、智慧和公正。教皇格里高利大帝（540-604）另外又加上了三种神圣的神学美德：信念、希望和爱。这七种美德构成了中世纪全盛期基督教基本道德发展的基石。

Volute（源自拉丁语，意为“蜗牛，卷曲”），涡形装饰，一种螺旋书卷状的装饰和建筑元素。尤以用于爱奥尼亚式的柱头和底座为多，另外，也常用于建筑的水平与垂直结构的接口部分。

Votive painting（源自拉丁语，意为“颂扬，尊崇”），还愿画，一种敬献给上帝或圣人的绘画，用来表达感激或用以支持祈祷和聆听。

1381年，与基奥贾交战

1453年，土耳其人征服君士坦丁堡

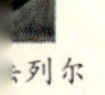

…列尔

1404—1428年，威尼斯征服内陆

1492年，哥伦布发现美洲大陆

1498年，瓦斯科·达伽马发现前往印度的海路

1525年……五世的……家和学……

1498年，卡泰丽娜·科尔罗：威尼斯的塞浦路斯女将塞浦路斯并入威尼斯共……

1400 1450 **1475** 1500 1525

雅各贝罗·德尔·费奥雷：《身披斗篷的圣母》；约1436年

安东内洛·达·墨西拿在威尼斯定居：1475—1476年

安德鲁·德尔·卡斯塔尼奥：《福音传道者约翰》；圣萨卡利亚教堂的圣塔拉西奥小教堂，约1442年

乔瓦尼·贝利尼：《圣萨卡利亚教堂的祭坛装饰屏》；1505年

真泰尔·贝利尼：《圣马可广场上的游行》；1496年

提香：《耶稣……1516—1518年

黄金宫；始建于1421年

卡尔门；1438年

圣萨卡利亚教堂；约始建于15世纪中叶

圣米盖勒教堂；始建于1469年

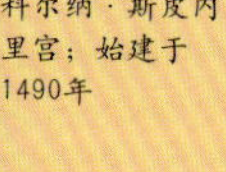

莫罗·科杜齐：科尔纳·斯皮内里宫；始建于1490年

雅各贝罗和彼得罗·保罗·德拉·马赛内：圣马可教堂圣障上的雕塑；约1394年

多纳泰罗：施洗者约翰；1438

被认为是安东尼·布雷格诺所作：坚毅女神；1438年

安德鲁·德尔·维罗齐奥：巴托罗缪·科莱奥尼骑士像；1481—1496年

伦巴第工作室：总督……德鲁·迪·文德拉明……墓；约1495年

…·彼特拉克定居……定居在威尼斯旁

1468年，红衣主教贝萨里翁将他收藏的珍贵的希腊和拉丁文手稿捐献出来。

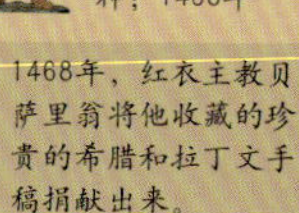

1493年，奥尔德斯·马纽夏斯在威尼斯成立了一间印刷厂。第一次出版了完美无瑕的希腊和罗马作家们的著作

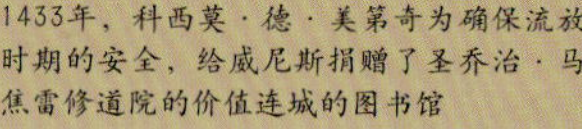

1433年，科西莫·德·美第奇为确保流放时期的安全，给威尼斯捐赠了圣乔治·马焦雷修道院的价值连城的图书馆

1473—1488年，最杰出的威尼斯人文主义者埃尔莫劳·巴尔巴罗翻译了亚里士多德的《修辞、物理和逻辑》

1525年，……出的人文……的粗俗语言……

历史

421年3月25日，威尼斯正式建立

828年，圣马可的遗骨被搬移至威尼斯

1177年，威尼斯总督塞巴斯蒂亚诺·齐亚尼为德国国王弗雷德里克·巴巴罗萨和教皇亚历山大三世牵线搭桥，达成和平

1204年，第四次十字军东侵，在总督恩里克·丹多洛的带领下向君士坦丁堡进发

巴贾芒特·提埃坡罗的阴谋：1310年，十人委员会建立以保障国家安全

1348年，威尼斯遭受第一次大瘟疫肆虐

1355年，总督马里诺·
的阴谋

1150　1250　1300　1350

绘画

耶稣升天圆顶，圣马可教堂；约12世纪前半叶

创世纪圆顶，圣马可教堂；约13世纪早期

圣马可浸礼堂内的马赛克镶嵌画；约14世纪前半叶

乔托为帕多瓦的竞技场小礼拜堂创作壁画；约1305年

保罗·韦内奇亚诺：《圣母加冕》；约1350年

建筑

圣马可教堂的在建工程；1068年；1094年祝圣

土耳其仓库；约13世纪；约19世纪大面积重修

总督府的南侧；1340年

雕塑

谷物丰收；圣马可教堂主入口中心拱门的拱腹内；约13世纪

菲利波·卡伦达里奥：诺亚醉酒；约1344年

文学与文化

耶稣升天节，象征着总督与大海的联姻仪式。为纪念1000年彼得罗·奥赛罗二世征服达尔马西亚

1222年，帕多瓦大学成立

1271—1295年，马可·波罗前往中国和中亚旅行

著名的诗人和人文学者弗朗西斯
威尼斯（1362—1368）。后来，
边的阿夸，直到逝世

S. Secondo
S. Georgio
dalega
S. Biagio Catoldo
S. Marco

Torzelli
Murano
S. Iacomo
Burano
S. Nicola
Mazorbo
S. Francesco
S. Christofano
Lazaretto nouo
Arsenale
Vergini
S. Giorgio maggiore
S. Lazaro

1718年，签订《帕萨罗维茨和平协定》。威尼斯被迫从希腊和达尔马西亚仅剩的占领地上撤退

斯科·莫罗西尼重
半岛

路易吉·奎雷纳：拿破仑的军队抵达威尼斯。1797年5月12日，威尼斯共和国解体，将城市拱手交给拿破仑。历经短暂的统治之后，根据《坎波福米奥合约》，拿破仑再将威尼斯转交给奥地利

历史

1725 1750 1775 1800

卡纳莱托：《乞丐河》；1720—1725年

乔瓦尼·巴蒂斯塔·提埃坡罗：《三圣装饰屏》；1748年

彼得罗·隆吉：《理发师和一位女士》；约1760年

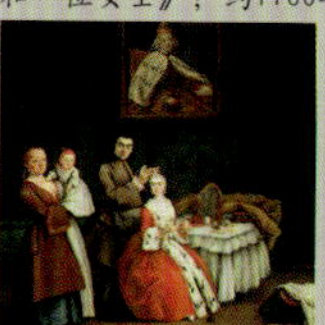

弗朗西斯科·瓜尔迪：《圣马可海盆》；1780—1790年

绘画

多梅尼科·罗西：圣斯特教堂门楼；1709年

乔治·马萨里：格拉西宫；始建于1749年

建筑

雕塑

尼·维瓦尔第为孤儿
领创作协奏曲

1753年，卡洛·哥尔多尼：《一仆二主》

1792年，凤凰剧院开张

1782年，俄罗斯大公夫妇访问威尼斯，这是威尼斯共和国经历的最后一次国家大事

1720年，意大利第一间咖啡馆：弗洛里安咖啡馆开张

1796年举办的共和国解体前的最后一次狂欢节是威尼斯历史上持续时间最长、花销最大的一次狂欢节

文学与文化

。德国国王查理
罗马。许多艺术
威尼斯

1571年，塞浦路斯落入土耳其人手里。勒班陀战役：尽管庞大的欧洲舰队击败了土耳其人，但是塞浦路斯仍被土耳其掌控

1576年，瘟疫大规模爆发，几乎1/3的威尼斯人口死亡

1645年至1649年，威尼斯统治下的最后一座希腊主要岛屿：克里特岛落入土耳其人手里。标志着威尼斯人统治地中海的时代终结

1630年，威尼斯的另一次大瘟疫爆发（也是最后一次）

1683年，弗朗西
新征服伯罗奔尼

1550 1575 1600 1650 1700

保罗·维罗内塞：《以斯贴加冕》；1555—1556年

雅各布·丁特列托：《礼拜铜蛇的奇迹》；1577年

1577年，总督府发生火灾，烧毁了许多威尼斯艺术家的绘画作品

乔治·斯帕文托，图里奥·伦巴第：圣萨尔瓦多教堂；1507—34年

雅各布·桑索维诺：图书馆；1537—54年

安德鲁·达·庞特：里奥托桥；1588年

安德鲁·帕拉迪奥：救世主教堂；1577—92年

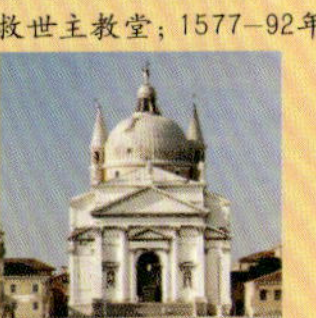

巴尔达萨雷·隆盖纳：安康圣母教堂；1631—87年

雅各布·桑索维诺：墨丘利；1537—1547年

雅各布·桑索维诺：总督弗朗西斯科·费尼尔之墓；建于1556年之后

彼得罗·阿雷蒂诺自1527年开始在威尼斯写下了他的那些著名的信件（出版于1537—1557年）

安德鲁·加布里埃利：《世俗圣乐》；1565年

博是当时最杰
版了《论散文

安德鲁·帕拉迪奥：《建筑四书》；1570年

弗朗西斯科·桑索维诺：《威尼斯：高贵而独特的城市》（第一本威尼斯旅游指南）；1581年

1613年8月19日，克劳迪奥·蒙特威尔第成为圣马可教堂的乐长

1637年，圣卡西亚诺剧院开张，这是历史上第一座公共剧院

自1703年后，安东
院和其他重要的主

艺术家小传

Andrea del Castagno（安德鲁·德尔·卡斯塔尼奥）（约 1422 年生于卡斯塔尼奥 -1457 年卒于佛罗伦萨）可能是偏居一隅的艺术家保罗·斯齐亚沃的学生。在马萨丘的鼓励下，尤其是在雕塑家多纳泰罗的影响下，卡斯塔尼奥发展出了高度个人化的风格。他的作品的特点是边界清晰的人物形象，常常充满肌肉和张力，他们的体格特征在开放式的透视空间和再造空间内得到加强。在他的一些绘画作品中，人物形象的神性在光线的运用、平淡的色调或是人物的个人特点掩映下显得平易近人。

Andrea del Verrocchio（安德鲁·德尔·维罗齐奥）（1436 年生于佛罗伦萨 -1488 年卒于威尼斯）的真名是安德鲁·德尔·乔内，在多纳泰罗死后，他成了佛罗伦萨首屈一指的雕塑家。他在佛罗伦萨的时候主要创作小型雕塑和建筑模型。1486 年，维罗齐奥来到威尼斯。在这里，他为雇佣兵队长巴托罗缪·科莱奥尼创作了一件雄心勃勃的骑士雕塑，如今我们能够在圣乔瓦尼·保罗教堂前的小广场上看到这尊雕塑。只有《耶稣施洗》(约 1470-1480）这幅他与他的学生莱昂纳多·达芬奇共同创作的绘画表明他也是一名画家，现在这幅画藏于佛罗伦萨的乌菲齐（Uffizi）美术馆。

Antonello da Messina（安东内洛·达·墨西拿）(约 1430 年出生于墨西拿 -1479 年卒于墨西拿）一生中的绝大部分时间均生活和工作在西西里岛。他在这里学习绘画，并在 1450 年前后在那不勒斯学过一段时间。大约从 1474 年至 1476 年，他在第二段旅程中前往威尼斯和米兰。安东内洛的作品深受荷兰艺术以及彼罗·德拉·弗朗西斯卡的作品的影响。他很快学会了将细致入微的精确复制和对空间的精准把握结合在一起。通过这种鲜活的绘画方式，他发展出了一种越来越依赖于简单几何图形和刚性视角的构图风格。

Antonio da(dal) Ponte（安东尼·达·庞特）（约 1512 年出生于威尼斯？ -1597 年卒于威尼斯）首先并主要是一名水利工程师和军事建筑师，因此，作为政府建筑当局的首席建筑师，他承建了许多威尼斯的公共建筑。由于他具有出众的水利工程知识，因此被委任为修建新里奥托桥的负责人。作为威尼斯政府的首席建筑师，他还修建了矗立在斯齐亚沃尼河畔的新监狱。

Bambini，Niccolo（尼克罗·班比尼）（1651 年出生于威尼斯 -1739 年卒于威尼斯）。尽管威尼斯和威尼托拥有大量班比尼的艺术作品，但是在他生前却一直默默无闻。他最初在威尼斯接受塞巴斯蒂亚诺·马佐尼（Mazzoni）的指导，根据一份 18 世纪的资料记载，他在很小的时候便前往罗马继续接受卡洛·马拉塔的指导。班比尼的风格是以适中的戏剧性构图方式为特点，有时会带有

弗朗西斯科·巴萨诺

强烈的韵律感。他在威尼斯成为一名杰出的大厦和别墅装饰艺术家，有时会与乔瓦尼·巴蒂斯塔·提埃坡罗一起工作。

Basaiti，Marco（马可·巴塞蒂）（约 1470 年生于威尼斯 -1530 年之后逝世）可能出自一个希腊或阿尔巴尼亚家庭。他的作品呈现出纷繁复杂的风格，总是在不断地学习同时代威尼斯最重要的艺术大师的作品，深受艾维瑟·维瓦里尼、乔瓦尼·贝利尼、齐马·达·科内利亚诺等人的影响。1500 年之后，他的作品又受到吉奥乔尼和伦巴第艺术家们的影响。他遗留下来的作品不仅包括祭坛装饰画，还有许多历史肖像画。巴塞蒂创作的人物形象十分严肃，具有拒人千里之外的印象，看上去似乎过于呆板，尽管他还刻意渲染了一些颇有气氛的风景。

Bassano，Francesco（弗朗西斯科·巴萨诺）（1549 年出生于巴萨诺 -1592 年卒于威尼斯）在父亲雅各布·巴萨诺（1510/1515-1592）的画室里接受训练。1578 年，他移居到威尼斯，仍然时常与他的父亲和兄弟们合作，他的兄弟包括杰罗拉莫（1566-1621）、詹巴蒂斯塔（1553-1613）和莱安德罗（Leandro）（1557-1622）。因此，从风格上看，人们很难区分出他们的作品。弗朗西斯科·巴萨诺的绘画通常包括众多人物形象，他的笔触轻柔，体现出丁特列托和提香晚期绘画对他的影响。巴萨诺画室在绘画时运用到了几乎出神入化的光影效果和色彩效果，使得他们成了 16 世纪晚期威尼斯最炙手可热的画室之一。巴萨诺和他的儿子们擅长于创作以圣经故事为主题的农村风景风俗画，这正是他们最明显的特色。

Bella，Gabreil（加布里埃尔·贝拉）（1730 年生于威尼斯 -1799 年卒于威尼斯）。贝拉的绘画才能比较平庸。然而，他却能够得到大型装饰画的订单。他为朱斯蒂尼亚尼（Giustiniani）家族创作的描绘威尼斯生活场景的系列绘画令其声名鹊起。如今，大约有 70 幅作品保存下来，其中的绝大部分均收藏在威尼斯的奎里尼·斯坦帕利亚美术馆。

Bellini，Gentile（真泰尔·贝利尼）（约 1429 年生于威尼斯 -1507 年卒于威尼斯）接受艺术家父亲雅各布·贝利尼的绘画训练，后来又接管了父亲的画室。从 1466 年开始，他接受威尼斯政府的官方邀约进行创作，并在 1479 年至 1481 年间前往君士坦丁堡履行外交使命。贝利尼的绘画展现出他接受过透视构图法训练，其特点是用宁静的线条勾勒出淡色的区域。他的叙事风格充满了现实主义和冷静的活力，他的创造性的眼光让潟湖城市的生活栩栩如生。正是在他的伟大作品中，威尼斯透视风景画和全景画得到了长足的发展。

Bellini，Giovanni（乔瓦尼·贝利尼）（约 1430 年生于威尼斯 -1516 年卒于威尼斯）是真泰尔·贝利尼的弟弟，他是威尼斯最著名的艺术家之一。他在父亲雅各布的指导下学习作画，同时还受到了连襟曼坦那的影响。他在威尼斯经营着自己的画室，其创作生涯主要居住在故乡威尼斯。曼坦那的作品和荷兰的绘画技巧（由安东内洛·达·墨西拿引入威尼斯艺术圈）是贝利尼绘画的起点，他在光线运用和自然氛围的营造上发展出了自己独有的风格。他的画作仅使用明亮的暖色调，并运用了一种独具风格的技巧将形式、人物和空间有机的结合在一起。

Bombelli，Sebastiano（塞巴斯蒂亚诺·邦贝利）（1635 年生于乌迪内 -1719 年卒于威尼斯）在父亲瓦伦蒂诺·邦贝利的画室中接受训练，并在 1660 年之后来到威尼斯。最初，他依靠临摹丁特列托和维罗内塞的绘画而声名鹊起，尤其是在法国变得非常受欢迎。大约在 1664 年至 1665 年间，他在博洛尼亚的奎尔奇诺（Guercino）画室工作，依靠临摹提香的绘画而在年纪轻轻的时候便获得了一定的声望。后来，邦贝利创作的肖像画在整个欧洲均赢得了广泛关注，并因此成为欧洲顶级贵族们炙手可热、争相邀请的肖像画艺术家。

Boschetti，Lorenzo（洛伦佐·博斯凯蒂）（生于 1709 年 -1772 年肯定居住在威尼斯）是一名建筑家，可能是朱塞佩·马萨里的学生。他最重要的作品：威尼斯的费尼尔·莱昂尼宫并未最终完成。有研究表明，他的兴趣在于创作科雷尔博物馆。

Bregno，Antonio（安东尼·布雷格诺）（生活在 15 世纪的威尼斯）是建筑师兼雕塑家保罗·布雷格诺的兄弟。安东尼·布雷格诺很可能就是 1425 年至 1426 年间协助马泰奥·瑞瓦尔第建造总督府的马斯特罗·安东尼·迪·瑞格佐·达·科莫。后来，他常与帕多瓦的雕塑家安东尼·里佐合作，因此，两者的作品很难从风格上区分开。1777 年之后，总督弗朗西斯科·福斯卡里的墓葬建设交给了安东尼和他的兄弟保罗·布雷格诺。人们从风格上推测，艾科·福斯卡里也可能是福斯卡里墓葬的创造者之一，他还创造了同样位于总督府内的卡尔门上的坚毅女神像。这些作品的风格与当时的威尼斯绘画紧密相关，尤其是受到了安德鲁·曼坦那的影响。

Bregno，Paolo（保罗·布雷格诺）（生活在 15 世纪的威尼斯）也被称为保罗·达·科莫，是雕塑家安东尼·布雷格诺的兄弟，很可能来自卢加诺湖畔的雷吉齐亚。他可能是威尼斯文献记载中在 1459 年成为圣马可广场行政长官官邸的首席建筑师的大师保罗，因此，他可能负责了许多公众建筑的建设，其中包括圣马可教堂。另外，据文献记录，还有一位名为保罗·英齐格内罗·德拉·西格诺利亚的建筑师和巴托罗缪·布恩一起建造了公爵大厦。

Buon，Bartolomeo（巴托罗缪·布恩）（约1400 年生于威尼斯 - 约 1464 年至 1467 年间卒于威尼斯）和他的父亲共同经营了一间画室，他们的作品包括几乎等量的建筑和雕塑。巴托罗缪的毕生作品尚未得到彻底修复。有文献记载，他与别人合作共同完成了黄金宫和总督府的卡尔门的修建，其中后者是父子俩于 1438 年接受邀请建造的。然而，卡尔门上的人物形象却是由别的雕塑家创作完成的，可见，他常常将雕塑工作分包给别的雕塑家。他的风格是后哥特式至文艺复兴时期的过渡风格。他在大运河畔建造的公爵大厦是威尼斯第一座将传统主题与文艺复兴风格的建筑形式相结合的产物。

Buon，Giovanni（乔瓦尼·布恩）（约 1360年生于威尼斯 -1443 年卒于威尼斯）是巴托罗缪·布恩的父亲。在许多文献记录中，他的主要身份均为建筑承包商和石料供应商。在 15 世纪的前半叶，他与儿子巴托罗缪一起在威尼斯经营了一间最大的建筑工坊。针对他在哪一时间内是一名活跃的建筑师和雕塑家的问题，人们至今仍有争议，也许他仅仅是一名管理者。

Cadorin，Ludovico（路多维克·卡多林）（1824年生于威尼斯 -1892 年卒于威尼斯）是 19 世纪威尼斯最具影响力的建筑师和室内装饰师之一。他的名字与历史主义密切相关，致力于建造与功能相匹配的历史风格建筑。卡多林的室内装饰风格基于前朝的主题，因此具有全新的、独树一帜的风格。

Calendario，Filippo（菲利波·卡伦达里奥）（早于 1315 年生于威尼斯 -1355 年卒于威尼斯）。卡伦达里奥是一名建筑师和雕塑家，从 1341 年开始建造大会议厅，并着手重修总督府的西南两面门楼。卡伦达里奥的雕塑十分吸引人，展示出了格外高质量的细腻工艺和对自然的精准反映，同时，他还表现出了心理的敏感性和轻松的叙事过程。这位富裕的建筑大师还因参与总督马里诺·法列尔妄图在威尼斯实现独裁统治的阴谋叛乱而在青史留名。卡伦达里奥被当成协同叛乱者处死。

Campagna，Girolamo（吉罗拉莫·坎帕尼亚）（约 1548-1549 年生于维罗纳 -1625 年卒于威尼斯）在大约 1600 年前后是威尼斯最重要的雕塑家。他是达内塞·卡塔内奥的一名学生。他最初深受老师和雅各布·桑索维诺作品中宁静的形式的影响。然而，他逐渐开始吸纳米开朗琪罗宏大而富于表现力的建筑方式。随着他对内在精神表现的追求变得越来越淡，他与丁特列托分道扬镳；为了身体力行的建筑理想，他越来越倾向于米开朗琪罗的风格。坎帕尼亚创作的人物形象往往是以一个整体的方式表现出来，因此，包括人物面部表情在内的心理活动反映往往不在他的考虑范围之内。

Canaletto（卡纳莱托）（1697 年生于威尼斯 -1768 年卒于威尼斯）的真名是乔瓦尼·安东尼·卡纳尔，在父亲的指导下学习风景画和舞台画。1719 年，他前往罗马求学，并深受帕尼尼以及透视风景画家卢卡·卡尔勒瓦里耶斯等人的启发，尤以后者为甚。他的画作充分表明他接受过严格的透视法训练，并能精确地反映出他对大自然的观察。于是，他对威尼斯地形的观察捕捉到了建筑之美，并将其与光线和氛围有机结合，令风景风俗画充满生活气息。卡纳莱托自1746年至1753年间主要在英国从事创作，帮助威尼斯的透视风景画向意大利之外的区域传播发展。

Candi，Giovanni（生于威尼斯？-1506年8月9日之后卒于威尼斯）是来自斯皮林贝戈的一名木匠的儿子。他同样从事这一手工业，在文献记录中，他负责完成了圣马可大会堂的木工活。除了木工之外，他偶尔还充当一名建筑师。据说贝卢诺的雷托里大厦便是由他设计的。他在威尼斯留下的最重要的作品是孔塔里尼大厦里的旋转楼梯。

卡纳莱托：威尼斯透视风景画

Canova，Antonio（安东尼·卡诺瓦）（1757年生于特雷维索的波萨尼奥-1822年卒于威尼斯）是在中等生活条件下由祖父抚养长大的。在他11岁的时候便来到雕塑家朱塞佩·托雷蒂的画室学习，后来又前往威尼斯艺术学院，接受米开朗琪罗和格雷格里奥·莫莱特两兄弟的指导。在威尼斯初获成功之后，他自费前往罗马学习古代世界艺术。他参观了不久前才发掘出的佩斯图姆、庞贝和海格力斯的艺术文物。这次与古典主义雕塑的邂逅是一次极其重要的经历。在威尼斯和罗马均备受推崇的卡诺瓦最终定居罗马。他不仅是一名在整个欧洲均享有盛誉的雕塑家，还逐渐开始参与政治。1814年，他设法将拿破仑从意大利掠夺走的数不胜数的艺术作品索回。安东尼·卡诺瓦被认为是19世纪最重要的雕塑家。他创作的人物形象展现出了他对古典主义艺术的了解，其作品冷静而高贵，从丝绸般光滑的大理石表面透出一股浪漫情怀，当时整个欧洲和北美洲同时代艺术家一致认为他的作品是艺术和美的完美结合。如今，这些作品仍被认为是新古典主义的巅峰之作。

Carpaccio，Vittore（维托雷·卡尔帕乔）（约1455/1465年生于威尼斯？-约1525/1526年卒于威尼斯）是威尼斯文艺复兴时期最重要的代表性人物。他在真泰尔·贝利尼的画室内从事创作，他很可能就是后者的学生，并与乔瓦尼·贝利尼一起合作装饰了总督府的内部空间。除了上述两位艺术家之外，他还受到安东内洛·达·墨西拿的启发。在他的作品中，卡尔帕乔运用自己创造出来的人物形象忠实地刻画出了传统传承下来的故事主题。尽管他属于文艺复兴早期艺术家，喜欢画蛇添足般地讲述故事，但还是采纳了一些新的创作技法，比如明亮的建筑风景和彻底的透视构图法。卡尔帕乔为兄弟会创作组画，与此同时，他也创作了数不清的宗教题材单幅作品。

Carriera，Rosalba Giovanna（罗萨尔巴·乔瓦娜·卡瑞拉）（1675 年生于威尼斯 -1757 年卒于威尼斯）主要作为一名肖像艺术家受到了同代艺术家的高度赞扬。她接受过朱塞佩·戴门蒂尼和安东尼·巴雷斯塔的指导，同时还受到过她的姐夫乔瓦尼·安东尼·佩莱格里尼的启发。她从绘制微型肖像画开始，后来转而创作更大一些的画作，并致力于彩粉画创作——这是一种能够让艺术家快速或即兴绘画的新技术——她是第一位完美掌握彩粉创作的艺术家。这为她带来了巨大的成功，对她的邀请很多均来自欧洲的王室。另外，她于 1705 年获准进入罗马的圣卢卡美术学院执教，并在 1720 年逗留巴黎期间执教了巴黎的皇家美术学院。罗萨尔巴·乔瓦娜·卡瑞拉在 1746 年由于眼疾被迫放弃绘画，但她持续影响着法国彩粉画的创作。

罗萨尔巴·乔瓦娜·卡瑞拉

De Chirico，Giorgio（乔治·德·基里科）（1888 年生于希腊的沃洛斯（Volos）-1978 年卒于罗马）生于希腊，是一对意大利夫妇的儿子。他在雅典开始学习绘画，1906 年随家庭搬至慕尼黑后继续学业。从 1910 年开始，他轮流在巴黎和意大利居住。德·基里科最初倾向于创作德国的跨世纪绘画，后来风格一变，开始从事夸张而神秘的梦想世界的创作。这些绘画对超现实主义产生了深远的影响。在 1920 年代，他的城市风景画中充斥着严格按照透视法则紧密排列在一起的建筑物，但是，画作中格外清晰的构图、色彩明亮的简单图形和僵硬而浓重的阴影仍然传递出一种梦境般的感觉。

Cima da Conegliano（西玛·达·科内利亚诺）（约 1459 年生于科内利亚诺 - 约 1517/1518 年卒于科内利亚诺）原名是乔瓦尼·巴蒂斯塔·西玛，可能是维琴察的巴托罗缪·曼坦那和艾维瑟·维瓦里尼的学生。他还受到了安东内洛·达·墨西拿以及后来的提香和吉奥乔尼等人的作品的影响。1492 年，他前往威尼斯，并一直在此活跃到 1516 年。他很快便形成了自己的风格，从主题和构图上均与贝利尼相似。他的构图十分均衡，其特点是细腻、平和的氛围，充满对大自然的精准观察和感受。他的作品的主要主题是宗教，且以圣母为主，另外，他也会创作一些世俗题材的作品。

Codussi，Mauro（莫罗·科杜齐）（约 1440/1445 年生于贝加莫布伦博纳河谷中的伦纳 -1504 年 4 月 23 日之前卒于威尼斯）可能是在伦巴第接受教育的，他的一生均保持了贝加莫公民的身份。然而，现存的资料仅能显示出他活跃于威尼斯的情况。科杜齐是文艺复兴早期最重要的建筑师。他是第一位能够清晰地创作出佛罗伦萨文艺复兴风格样式的建筑师，其特点是在坚固的底座上搭建带有圆拱以及石料包裹的门楼。但是，他还同时激活了威尼斯老式建筑形式，比如十字架型的圆顶方形教堂。在 15 世纪，这些建筑元素看上去并不像拜占庭式建筑那样充满中世纪气息，却带有一些古典主义风格。这就使得它们成为新式古典主义建筑的模板。科杜齐对佛罗伦萨的流行趋势了如指掌，尤其是对里昂·巴蒂斯塔·阿尔贝蒂斯的作品，但是他对其发扬光大，并糅合进传统的威尼斯建筑元素，形成了自己的建筑表达风格。

Colonna，Gerolamo Mengozzi（杰罗拉莫·门戈齐·科隆纳）（约 1688 年生于费拉拉 - 约 1766 年卒于维罗纳？）也被人们称为明戈齐，是天花板艺术家（建筑装饰画家）弗朗西斯科·斯卡拉和安东尼·费拉里的学生。明戈齐并不擅长于人物绘画，而喜欢创造出复杂的建筑透视风光，这是 17 世纪和 18 世纪最重要的室内装饰主题。他曾在整个意大利北部区域工作过（包括都灵、布雷西亚和乌迪内），但是主要工作地点是威尼斯，他经常在威尼斯与乔瓦尼·巴蒂斯塔·提埃坡罗合作。

Donatello（多纳泰罗）（1386 年生于佛罗伦萨 -1466 年卒于佛罗伦萨）的真名是多纳托·迪·尼科洛·迪·贝托·巴尔迪，有可能是洛伦佐·吉尔伯提和来自佛罗伦萨的南尼·迪·班柯的学生。他主要是在家乡从事创作，但是也曾到过锡耶纳、罗马、帕多瓦以及意大利的一些其他城市。多纳泰罗被认为是 15 世纪最伟大的雕塑家。在作品的多样性和革新性上，其他艺术家均无法与其匹敌。他在创作早年主要致力于创作大理石站立人物像，然而，从 1420 年开始，他主要致力于创作青铜像。

Dyck，Anthony van（安东尼·凡·戴克）（1599 年生于安特卫普 -1641 年卒于伦敦）是继鲁本斯之后最重要的佛兰德画家。尽管他比亨德里克·凡·巴伦仅年轻 11 岁，但他还是从师于后者。1615 年后，他开始经营自己所有的画室。从 1617 年至 1620 年，他在鲁本斯的画室工作，并被鲁本斯赞美为最有天赋的学生。随后，他开始游历各地，首先到了伦敦，1621 年至 1627 年间在意大利。他对提香、吉奥乔尼和博洛尼亚画派的作品格外推崇。离开意大利之后，他成了荷兰总督：女大公伊莎贝拉的御用画师，在 1632 年，他开始为英格兰国王查理一世服务。凡·戴克的的作品深受意大利艺术的影响，他创立了一种表现贵族人物形象的肖像画流派，并成为了西方世

安东尼·凡·戴克

界肖像画的模板，尤以英格兰为甚。

Ernst，Max（马克思·欧内斯特）（1891 年生于科隆附近的布吕尔 -1976 年卒于巴黎）起初学习古典主义语言学、哲学、心理学和艺术史学。然而，他很快就结识了一些亲密的艺术家朋友，并开始其艺术生涯。为了逃离纳粹的魔爪，他从德国来到法国，随后不得不远赴美洲。马克思·欧内斯特是超现实主义最杰出的代表。现实主义元素在他的作品中总是被令人迷惑的间离效果分割得支离破碎，但却因此产生了更为深远的意义。欧内斯特持续不断地创造出新式绘画技巧，以期达到增强绘画表现力和提升绘画含义的功效。

Eyck，Jan van（扬·凡·艾克）（约 1390 年生于马斯特里赫特附近的马斯艾克 -1441 年卒于布鲁日）在 1422 年前后成为荷兰伯爵：巴伐利亚的约翰亲王的宫廷画师，到了 1425 年又成为在里尔的勃艮第公爵：好人腓力的御用画师。在多次前往西班牙和葡萄牙之后，他最终在布鲁日定居。凡·艾克对现实的图像描述具有格外敏锐的洞察力，对欧洲艺术产生了巨大的影响。他笔下的人物形象看上去就是占用空间的躯体而已，但是对大自然的刻画却细致入微。另外，他持续发展着油画技法，并获得了迄今为止仍属不可知的光线强度和色彩深度的颇高造诣。

Fortuny y Madrazo，Mariano（马里亚诺·福尔图尼·马德拉索）（1871 年生于格拉纳达 -1949 年卒于威尼斯）的创造造就了 20 世纪早期的一批热衷于追求时尚的妇女。他是画家马里亚诺·福尔图尼·卡尔波（1836-1874）的儿子，后者擅长于奢华的沙龙绘画，并积累了不可估量的财富，后来成为 19 世纪最著名的西班牙艺术家之一。尽管马德拉索从小学习绘画，他却并未沿着父亲走过的老路前行。相反，他将目光投向设计和时尚，依靠绘制和印刷出来的布料，他同样获得了“艺术家”的地位。

Francesco di Giorgio（弗朗西斯科·迪·乔治）（1439 年生于锡耶纳 -1501 年卒于锡耶纳）又被称为：弗朗西斯科·迪·乔治·马尔蒂尼；他是一名画家、雕塑家、建筑师、艺术理论家和城堡建设者。尽管最初是在锡耶纳学习绘画，但是他最突出的贡献在于建筑领域和艺术理论领域。

Fumiani，Giovanni Antonio（乔瓦尼·安东尼·福米亚尼）（约 1645 年生于威尼斯 -1710 年卒于威尼斯）是多梅尼科·安博吉的学生，1666 年的时候，他们肯定是在博洛尼亚生活。他在 1668 年返回威尼斯，并创作了一幅署名的祭坛装饰画。从 1684 年直到他临死前不久，他一直在致力于创作他的主要作品：为圣潘塔隆教堂绘制富丽堂皇的帆布天花板油画。这幅画复杂的结构透视与罗马的同类作品十分相似。当时，福米亚尼仍试图超越罗马的前作，他刻画了大量的人物形象，对光线的运用优雅华贵，令色彩在不同的阴影效果之下显得熠熠生辉。

Gambello，Antonio（安东尼·甘贝罗）（1479 年后卒于威尼斯）在文献记录中也被称为安东尼·迪·马克或安东尼·迪·圣·萨卡利亚。从 1458 年开始他便以建筑师或石匠的身份工作，并曾参与圣焦贝教堂和穆拉诺岛上的圣基娅拉教堂的建筑工作。然而，他并未完成他的主要作品：圣萨卡利亚教堂的建筑工程，而正是这项工程准确地体现出了他那格外正规的建筑风格，从这座教堂上就可以看出他与他的继任者：科杜齐的建筑风格千差万别。与科杜齐一样，甘贝罗同样将哥特式主题与文艺复兴风格的元素结合在一起，但是他的建筑理念是透过浮雕清晰地表达出来的，而不是通过圆拱。

Giambono，Michele（米盖勒·詹博诺）（约 1390 年生于威尼斯 -1462 年后卒于威尼斯）很可能是雅各贝罗·德尔·费奥雷的学生，被认为是威尼斯最后一位杰出的哥特式绘画的代表。尽管如此，他的风格并不像他的老师那样“柔软”。詹博诺的作品以宏大生动的色彩和形式的盛宴为特点，为他的绘画带来了一种奢华而奇妙无穷的氛围。因此，他的风格也被人们称为哥特巴洛克式风格。

Gian Giacomo de’Grigi（詹贾科莫·德·格里吉）（1530 年前生于威尼斯？ -1572 年卒于威尼斯）是古列尔莫·德·格里吉的儿子，在整个 16 世纪，他作为建筑师或首席建筑师的作品随处可见。在他参与的所有建筑工程之中，他监造的圣罗科大会堂和圣乔治·马焦雷会堂尤为出色。他最主要的作品是帕帕多波利宫，当时，他算不上是最杰出的建筑师，但是确是最可靠的建筑师。

Giorgione（吉奥乔尼）（约 1477 年生于威尼托自由堡 -1510 年卒于威尼斯）的真名是乔治·达·卡斯泰尔弗兰科，他是威尼斯文艺复兴全盛期最重要的画家。他很可能是与年幼一些的提香一起在乔瓦尼·贝利尼的画室内接受绘画教育的。他有可能是以临摹卡尔帕乔、安东内洛·达·墨西拿、莱昂纳多·达芬奇和荷兰画家的作品开始职业生涯的。吉奥乔尼创立的绘画风格对其后的绘画艺术作出了重要的贡献。出于对色彩过渡的喜爱，他弃用了轮廓线，由此，他得以将物体固定在画面的前景处。这一技法让他能够将人物形象在空间内自由移动，并能刻画出风景唤起的氛围。

Giotto di Bondone（乔托·迪·邦多内）（约 1267 年？生于佛罗伦萨附近的威斯皮纳诺 -1337 年卒于佛罗伦萨）是西方文化中最具影响力的艺术家之一。作为一名画家和建筑师，他的名字与契马布耶紧密地联系在一起，他可能是后者的学生。1292 年之后，他先是在阿西西工作，后来又到了罗马、帕多瓦、那不勒斯、米兰，最后来到佛罗伦萨，1334 年，他被任命为佛罗伦萨大教堂的建筑工程总负责人。乔托与拜占庭传统彻底分道扬镳，并不仅仅是因为他深受法国哥特式造型艺术的影响。他重新发掘出了有关人物形象是某种牢固的、三维的、不朽的艺术理论，并由此发明出了刻画神圣事件的全新正统风格。他笔下的人物形象裙裾飘飘，与周围风光和室内景观相互辉映，这种叙事风格看上去似乎是一种观众亦可参与的现实场景。

弗朗西斯科·瓜尔迪：威尼斯透视风景画

Giovanni d'Alemagna（乔瓦尼·德·阿勒玛尼亚）（？ -1450 年 6 月 9 日前卒于帕多瓦）可能是一名德国画家，在 15 世纪初的时候成为帕多瓦或穆拉诺岛的居民。除了一件作品之外，他所有流传于世的作品均被署名为他与他的姐夫安东尼·维瓦里尼共同创作。乔瓦尼对待装饰细节的刻画细致入微，并兴趣盎然，这一点与科隆画派的风格十分吻合。然而，从他笔下人物的可塑性和完整性来看，他的作品又标志着哥特式风格向文艺复兴早期风格的转型。乔瓦尼和安东尼·维瓦里尼是第一批将哥特式祭坛装饰画里单独的画板连接成一幅作品的艺术家，为所谓的“圣母与圣人在一起”的类型绘画的产生奠定了基础。他俩被认为是穆拉诺画派的创始人，这是继贝利尼家族的画室之后，威尼斯 15 世纪最重要的画室。

Guardi，Francesco（弗朗西斯科·瓜尔迪）（1712 年生于威尼斯 -1793 年卒于威尼斯）是威尼斯透视风景画的重要成员。他在他的兄长：乔瓦尼·安东尼的指导下从事绘画创作，并在他的画室中一直工作到 1747 年。依靠自身能力，他后来成了一名绘画大师，并在 1784 年进入绘画学院。最初，瓜尔迪主要创作祭坛装饰画，后来，在卡纳莱托和米盖勒·玛瑞斯基的影响下，他致力于创作颇具氛围的城市风光。然而，为了烘托出绘画效果，他有时并不拘泥于真实的地形面貌。他还绘制一些刻画威尼斯盛大节日场景的绘画，画作中包含众多人物形象。

Guardi,Giovanni Antonio（乔瓦尼·安东尼·瓜尔迪）（1699 年生于维也纳 -1760 年卒于威尼斯）最初受教于他的父亲多梅尼科。在他的父亲早逝之后，他主要受到皮亚泽塔和塞巴斯蒂亚诺·里奇的影响。与他或许更为著名的弟弟弗朗西斯科一道，乔瓦尼·安东尼·瓜尔迪是新生的威尼斯洛可可风格最有趣的艺术家之一。他的绘画十分吸引人，其色彩柔和，充满活力，但却极为细腻，与他的姐夫吉安·巴蒂斯塔·提埃坡罗的画作十分接近。

Guariento（瓜里恩托）（1338 年至 1365 年间确定住在帕多瓦）是 14 世纪帕多瓦和威尼斯最具影响力的艺术家之一。他最初以乔托为学习的楷模，后来逐渐融入国际哥特式风格中柔和而连绵不绝的绘画形态。瓜里恩托对威尼斯顶级画家的影响是决定性的，促使他们与拜占庭传统决裂，并最终转向早已在欧洲其他地方蓬勃发展的哥特式风格。

Guglielmo de'Grigi（古列尔莫·德·格里吉）（1500 年前生于贝加莫的阿尔扎诺 -1530 年前卒于威尼斯？）也被称为德·格里吉或贝加马斯卡，出自贝加莫一个庞大的建筑师和石匠家族的一个分支。他的建筑是典型的伦巴第装饰豪华的建筑风格，由于这一风格综合了文艺复兴的建筑形式和哥特式风格的奢华特点，因此在 16 世纪初备受威尼斯出资人的青睐而风靡一时。

Heintz the younger，Joseph（小约瑟夫·海因茨）（约 1600 年生于奥格斯堡 -1678 年后死于威尼斯）在奥格斯堡受教于他的继父马提亚·贡德拉赫（Matthias Gondelach），1625 年后在威尼斯工作。他在意大利主要依靠他所创作的恐怖绘画而赢得了一些名声，这类绘画是以希罗尼穆斯·博施的风格创作鬼怪形象。然而，他还绘制祭坛装饰画、风景画和满是人物的城市画。城市画令其成为 18 世纪威尼斯透视风景画的先驱艺术家。

Jacobello del Fiore（雅各贝罗·德尔·费奥雷）（约 1370 年生于威尼斯 -1439 年卒于威尼斯）最初遵循拜占庭艺术传统，后来很快便转向当时在欧洲蓬勃发展的后哥特式所谓的“柔和”风格。在这一风格转变过程中，真泰尔·达·法布里亚诺对他的影响格外重要。雅各贝罗属于威尼斯后哥特式画家群体中的一员，他们的作品色彩优雅而细腻，并尝试着用色彩来刻画光线。这个群体与色彩之间建立起了一种特殊的关系，在 15 世纪和 16 世纪的威尼斯绘画圈十分著名。

Lombardo，Pietro（彼得罗·伦巴第）（约 1435 年生于卡罗纳（Carona）-1515 年卒于威尼斯）于 1560 年代在帕多瓦工作，之后，他搬迁到了威尼斯。他是一个在 15 世纪末和 16 世纪初对威尼斯艺术产生过决定性影响力的建筑师和雕塑家大家族的祖先。作为一名建筑师，他是典型的、富于装饰性的伦巴第风格的重要成员，他在威尼斯经营的工作室不断壮大，并臻于完善、风靡一时。他的建筑从实用性和创新性上看均十分优雅而富于装饰，格外迷人。正是在伦巴第建造的墓葬和纪念碑上能够让人们领略到全面的威尼斯文艺复兴风格。

Lombardo，Sante（圣伦巴第）（1504 年生于威尼斯 -1560 年卒于威尼斯）是彼得罗的孙子，图里奥 · 伦巴第的儿子。他就在家族工作室内接受教育，并主要是一名建筑师。有关他是否曾是一名雕塑家仍存争议。他所有正式的建筑作品仍在模仿威尼斯文艺复兴早期建筑风格和莫罗 · 科杜齐以及彼得罗 · 伦巴第的建筑。然而，在各种建筑形式的相互影响之下，他的作品已经呈现出了文艺复兴全盛期的宏大气势。

Lombardo，Tullio（图里奥 · 伦巴第）（约 1460 年生于威尼斯 -1532 年卒于威尼斯）是彼得罗 · 伦巴第的儿子。他师从于他的父亲，并与他的弟弟安东尼在他们的父亲死后接管经营家族的工作室。与他的父亲一样，图里奥既是一名建筑师，也是一位雕塑家。尽管老一辈雕塑家们均已重新转向古典主义风格，但是图里奥却为古典主义带来了一种全新的品质。尽管他雕刻的人物形象依然身披着古典主义雕塑的衣纹皱褶，但是却是以精确的解剖学观察为基础，其人物具有理想化的体型，显得格外出众。

Longhena，Baldassare（巴尔达萨雷·隆盖纳）（1598 年生于威尼斯 -1682 年卒于威尼斯）是威尼斯巴洛克时期最杰出的建筑师。尽管他深受文森索 · 斯卡莫齐、雅各布 · 桑索维诺和安德鲁帕拉迪奥的影响，但是他却成功地用文艺复兴风格诠释了古典主义建筑形式。他的主要作品是安康圣母教堂，其交叉空间和独自耸立的门楼在巨大的穹顶笼罩之下显得粘连在一起，展现出了他精湛的技艺。与同时代的建筑师不同的是，隆盖纳并未采纳罗马巴洛克式风格，而是独自发展出了自己特有的威尼斯风格。

Longhi，Pietro（彼得罗 · 隆吉）（1702 年生于威尼斯 -1785 年卒于威尼斯）最初接受安东尼·巴雷斯塔的指导。1719 年，他前往博洛尼亚，在克雷斯皮的指导下完成了学业，后者鼓励他深入学习大自然和各个流派的主题。1730 年，他回到威尼斯，并在 1756 年成为美术学院的一名成员。隆吉以小型讽喻画而出名，他采用一种微妙而无伤大雅的幽默感来刻画威尼斯贵族的公共和私人生活。另外，他也创作肖像画和宗教或历史题材的绘画。

Lotto，Lorenzo（洛伦佐 · 洛托）（约 1480 年生于威尼斯 -1556 年卒于马策斯的洛雷托）的活动自 1503 年后才被记录在案，他是威尼斯老一代艺术大师和上意大利地区后巴洛克艺术家之间重要的过渡性人物。他曾频繁出游过，其主要工作地点是特雷维索、雷卡纳蒂、贝加莫、威尼斯和安科纳。洛托是当时最敏感、最具独立性的艺术家之一。最初，他深受乔瓦尼 · 贝利尼和安东内洛 · 德 · 墨西拿的作品的影响，后来偏爱吉奥乔尼、提香和拉斐尔。这些作品让他养成了一双擅于观察和描绘纺织品纹理、运动中的人物肖像的敏锐双眼，他对色彩的运用别具一格。另外，洛托在戏剧和表现力方面也时常达到极高的高度。

Maccaruzzi，Bernardo（贝纳尔多·马卡鲁齐）（1798 年卒于威尼斯）也被称为贝尔纳蒂诺 · 马卡鲁齐，是建筑师乔治 · 马萨里的学生，并时常与老师共事。他的建筑包括诸如圣罗科教堂的门楼（受相邻的圣罗科会堂的影响）或学院美术馆的门

安德鲁·曼坦那

楼均遵循了马萨里的设计思路，具有中庸、清晰的后巴洛克式风格，是 18 世纪末期威尼斯建筑的典型代表。

Mantegna，Andrea（安德鲁·曼坦那）（1431 年生于帕多瓦的卡尔图罗岛 -1506 年卒于曼图亚）是文艺复兴早期最重要的艺术家之一。1441 年，他前往帕多瓦与斯库阿尔乔内一同学习，因此得以熟悉古典艺术。多纳泰罗的雕塑、安德鲁·德尔·卡斯塔尼奥和雅各布·贝利尼的绘画对他产生了决定性的影响。1448 年后，他开始独立工作，并很快成为一名知名的画家。1460 年，他被贡扎加王室召唤前往曼图亚。曼坦那的作品严格按照解剖学原理刻画人物形象，对轮廓的描绘异常精准，对透视法的构建非常娴熟。上述种种革新对真泰尔和乔瓦尼·贝利尼的影响尤为巨大，曼坦那对雕刻术的巨大贡献甚至影响到了欧洲北部的艺术圈。

Mariano，Sebastiano（塞巴斯蒂亚诺·马里亚诺）（来自卢加诺，15 世纪末和 16 世纪初在威尼斯工作，1518 年前去世）主要是从文献记录中被人们所熟知的。圣母卡米尼教堂唱诗班席的重建工程确定是他的作品，展示出了他是一位从哥特式教堂风格到文艺复兴建筑风格转型的高超的过渡性建筑师。

Marini，Marino（马里诺·马里尼）（1901 年生于皮斯托亚 -1980 年卒于维亚雷焦）从 1917 年开始在佛罗伦萨的艺术学院学习绘画和雕塑。从 1929 年至 1940 年，他在蒙扎的艺术学校任教。1940 年，他获聘为米兰布雷拉美术学院的雕塑教授。马里尼时常前往巴黎，与包括康定斯基、迈罗洛尔、布拉克和毕加索等先锋派艺术家会面。他还曾在英国、荷兰、德国、希腊和美国分别小住过。1952 年，他在威尼斯双年展上赢得了造型艺术大奖，1962年，他的第一次回顾性展览在苏黎世举办。他的作品包括肖像画和站立的人形，尤以马匹和骑士雕塑为多。

Massari，Giorgio（乔治·马萨里）（18世纪上半叶活跃于威尼斯）是18世纪威尼斯顶尖的建筑师。他受到帕拉迪奥和隆盖纳的影响，继续发扬他们中庸、平静的巴洛克建筑风格传统。但是，他的创造性比起他的前辈们要差得远。

Meyring，Heinrich（海因里希·梅伦）（17世纪末活跃于威尼斯）也被称为恩里科或阿里戈·梅伦格，他来自欧洲北部。人们不了解他的成长过程。在17世纪晚期的威尼斯，他是人们竞相邀约的雕塑家之一。他的作品装饰了无数的门楼和祭坛。

Morleiter，Giovanni Maria（乔瓦尼·玛利亚·莫雷特）（1699年生于普斯特利亚的尼德多夫-1781年卒于威尼斯）也被称为约翰尼斯·玛利亚·莫雷特或莫雷特纳，他是一名雕塑家和象牙雕刻师。他与海因里希一样，都是来自欧洲北部的巴洛克风格雕塑家群体的一员，他们前往富裕的威尼斯淘金，当时，威尼斯本地尚未出现特别成功的雕塑家。莫雷特的风格比起梅伦的更为传统。

Padovano，Lauro（劳罗·帕多瓦诺）（15世纪末和16世纪初确定在威尼斯和罗马工作）也被称为劳瑞诺·德·桑科托·约翰尼·德·帕多瓦，他是一流的微型画家。1482年，他赢得了无以伦比的声望，他被教皇召唤前往罗马，与其他画家一起欣赏刚刚建成的西斯廷小教堂里的壁画。他深受乔瓦尼·贝利尼的影响，并偶尔与他共事。除了他们共有的浓重色调之外，劳罗的绘画并不具有贝利尼的作品中常常出现的神秘光芒。

Palladio，Andrea（安德鲁·帕拉迪奥）（1508年生于帕多瓦-1580年卒于维琴察）也被称为安德鲁·迪·彼得罗，他的第一位主顾——来自维琴察的人文学家詹乔治·特里西诺给他赐名帕拉迪奥。年轻的帕拉迪奥起先是作为石匠开始其职业生涯的，但是特里西诺建议他成为一名建筑师，他资助年已40的帕拉迪奥多次前往罗马游学，彻底学习了古典主义建筑。帕拉迪奥不仅修建建筑，还撰写了两本著作，其中之一是《罗马古典建筑》（1554年），另一本是具有高度影响力的《建筑四书》（1570年）。他与他的建筑作品一样在后代人眼中非常著名。他的建筑与古典主义建筑风格具有巧妙的联系，帕拉迪奥将当时的矫饰主义艺术风格融入到古典主义风格之中。人们认为帕拉迪奥的建筑代表了文艺复兴时期建筑的最高水平，一直到19世纪，均是无数建筑家学习的典范，尤其是英国的建筑受其影响最大。

Palma il Giovane，Jacopo（雅各布·帕尔玛·伊尔·乔瓦尼）（约1548/1550年生于威尼斯-1628年卒于威尼斯）的真名是雅各布·尼格莱蒂，是艺术家安东尼·尼格莱蒂的儿子，老雅各布·尼格莱蒂的孙子。他爷爷早就被人们昵称为“帕尔玛”，之后，这一称呼被他继承了下来。爷孙俩的名字通过“老”和“年轻（乔瓦尼的原意是“年轻”）”来区分。帕尔玛·伊尔·乔瓦尼在帕尔马（自1564年后）和罗马（1567年）分别逗留了一段时间，自1573年至1574年之后，他重新回到威尼斯定

雅各布·帕尔玛

居。除了他的父亲之外，所有那些曾经影响过小雅各布的艺术家们对他的影响仅能够从 1573 年至 1574 年之后的绘画作品中找到依据。提香、维罗内塞和丁特列托等人是他的榜样，而米开朗琪罗、费德里科和塔代奥·祖卡罗也同样是他的楷模。帕尔玛的绘画标志着威尼斯从文艺复兴时期向巴洛克时期的过渡。

Palma il Vecchio，Jacopo（雅各布·帕尔玛·伊尔·维吉奥）（1480 年生于贝加莫附近的塞里纳 -1528 年卒于威尼斯）真名是雅各布·安东尼·尼格莱蒂，于 1490 年代晚期来到威尼斯，从师于弗朗西斯科·迪·西蒙尼·达·圣克罗切。后来，他可能是在乔瓦尼·贝利尼的画室内工作。帕尔玛·伊尔·维吉奥的作品深受吉奥乔尼和年轻的提香的影响，是威尼斯文艺复兴全盛期最杰出的艺术家之一。他的作品构图均衡，力求避免过于戏剧性的主题，采用明亮而透着珐琅色泽的色彩传递出宁静的氛围。

Parodi，(Giacomo) Filippo（贾科莫·菲利波·帕罗迪）（1630 年生于热那亚 -1702 年卒于热那亚）从很小的时候便开始以木刻为其职业。从 1655 年至 1661 年，他在当时罗马最杰出的雕塑家詹洛伦佐·贝尔尼尼的工作室内工作。在回到热那亚之后，帕罗迪立即声名鹊起。他不仅在家乡工作，还在 1667 年至 1699 年间前往威尼斯和帕多瓦工作过。相较于他的老师贝尔尼尼，帕罗迪对绘画表面的处理更为细腻，看上去与古典主义风格并不相符。他从皮热的作品中吸收了对衣纹皱褶的精细处理风格。

Piazzetta，Giovanni Battista（乔瓦尼·巴蒂斯塔·皮亚泽塔）（1682 年生于威尼斯 -1754 年卒于威尼斯）是木刻师和雕塑家贾科莫·皮亚泽塔的儿子。在最初从父亲那里得到指导之后，他随后前往威尼斯，与安东尼·莫利纳利（Molinari）一起接受培训，1793 年，他在博洛尼亚接受培训，并深受风俗画家朱塞佩·玛利亚·克里斯皮斯的影响。从 1711 年之后，他永久定居于威尼斯。人们认为他和他的同事兼竞争对手：乔瓦尼·巴蒂斯塔·提埃坡罗均是 18 世纪威尼斯最受欢迎的教堂画家。另外，皮亚泽塔还创作肖像画、风俗画以及书本插图。

Picasso，Pablo（帕布罗·毕加索）（1881年生于马拉加 -1973 年卒于蔚蓝海岸的穆然）是 20 世纪最具影响力的艺术家。年幼的毕加索是在巴塞罗那和马德里接受艺术家职业训练。从 1900 年至 1902 年间，他前往巴黎游学，并最终于 1904 年定居于此。他在 1907 年创作的《阿维尼翁的少女》展现的是二维的扭曲女性裸体，被认为是第一幅立体派绘画。它标志着对自 13 世纪以来统治着艺术领域的自然主义传统的彻底背离。最初，毕加索与乔治·巴拉克一起发展形成了立体派，后来他还受到了其他风格流派发展的启发。除了绘画之外，他在 1905 年至 1906 年间从事过雕塑创作，并曾为剧院工作过。他还是一名优秀的平面艺术家和一名多产的书本插图画家。

拉斐尔

Pollock，Jackson（杰克逊·波洛克）（1912年生于怀俄明州的科迪（Cody）-1956 年卒于纽约）是抽象表现主义运动中的领导人物，也是 20 世纪北美最具影响力的艺术家之一。他在艺术学生联盟从师于托马斯·哈特，受到了哈特的躁动风格的影响。他的后期作品也就是所谓的“滴墨画”，是将颜料通过细流洒向帆布表面的绘画技法，其对后来被称为“泼洒画”的发展起到了最为重要的作用。

Pordenone（波代诺内）（约 1483 年生于波代诺内 -1539 年卒于费拉拉）的真名是乔瓦尼·安东尼·德·萨奇斯，主要工作地点是威尼斯和威尼托的东北部。波代诺内受教于西玛·德·科内利亚诺和巴托罗缪·曼坦那，后来在罗马受到了拉斐尔和米开朗琪罗的影响，逐渐形成了自己的风格。他的作品以刻画满怀悲怆的具有强大感染力的人物而著称。

Raphael（拉斐尔）（1483 年生于乌尔比诺 -1520 年卒于罗马）的真名是拉法埃洛·桑提，最初是从他的父亲：艺术家兼诗人乔瓦尼·桑提那里得到艺术训练。在 1500 年前后，他加入到位于佩鲁贾的彼得罗·佩鲁吉诺工作室。1504 年，他前往佛罗伦萨学习古代和当代艺术。1508 年，教皇朱利叶斯二世召唤拉斐尔前往罗马。他从 1509 年开始在罗马工作，主要内容是为梵蒂冈的私人公寓绘制壁画。在布拉曼特去世后，他被任命为圣彼得教堂的建设监督。1515 年，他被任命为负责罗马城内挖掘古罗马文物的总监。拉斐尔被认为是文艺复兴全盛期最重要的艺术家。他创作的享有盛誉的祭坛装饰画、情感细腻的圣母画、肖像画以及细致入微的大型壁画均具有正统而清晰的特点，并带有一种对大自然了然于胸的情怀。

Raverti，Matteo（马泰奥·瑞瓦尔第）（1389 年至 1409 年间活跃于米兰，1418 年至 1434 年间活跃于威尼斯）可能是作为一名石匠在米兰大教堂接受训练，并在那里工作了一段时间，直到 15 世纪 20 年代他去了威尼斯。他与乔瓦尼和巴托罗缪·布恩的工作室一起负责设计了黄金宫。圣马可大教堂的部分门楼和圣乔瓦尼·保罗教堂的大门都有他的贡献，他负责创作了尤为精美的石刻作品。

Ricci, Marco（马可·里奇）（1676 年生于贝鲁诺 -1730 年卒于威尼斯）是塞巴斯蒂亚诺·里奇的侄子，在威尼斯时，他可能是从叔叔那里得到了最初的培训。他也受到了荷兰风景画家安东尼·坦佩斯塔——真名为小彼得·穆勒（约 1637 年生于哈勒姆 -1701 年卒于米兰）的影响，其后者也曾在威尼斯工作过。在 1708 年，他接受邀请前往英格兰担任剧院艺术家（此外，他在威尼斯时也在该领域非常活跃）。他为剧院创作的建筑风景画是卡纳莱托最重要的艺术学习起点，他的海岸风景画尤其迷人，其视野广阔，呈现出精心调制的色调。

塞巴斯蒂亚诺·里奇

Ricci, Sebastiano（塞巴斯蒂亚诺·里奇）（1659 年生于贝鲁诺 -1734 年卒于威尼斯）在年轻的时候便前往威尼斯，在那里他最初得到了塞巴斯蒂亚诺·马佐尼和费德里科·塞维利的指导。从 17 世纪 70 年代晚期开始，他在博洛尼亚的乔瓦尼·朱塞佩·达尔·索尔的画室工作。在公爵拉努乔·法尔内塞二世的资助下，里奇在皮亚琴察和罗马得到了无数邀请。1694 年，他来到佛罗伦萨，从 1696 年到 1698 年，他在米兰工作。他可能是在那里结识了马尼亚斯科。从那以后，里奇又一次把威尼斯作为自己的大本营，但是他也在维也纳（1701-1703年）、佛罗伦萨（1706-1707年）和伦敦（1712-1716年）度过了很长一段时间。这位重要的威尼斯洛可可艺术家的绘画以其装饰性的魔幻艺术形式、十足的动感和轻盈的色调而闻名。

Rizzo, Antonio（安东尼·里佐）（约1430-1435年生于维罗纳？-1499/1500年卒于锡耶纳或福利尼奥？）于1457年第一次被威尼斯的文献记录。他在帕维亚的切勒托撒工作了一段时间，后来他以一名建筑师和雕塑家的身份继续自己的职业，从1483年开始，他在威尼斯的总督府担任职员。他的上升之路在1498年戛然而止，他被控盗用公款，不得不逃离这个城市。他最为人所知的作品是总督府福斯卡里拱门上的亚当和夏娃雕塑。哥特式的身体比例与古典雕塑、以及擅长于对人体精准观察的佛罗伦萨文艺复兴风格对雕塑的影响完美地结合在了一起。

Rossi，Domenico（多梅尼科·罗西）（1678年生于卢加诺附近的莫尔格特-1742年卒于威尼斯）是18世纪上半叶最重要的威尼斯建筑师之一。与他同时代的人一样，他以帕拉迪奥为榜样开始自己的事业，但是他的建筑作品的每一个单独的主题均采用更为强烈的光影对比效果，这样一来，他的建筑具有了巴洛克风格的韵味而又不失古典主义精髓。凭借威尼斯耶稣会教堂丰富的内部装饰，他开创了完全不同的一条道路。华丽的大理石外壳看似采用了极为丰富的材料进行装饰，这是巴洛克式魔幻视觉主义的精湛例子。

Sansovino，Jacopo（雅各布·桑索维诺）（1486年生于佛罗伦萨-1570年卒于威尼斯）的真名是雅各布·塔蒂（Tatti），从他的一名佛罗伦萨雕塑家指导教师：安德鲁·桑索维诺那里继承了这个艺名。他与老师一起于1505年前往罗马，年轻的雅各布对拉斐尔和布拉曼特的作品惊叹不已。从1511年至1518年，他再次来到佛罗伦萨，后来又回到罗马，并以一名受人尊敬的雕塑家身份一直工作到1527年，直到查理五世的军队劫掠了整座城市。他被迫逃往威尼斯，此后，这里成了他的艺术故乡。随着桑索维诺的到来，威尼斯人发现了当时罗马建筑和雕塑的流行趋势。因此，他得以在威尼斯继续发扬光大他在罗马的所学所用，在本地传统的影响下，以及和本土艺术家的讨论下（尤其是和提香），他发展出了一种特别的威尼斯建筑形式。

Savoldo，（Giovan）Girolamo（焦万·杰罗拉莫·萨沃尔托）（约1480/1485年生于布雷西亚-1548年后卒于布雷西亚？）最早为人所知是在1506年的帕尔玛。自1520年代之后，他主要是在威尼托工作。除了受到伦巴第和欧洲北部艺术家的影响之外，他主要因为与威尼斯艺术家接触而深受其影响，其中包括西玛·达·科内利亚诺、吉奥乔尼和洛伦佐·洛托。萨沃尔托的作品以清晰和艳丽的色彩著称。他的风景画常带有浓烈的阴影，并结合了不同寻常的深绿色和深蓝色调以及一丝淡紫色调，这些均模仿自洛伦佐·洛托的绘画。萨沃尔托始终致力于发掘使用闪闪发光的绘画材料。

Scalfarotto，Giovanni Antonio（约 1690 年生于威尼斯 -1764 年卒于威尼斯）是 1612 年之前兵工厂的首席建筑师。之后，他开始转型建造教堂和修道院建筑。他的主要作品是大运河畔的圣西缅小教堂，表现出了安德鲁·帕拉迪奥对他的建筑风格的巨大影响。早在 1720-1730 年，他便预见到了世纪末威尼斯建筑的特点和趋势。正是由于他的远见，他的侄子和学生托马索·特曼扎也深受其影响。

Scamozzi，Vincenzo（文森索·斯卡莫齐）（1552 年生于维琴察 -1616 年卒于威尼斯）是一名建筑师兼工程师，但却以他的理论著作而闻名。他受教于他的父亲——同为建筑师的多梅尼科·斯卡莫齐和雅各布·桑索维诺。他通过在罗马、佛罗伦萨和那不勒斯游学拓展了视野，他甚至还到过波兰和法国。建筑师安德鲁·帕拉迪奥对他影响巨大，并激发了他一生的创作热情。帕拉迪奥所有未完工的建筑工程最后常是被斯卡莫齐接手完成。他自己的主要作品是威尼斯的新行政长官办公楼。1615 年，他发表了论文《通用建筑原理》，这本书使他在同时代建筑师里获得了独一无二的声望。

Scarpa，Carlo（卡洛·斯卡尔帕）（1906 年生于威尼斯 -1978 年卒于日本仙台）是 20 世纪威尼斯最杰出的建筑师。他的作品运用丰富的想象力将混凝土材料塑造得既有强度，也有抽象感。他的作品在威尼斯随处可见，其中包括威尼斯大学的建筑和奎里尼·斯坦帕利亚大厦。斯卡尔帕的兴趣并不在于结构本身，而在于他在建筑中再生出来并呈现出来的空间。斯卡尔帕的风格影响到了整个欧洲年青一代建筑师，他们总是能从他那里找到传统建筑项目中所需要的全新且不为人知的解决方案。

Scarpagnino，Lo（洛·斯贾帕格尼诺）（约 1465/1470 年生于米兰 -1549 年卒于威尼斯）的真名是安东尼·阿邦迪（或阿邦迪奥），他是 16 世纪初主宰威尼斯建筑业的伦巴第建筑师之一。作为一名政府建筑当局的首席建筑师，他建造了数不清的公共建筑，并为同事们的建筑作品出具专家报告。1527 年之后，他常与雅各布·桑索维诺共同工作，但其风格却并未受到后者过多的影响。然而，洛·斯贾帕格尼诺却深受 15 世纪晚期建筑形式的影响。尽管他自身只能算是一名平庸的建筑师，但是却用他那简朴且简化的建筑结构为后来威尼斯文艺复兴风格建筑的发展打下了坚实的基础。

Sebastiano del Piombo（塞巴斯蒂亚诺·德尔·皮翁博）（约 1485 年生于威尼斯 -1547 年卒于罗马）的真名是塞巴斯蒂亚诺·鲁西亚尼，但是却以“维尼奇亚诺（Viniziano）”之名而广为人知。与瓦萨利相仿，他在威尼斯起初接受乔瓦尼·贝利尼的指导，后来从师于吉奥乔尼，后者的绘画对这位年轻的艺术家产生了强烈的影响。1511 年，塞巴斯蒂亚诺前往罗马，并一直生活到去世，期间仅在 1528 至 29 年间在威尼斯生活了一年。他的风格受到了拉斐尔和米开朗琪罗的影响，其作品具有碑铭体特点，并具有强大的正统风格。

Spavento，Giorgio（乔治·斯帕文托）（15

雅各布·丁特列托

世纪末活跃于威尼斯 - 约 1509 年卒于威尼斯）接替更为重要的莫罗·科杜齐接手圣马可教堂行政办公楼首席建筑师一职。在这一职位上，他设计了圣马可教堂的圣器收藏室，并新修了在 1489 年被闪电劈毁的钟楼。圣萨尔瓦多教堂实际上是由图里奥·伦巴第建造完成的，尽管斯帕文托深受科杜齐的建筑形式的影响，却在这座教堂上表现出了在单个建筑元素上的碑铭体样式，这一风格朝着文艺复兴全盛期的建筑风格更进一步。

Tiepolo，Giovanni Battista（乔瓦尼·巴蒂斯塔·提埃坡罗）（1696 年生于威尼斯 -1770 年卒于马德里）与格雷格里奥·拉扎里尼共同学习，早在 1717 年便已在威尼斯独立工作了。他在威尼斯接受了许多为贵族家庭的宅邸和教堂进行内部装饰的重要任务。从 1756 年至 1758 年，他接任威尼斯学院的院长一职。提埃坡罗的名声在整个欧洲传播，为他带来了来自包括法国、俄罗斯和英格兰等国在内的王室的邀约。1762 年之后，他被西班牙国王查理三世雇佣。提埃坡罗的艺术标志着 18 世纪意大利绘画的顶峰。

Tintoretto，Domenico（多梅尼科·丁特列托）（1560 年生于威尼斯 -1620 年卒于威尼斯）的真名是多梅尼科·罗布斯蒂，他的父亲雅各布·丁特列托很早以前就放弃了祖传的真实姓氏，因此，多梅尼科和他的兄弟姐妹不仅接管了他的画室，还继承了父亲的昵称。他仍旧沿袭了父亲的风格，但却未能达到父亲曾达到过的艺术高度。

Tintoretto，Jacopo（雅各布·丁特列托）（1518 年生于威尼斯 -1594 年卒于威尼斯）的真名是雅各布·罗布斯蒂，1539 年首次作为独立艺术家出现在威尼斯的文献上。人们并不清楚是哪位艺术家指导他绘画的，但是提香、安德鲁·斯齐亚沃尼和帕里斯·博尔多内等人均有可能是他的老师。1547 年，他主要是在威尼斯开始创作包括《最后的晚餐》（圣马阔拉教堂藏）、《圣马可拯救一名奴隶》（学院美术馆藏）在内的一系列组画。其重要作品包括 1564 年至 1588 年间为圣罗科会堂和总督府创作的装饰画，还有为曼图亚的公爵大厦创作的贡扎加组画。丁特列托被认为是威尼斯矫饰主义风格最重要的代表人物。

Titian（提香）（约 1490 年生于皮埃维·迪·卡多雷 -1576 年卒于威尼斯）的真名是蒂奇亚诺·维切里奥，他被认为是 16 世纪最重要的威尼斯艺术家。有关他出生的日期和最初几年的创作生涯并未流传于世。人们认为威尼斯的镶嵌细工师塞巴斯蒂亚诺·祖卡托、真泰尔及乔瓦尼·贝利尼均是他的指导教师。1508 年至 1509 年，提香与吉奥乔尼一起创作了威尼斯德国仓库的壁画。后来在 1510 年至 1511 年间接手创作帕多瓦圣徒大会堂的壁画。1515 年之后，他为埃斯特家族、贡扎加家族、法尔内塞家族和罗威尔家族等名门望族以及法国国王弗朗索瓦一世创作绘画。1533 年，他成为皇帝查理五世的宫廷艺术家，并接受了金羊毛骑士勋章。1545 年至 1546 年，他在罗马为教皇保罗三世服务。提香的晚年几乎完全只为西班牙国王腓力二世服务。

Veneziano，Paolo（保罗·韦内奇亚诺）（1333 年前生于威尼斯 -1362 年前卒于威尼斯）是威尼斯 14 世纪最有趣的艺术家。尽管在他的早期作品中能看出他的兴趣在于自然主义，但是，与其他老式威尼斯艺术家一样，他遵循的仍然是拜占庭艺术传统。不过，他对拜占庭艺术的模型并非言听计从。保罗的奢华风格具体体现在画作的材料散发出珐琅表面般的色泽，并用金色进行渲染，他对光影的把握突破了传统的限制。

Veronese，Paolo（保罗·维罗内塞）（1528 年生于维罗纳 -1588 年卒于威尼斯）的真名是保罗·卡利亚里，可能曾和安东尼·巴蒂雷一起在维罗纳学习过，1553 年来到威尼斯，除了在 1560 年至 1561 年间曾在罗马逗留之外，他去世前一直居住在威尼斯。1553 年之后，他在总督府的十人议会厅内进行装饰工作，大约 1555 年至 1570 年间，他在圣塞巴斯蒂亚诺教堂从事装饰工作。在大约 1561 年至 1562 年他从罗马返回之后，他为靠近特雷维索的梅塞村里的巴尔巴罗别墅绘制了著名的壁画。这位多才多艺的艺术家和提香以及丁特列托一起组成了 16 世纪威尼斯艺术家里伟大的三驾马车。他的作品被归入文艺复兴晚期风格，包括天花板壁画、祭坛装饰画、神话主题绘画和

提香

肖像画。在他死后，他的兄弟贝内代托、儿子卡洛和加布里埃尔接管了他的画室。

Vittoria，Alessandro（阿里桑德罗·维特多利亚）（1525 年生于特兰托 -1608 年卒于威尼斯）于 1543 年加入了雅各布·桑索维诺在威尼斯的工作室。从 1550 年代以后，他在威尼斯和威尼托以雕塑家的身份独立工作。他与桑索维诺均是 16 世纪威尼斯最重要的雕塑家。他塑造的人物形象具有强烈的运动感，更接近巴洛克风格，但是在他之后，威尼斯并没有再出现能够很好地传承其衣钵的雕塑家。

Vivarini，Alvise（艾维瑟·维瓦里尼）（约 1445 年生于威尼斯 - 约 1504 年卒于威尼斯）出生在一个艺术世家，据记载，其家族成员在 15 世纪和 16 世纪主要在威尼斯生活。艾维瑟是安东尼·维瓦里尼（约 1415- 约 1480）的儿子，后者被认为是所谓的穆拉诺画派的创始人。艾维瑟也是巴托罗缪·维瓦里尼的侄子，他可能就是在巴托罗缪的画室内接受绘画训练的。艾维瑟最重要的工作是装饰总督府内的大会议厅，这项工程也被看做是穆拉诺画派最主要的作品，却在 1577 年毁于大火。从风格上看，维瓦里尼的早期作品受到了他的叔叔和安德鲁·曼坦那的影响。1480 年之后，他的作品变得更为精致，形态更为平静、更为均衡。在这一期间，他深受乔瓦尼·贝利尼的影响。

Vivarini，Antonio（安东尼·维瓦里尼）（约 1415 年生于穆拉诺 - 约 1486 年卒于穆拉诺）是 15 世纪威尼斯继贝利尼家族之后第二重要的艺术家族的首领。他的作品标志着哥特式柔和形态向文艺复兴自然主义风格的过渡。尽管包括雅各布·贝利尼在内的同时代艺术家均更倾向于采用新式风格进行创作，维瓦里尼却依旧对哥特风格不离不弃。不过，他还是扩展了他的风格领域，尤其是在对人物的表现形式上，他采用了一种与哥特式风格截然不同的新式丰满人物形象。

保罗·维罗内塞

Vivarini，Bartolomeo（巴托罗缪·维瓦里尼）（约 1430 年生于穆拉诺 -1490 年后卒于穆拉诺）是穆拉诺的安东尼·维瓦里尼的弟弟，也是艾维瑟·维瓦里尼的叔叔，并很可能是后者的指导教师。1450 年之后，他与哥哥安东尼共同经营一家画室。与哥哥源自哥特晚期和文艺复兴早期风格的相当传统的作品相比，巴托罗缪的作品以着重刻画细节而著称，并带有锐利的衣纹皱褶和强烈的色彩。他的作品还有热衷于表现装饰性元素的特点，其中最明显的是作品中花卉的摆放和水果篮的布置。他的作品代表文艺复兴早期风格向晚期风格的过渡。

威尼斯建筑

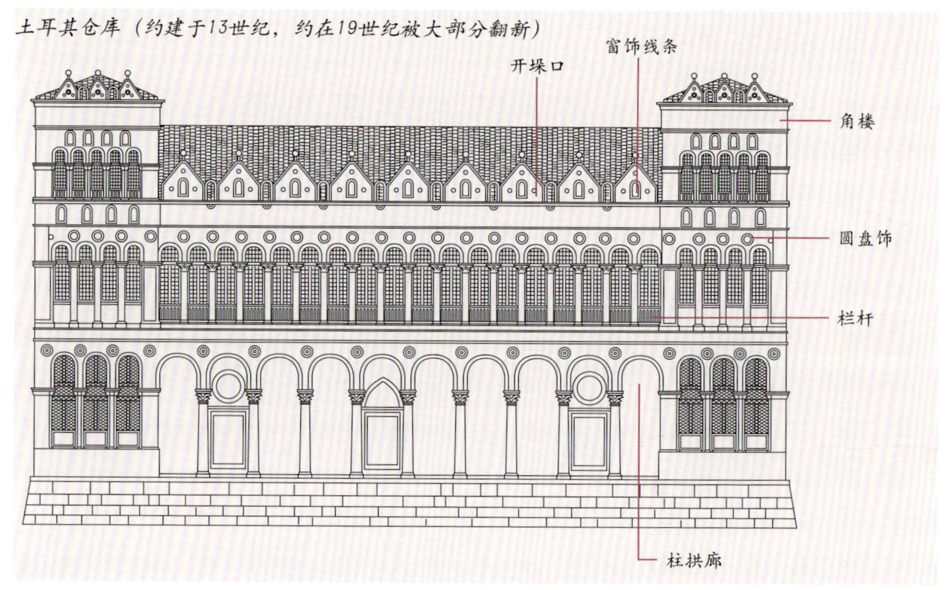

世俗建筑

土耳其仓库

尽管土耳其仓库在 19 世纪的修缮过程中添加了一些想象的元素，或许更因为此，它具有典型的 13 世纪威尼斯大楼的所有建筑元素。这其中包括尊贵的圆拱、开垛口、圆形窗饰和圆盘饰，另外在建筑的中心位置还有翼瓣和浮雕。然而，人们必须牢记于胸的是 13 世纪的建筑形式仍然相互略有区别。

黄金宫

黄金宫拥有精雕细琢的尖拱、大理石和敞开式的花饰窗格，展示出了哥特式风格在威尼斯宅邸建筑中经久不衰的魅力。哥特式宅邸的门楼能清晰地反映出建筑内部的构造。二楼和三楼的凉廊或一排排的窗户表明这些均是会客厅，而两侧单独的窗户则表明这是私人起居室。

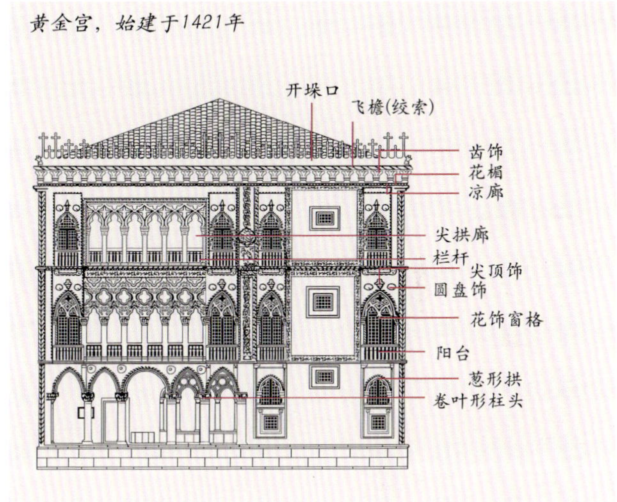

黄金宫，始建于1421年

佩萨罗大厦

佩萨罗大厦包括16世纪至18世纪一系列不同风格的建筑潮流。带有粗糙的石块外表的一楼看上去就像是上层楼层的底座，而上层楼层则带有大型的拱窗和前置立柱。

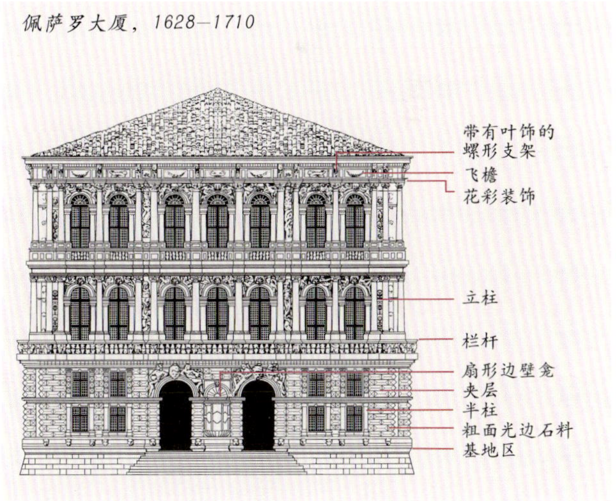

佩萨罗大厦，1628—1710

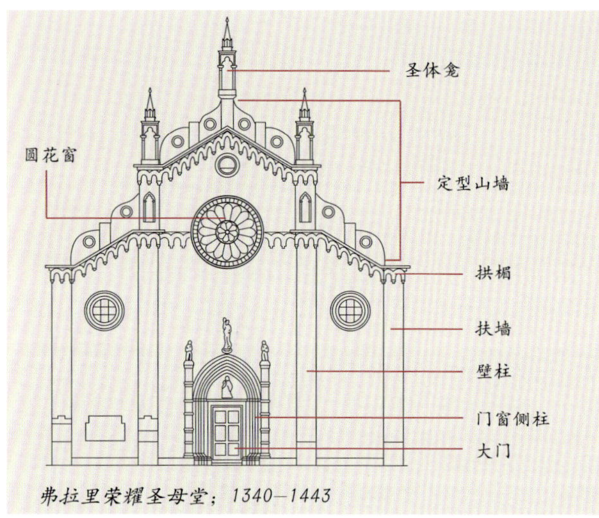

弗拉里荣耀圣母堂；1340—1443

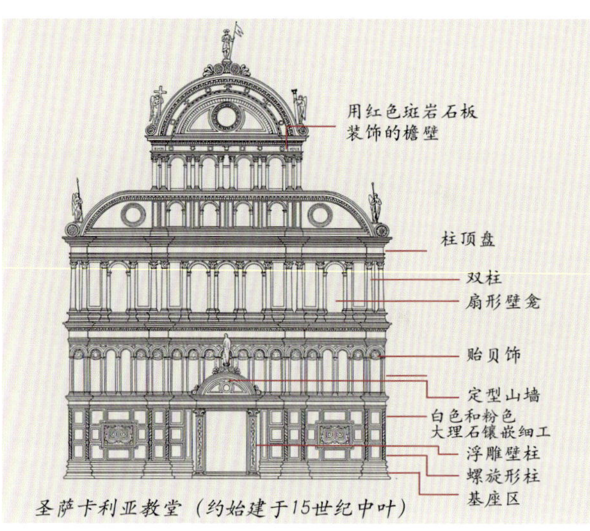

圣萨卡利亚教堂（约始建于15世纪中叶）

教会建筑

弗拉里荣耀圣母堂

这座教堂拥有一座简朴的带有伊斯特利亚装饰石材的砖石门楼，这种样式是 15 世纪中叶之前最典型的哥特式教堂样式。

圣萨卡利亚教堂

圣萨卡利亚教堂是威尼斯第一座拥有文艺复兴风格门楼的教堂，其特点在于采用石材包覆外立面，并使用圆拱和扇形壁龛，使用了除水平和垂直的建筑元素之外的其他元素仍能达到视觉平衡。

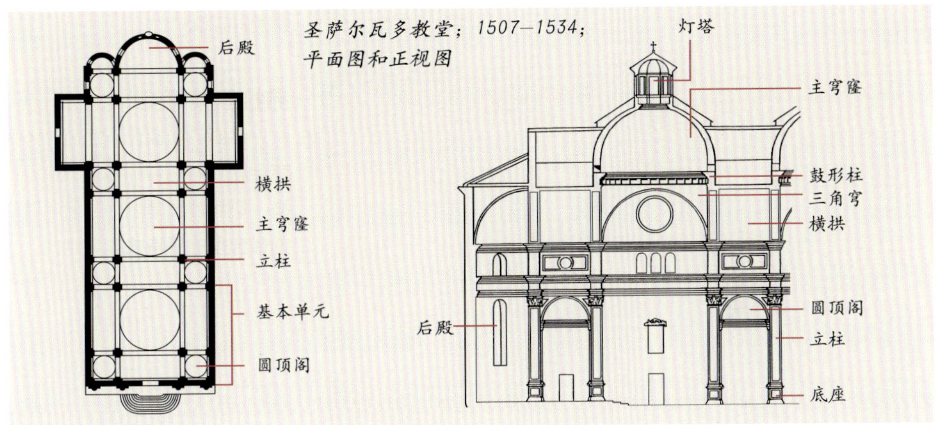

圣萨尔瓦多教堂

在文艺复兴时期，威尼斯建筑师们重新吸纳了拜占庭时期的十字架型圆顶教堂结构，因其在威尼斯拥有深厚的根基。这类教堂拥有一个依靠立柱支撑的圆顶中心单元，而其他建筑元素可随意添加。

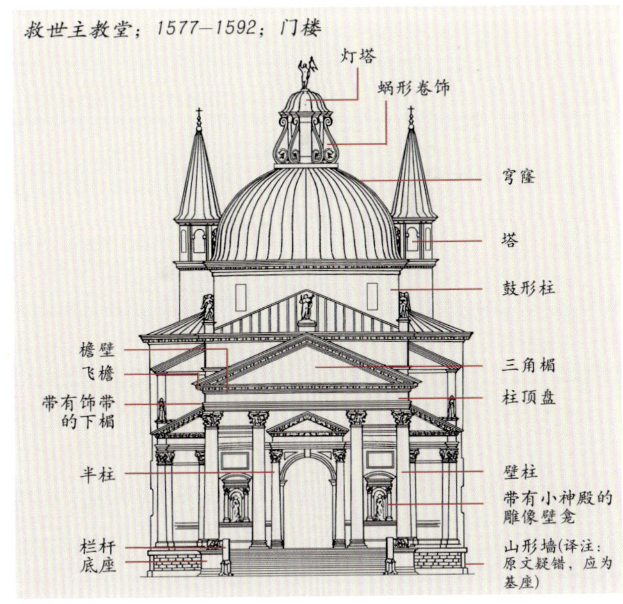

救世主教堂

帕拉迪奥为救世主教堂设计了一座神殿式的门楼，这一设计源自希腊和罗马的神庙。在文艺复兴时期和巴洛克时期，这一样式被频繁用于教堂建筑之上。

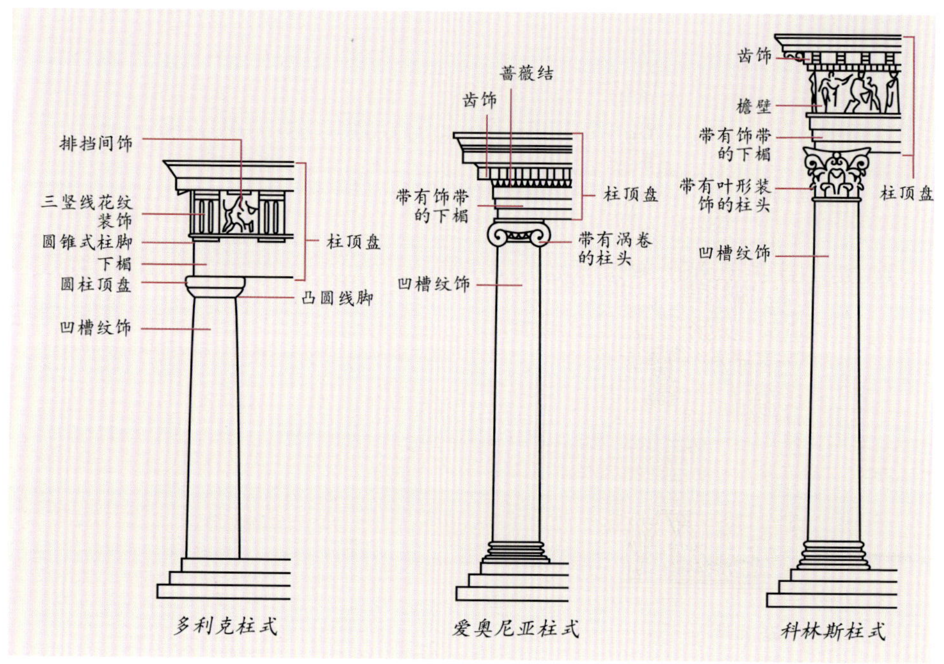

柱式

在文艺复兴时期和巴洛克时期，古代柱式在立柱建造过程中发挥了重要的作用。（柱式是指立柱与柱头和柱顶盘之间的组合）。有三种主要的柱式：爱奥尼亚柱式、多立克柱式和科林斯柱式。在文艺复兴时期，各种柱式的使用具有不同的层级，纤细的科林斯柱式被认为最奢华，其次是爱奥尼亚柱式和多立克柱式。

圆顶

从古至今，威尼斯宗教建筑上的众多圆顶均是与威尼斯的拜占庭式建筑传统息息相关。类似圣马可教堂等早期建筑均直接借用拜占庭风格的圆顶。而到了文艺复兴时期，威尼斯的建筑回归到威尼斯建筑传统中的那些所谓的古代先驱中去。

斯特诺敞廊

斯特诺敞廊得名自总督米盖勒·斯特诺，他于1404年在总督府面水的门楼前加上了这座敞廊。这座敞廊由德拉·马赛内兄弟负责装饰，带有丰富的哥特式装饰细节。门楼前的敞廊表明这里是威尼斯贵族议会的聚会大厅，即大会议厅。

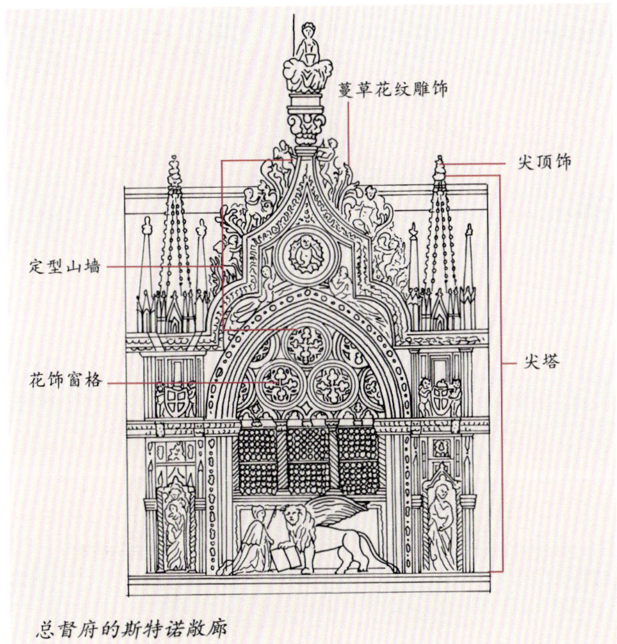

总督府的斯特诺敞廊

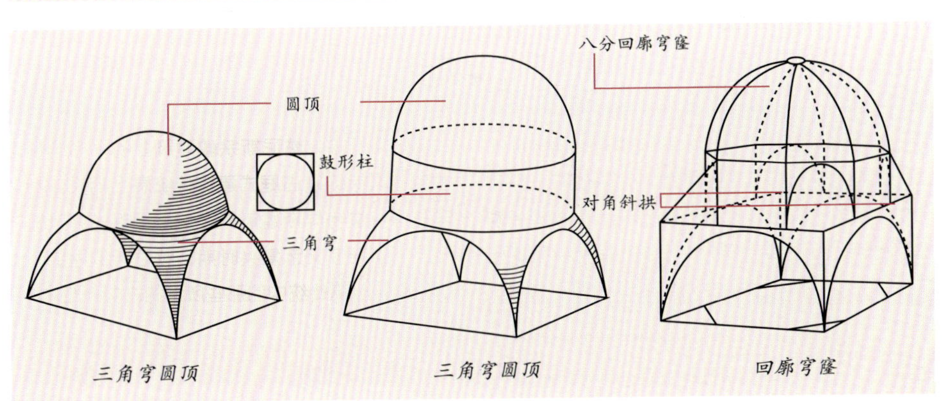

参考文献

Arslan, Edoardo: *Venezia gotica*; Milan 1986

Barovier Mentasti, Rosa: *Il vetro veneziano*; Milan 1982

Bassi, Elena: *Architettura del Sei e Settecento a Venezia*; Naples 1962

Bassi, Elena: *Palazzi di Venezia*; Venice 1976

Benzoni, Gino (editor): *I Dogi*; Milan 1982

Brusatin, Manlio and **Pavanello,** Giuseppe: Il *teatro La Fenice*; Venice 1987

Chambers, David: *The Imperial Age of Venice 1380–1580*; London 1970

Concina, Ennio: *Le chiese di Venezia*; Udine 1995

Cooperman, Bernhard D. and **Curiel**, Roberta: *Il Ghetto di Venezia*; Venice 1990

Dazzi, Manlio and **Merkel,** Ettore: *Catalogo della Pinacoteca della Fondazione Scientifica Querini Stampalia*; Venice 1979

Demus, Otto: *The Church of San Marco in Venice. History, Architecture, Sculpture*; Washington 1960

Demus, Otto: *The Mosaics of San Marco in Venice*; Chicago, London 1984

Di Martino, Enzo: *La Biennale di Venezia. Cento anni di arte e cultura*; Milan 1995

Die Pferde von San Marco; Berlin 1982

Dorigo, Wladimiro: *Venezia Origini*; Milan 1983

Dorigo, Wladimiro: "I mosaici medievali di San Marco nella storia della basilica," in: *San Marco*; Milan 1990

Finlay, Robert G.: *Politics in Renaissance Venice*; New Brunswick 1980

Flint, Lucy, **Childs,** Elisabeth C. and **Messer,** Thomas M.: *La collezione Peggy Guggenheim*; Washington 1983

Fontana, Gianjacopo and **Moro,** Marco: *Venezia monumentale. I Palazzi*; Venice 1967

Forssman, Erik: *Venice in der Kunst und im Kunsturteil des 19. Jahrhunderts*; Stockholm 1971

Fortini Brown, Patricia: *Venetian Narrative Painting in the Age of Carpaccio*; New Haven, London 1988

Franzoi, Umberto and **di Stefano,** Dina: *Le chiese di Venezia*; Venice 1976

Goethe, Johann Wolfgang von: *Tagebuch der italienischen Reise*; Frankfurt am Main 1976

Goffen, Rona: *Piety and Patronage in Renaissance Venice. Bellini, Titian and the Franscis-cans*; New Haven, London 1989

Goffen, Rona: *Il Tesoro di San Marco. I, La Pala d'Oro*; Venice 1994

Hahnloser, Hans R.: *Il Tesoro di San Marco*; Florence 1965–1971

Hale, John R.: *Renaissance Venice*; London 1973

Howard, Deborah: *Jacopo Sansovino. Architecture and Patronage in Renaissance Venice*; New Haven, London 1976

Howard, Deborah: *The Architectural History of Venice*; London 1980

Humfrey, Peter: *The Altarpiece in Renaissance Venice*; New Haven, London 1993

Huse, Norbert and **Wolters,** Wolfgang: *Venice, Die Kunst der Renaissance*; Munich 1986

Kretschmayr, Heinrich: *Geschichte von Venice*; Gotha 1905–Stuttgart 1934

Lane, Frederic C.: Venice. *A Maritime Republic*; Baltimore, London 1973

Mangini, Nicola: *I teatri di Venezia*; Milan 1974

Mariacher, Giovanni: *Il Museo Vetrario di Murano*; Milan 1970

Martineau, Jane and **Hope,** Charles (editors): *The Genius of Venice*, exhibition catalog; London 1983

Martineau, Jane and **Robinson,** A. (editors): *The Glory of Venice*; New Haven, London 1994

Miani, Mariapia, **Resdini,** Daniele, and **Lamon,** Francesca: *L'arte dei maestri vetrai di Murano*; Treviso 1984

Nepi Scirè, Giovanni: *Gallerie dell' Accademia*; Venice 1991

Norwich, John Julius: *A History of Venice*; New York 1982

Ongania, Ferdinando: *Le Vere da Pozzo in Venezia*; Venice 1911

Perocco, Guido and **Salvadori,** Antonio: *Civiltà di Venezia*; Venice 1973–76

Pallucchini, Rodolfo: *La pittura veneziana del Settecento*; Venice, Rome 1960

Pallucchini, Rodolfo: *La pittura veneziana del Trecento*; Venice, Rome 1964

Pallucchini, Rodolfo: *La pittura veneziana del Seicento*; Milan 1981

Pavanello, Giuseppe and **Romanelli,** Giandomenico (editors): *Venezia nell'Ottocento. Immagini e mito,* exhibition catalog; Milan 1983

Pignatti, Terisio: *Il Museo Correr di Venezia. Dipinti, del XVII e XVIII secolo*; Venice 1960

Pignatti, Terisio: *Le scuole di Venezia*; Milan 1981

Planiscig, P. Leo: *Venezianische Bildhauer der Renaissance*; Vienna 1921

Pullan, Brian: *Rich and Poor in Renaissance Venice*; Oxford 1971

Romanelli, Giandomenico: *Venezia Ottocento*; Rome 1977

Romanelli, Giandomenico (editor): *Venice, Kunst und Architektur*; Cologne 1997 (Italian edition Udine 1997)

Rosand, David: *Painting in Cinquecento Venice*: Titian, Veronese, Tintoretto; New Haven, London 1982

Rowdon, Maurice: *The Fall of Venice*; London 1970

Ruskin, John: *The Stones of Venice*; London 1851–53

San Marco: *I mosaici, la storia, l'illuminazione*; Milan 1990

Semenzato, Camillo: *La scultura veneta del Seicento e del Settecento*; Venice 1966

Tafuri, Manfredo: *Venezia e il Rinascimento*; Turin 1985

Tamassia Mazzarotto, Bianca: *Le feste veneziane, i giochi popolari, le ceremonie religiose e di governo*; Florence 1982 (2nd edition)

Tassini, Giuseppe: *Feste e Spettacoli. Divertimenti e Piaceri degli antichi Veneziani*; Venice, Castelfranco Veneto 1961 (2nd edition)

Timofiewitsch, Wladimir: *Girolamo Campagna, Studien zur venezianischen Plastik um das Jahr 1600*; Munich 1972

Toesca, Paolo: *Il Trecento*; Turin 1951

Trincanato, Egle Renata: *Venezia minore*; Venice 1948 (reprinted, Venice 1977)

Wolters, Wolfgang: *La scultura veneziana gotica (1300–1460)*; Venice 1976

Wolters, Wolfgang: *Der Bilderschmuck des Dogenpalastes*; Wiesbaden 1983

索引

图片和地图鸣谢

The majority of the illustrations originate from the Scala Group S.p.A. in Florence. The publishers would like to thank all the museums, collections, archives, and photographers for granting rights of reproduction and for their kind assistance in the production of this book.

Archiv für Kunst und Geschichte, Berlin (191, 239, 280, 281, 400, 401, 402, 403, 426); Artothek, Peisenberg: photo: Joachim Blauel (430/431); Bildarchiv Preussischer Kulturbesitz, Berlin (283); Osvaldo Böhm, Venice (4/5, 6/7); © Cameraphoto — Arte, Venice (2, 22/23, 66, 96/97, 104, 109, 114, 120, 131, 139, 147, 153, 168, 172/173, 175, 178, 183, 199, 202 right, 206, 207, 208, 210, 211, 214/215, 219, 224, 225, 235, 250, 253, 256, 260, 254/265, 268 left, 271, 288, 340/341, 362/363, 376, 377, 378, 379, 408, 412, 435, 490/491, 498/499, 514/515); Astrid Fischer-Leitl, Munich (85, 217, 267, 342/343, 364/365, 419, 492, 501); Foto Flash di Zennaro Elisabetta, Venice (351 right, 463); Gemäldegalerie Alte Meister, Dresden (56/57); Giovetti Fotografia & Communicazioni Visive, Mantua (241); Herzog August Bibliothek, Wolfenbüttel (58); © Markus Hilbich, Berlin (24/25, 32/33, 36, 40, 47, 48, 52/53, 59, 61, 63 below, 67, 82/83, 92, 94, 95, 98, 100, 101, 112, 118, 119, 129, 130, 145 below, 176, 186, 187, 198, 218, 222/223, 247, 251, 263, 272, 282, 296, 297, 300, 334, 354/355, 367, 374, 381, 382, 383, 384, 392, 393, 394, 395, 416/417, 447, 468, 485, 494/495, 497, 502, 510, 513); Rolf Krause, Essen (26—31, 103, 146, 148, 156, 224 right, 232/233, 315, 398, 473, 487, 517, 518, 519, 522, 523, 524, 526, 528 below, 530, 531, 534, 535, 564—69); Magnus Edizioni, Fagagna (132, 174, 177, 373); Ministero per i Beni e le Attività Culturali, Milan (350); Museo Correr, Venice — photo: Fotoflash (16 left, 190, 197, 351 left, 375, 428, 443); Eduard Noak, Cologne (237); © The National Gallery, London (16 right); © Raccolta Teatrale del Burcardo, Rome (307); © Sammlung Georg Schäfer, Schweinfurt (464/465).

SACCA
DI
S. CHIARA
PUNTA DI
S. AIOPO
ISOLA DI
S. CHIARA
SACCA
DELLA
MISERICORDIA
CANAL GRANDE
CANAL GRANDE
CHIOVERE
RIVA DELLE ZATTERE